# 高情商管理

## 带团队就是抓细节

南勇◎著

中国友谊出版公司

**图书在版编目（CIP）数据**

高情商管理 / 南勇著. -- 北京 : 中国友谊出版公司, 2017.5

ISBN 978-7-5057-4030-3

Ⅰ. ①高… Ⅱ. ①南… Ⅲ. ①情商－能力培养 Ⅳ. ①B842

中国版本图书馆CIP数据核字(2017)第081595号

**书名** 高情商管理
**作者** 南 勇 著
**出版** 中国友谊出版公司
**发行** 中国友谊出版公司
**经销** 北京时代华语国际传媒股份有限公司 010-83670231
**印刷** 河北鹏润印刷有限公司
**规格** 690×980 毫米 16 开
16 印张 258 千字
**版次** 2017 年 6 月第 1 版
**印次** 2017 年 6 月第 1 次印刷
**书号** ISBN 978-7-5057-4030-3
**定价** 46.00 元
**地址** 北京市朝阳区西坝河南里 17-1 号楼
**邮编** 100028
**电话** （010）64668676

# 目录

## 第三章 团队训练的救命稻草——“角色扮演”



## 第四章 战略对，战术才能行——把握常识、客户和价值



## 第五章 下好项目的第一步棋——项目开局强调“一见钟情”



## 第六章 优秀的团队往往“有迹可循”——把握程序

# 引子 ※ 被忽视的“常识”

问一个问题：你知道什么是“常识”吗？

一个最简单的回答恐怕是这样的：连小孩子都懂的事儿，就是“常识”。

那么，“小孩子都懂”的事儿，又意味着什么呢？

恐怕有这样几层意思：

第一，打小时候起大人或老师就反复讲过，耳朵都听出老茧的事儿。

第二，绝对正确，而且其正确性每一个人都能够轻易认可的事儿。

第三，大多数人都会忽略的事儿。

第四，大多数人都做不到的事儿。

第五，做不到的人以成年人居多。

怎么样？有意思吧？是不是从来都没有想过这个问题？

“从来都没有想过”，就是上述第三到第五点之所以能够成立的理由。

总而言之，“常识”就跟空气一样。就是因为它太过“平常”了，所以反而显得不起眼，反而显得不重要，可以被轻易忽视。因为容易被忽视，所以大多数人做不到。

这其实是一个挺正常的逻辑。

现在问题来了。为什么绝大多数常识，人们在孩提时能够轻易做到，成人之后反而做不到了呢？

这样的事情不要太多好吗？

买东西时要乖乖地排队、过马路时要耐心地等待绿灯、得到别人帮助时要说声“谢谢”、不小心踩到人家的脚时要说句“对不起”。

显然，这些都是“常识”。

但是，请问问自己，这些事情现在你还做得到吗？即便做得到，是否感到有些吃力，抑或有些不情不愿？

与此同时，再想一想，同样的事情，小学时代的你又如何呢？

如果因为时间过去太久，实在是想不起来了，那不妨换个思维方式，好好想一想，在你的日常生活中，是否曾经碰到过这样的事情。那就是在你试图做一件违反常识的事情时（当然，你的这种违反行为肯定是“无心的”），曾经遇到过小孩子的指责或纠正？

比如说“妈妈，你这么做是不对的。”“爸爸，你不应该那样说话。”“爷爷，这样做不礼貌，不是好孩子！”等。

如果你的回答是肯定的，那么，我们就可以下结论了：对于“常识”而言，你很有可能比小孩子还迟钝。这里所指的“小孩子”，既包括你的孩子，也包括你自己的“孩提时代”。

那位说了：你说的这些我承认都是事实，可是知道这些事实又有什么用？这些事实能当饭吃吗？

我的回答也很干脆：能。

我经常说：人生其实就是一个“脑筋急转弯游戏”。很多事情看似简单，却难于上青天，让你百思不得其解，撞遍所有南墙也不得其门而入；可是另一方面，很多事情看似难，其实却易如反掌，就是“一转身”的事儿。只要你肯“转个身”，就能惊喜地看到另一片天，一片更广阔、更湛蓝的天。

“常识”也是如此：你以为加塞儿更快，其实往往排队更节省时间；你以为强势力争战无不胜，其实往往服个软儿更能解决问题；你以为说声“谢谢”或“对不起”是自降身价，其实往往这样说了，人家反而会更高看你……

“常识”的价值在于：既然它们能够被我们的祖先和前辈历经数千年的漫长岁月一代又一代地传承下来，那么它们自有其不可估量的价值。

“常识易被忽略”的价值在于：既然大多数人做不到，只要你能做到，那么最大的赢家，最大的获利者，就是你。

事情就这么简单。

看看，这像不像一个“脑筋急转弯”游戏？是不是一点都不困难？

有人也许会问：你说的这个“脑筋急转弯”游戏，对于一家企业或一个团队的管理者而言，又有什么具体用处呢？

你问到重点了。答案是：大有用处。

从日本顶级商科学校毕业回国后，许多国内的私企老板或高管都常常会问我这样一个问题：日本人的企业在管理方面都有什么高招？

我答：起码我没看出来他们有什么高不可攀的神奇招数。如果一定说有，也只能是那两个让人说滥了的字——细节。

此时，对方往往会表示出一丝不易察觉的不屑，三言两语把话题转移，不再讨论。

**显然，他们认为我在敷衍，而我说的是大实话。**

“魔鬼藏在细节里”是每一个管理者均烂熟于胸的常识，可遗憾的是，也唯因其是常识，这句话被绝大多数管理者扔进了垃圾箱。

细节，是管理者至高无上的宝贝。只可惜，对于这个宝贝，我们的管理者一方面弃之如敝屣，一方面却又常常喟叹“苦苦寻之而不得之”。这真是一个绝妙的讽刺。

日本人之所以比我们高明，就是因为他们比我们早一步认识到了这一点。

近距离观察任何一家日本企业，你不太可能发现他们有什么鲜明的特点或长处，也不太可能感受到任何明显的吸引力，甚至有可能厌倦于他们所表现出来的过分的井井有条和按部就班，但是，当你稍微后退几步观察这些企业时，你总会惊诧于他们的完美。因为你看到了一个“细节的结晶”。

细节完美必然导致结果完美。换言之，没有长处无所谓，没有短板更重要 ——这才是“细节管理”的终极奥义，团队管理的最高境界。

当然，如果你做到了这一点之后还能有一些长处的话，那你的团队便会天下无敌了。

我们中国人向来不缺“长处”，最大的问题往往在于“短板”。人如此，企业亦如此。

除了“细节管理”，我们的企业在管理方面真的不亚于日本。论活力，论效率，论士气，我们都可稳稳地甩日本人几十条街，至少完全没必要妄自菲薄。换言之，我们有日本人远远不及的长处，唯一落后的，就是这个要命的“细节”。

只要我们的团队管理者能够真正解决“细节”问题，在这方面至少达到日本人一半的水准，就凭我们中国企业手里的种种绝活，日本企业将不会是我们的对手。

从今天开始，认真地面对“细节”！

一切都来得及。

第一章

# 绝不能忽视的管理细节——顾客信息

某日，和一群汽车圈儿的朋友聊天，聊到了员工薪酬的话题。

期间，我和朋友们发生了一点小争执，针对“一线销售人员”和“前台接待员”这两个工作岗位，到底哪一个薪酬标准应该设得更高一些引起了分歧。

一般来说，在汽车销售行业，这两个岗位的收入水准是不可同日而语的，前者的收入往往是后者的几倍甚至十几倍。

并且没有人对这一惊人的差别感到有什么不妥。在朋友们的眼里，“前台”是一个无足轻重的角色，每天的工作无非就是接接电话，做做记录而已，绝对堪称清闲，甚至有点“鸡肋”的感觉。这样的岗位其实可有可无，能领一点基本工资已经算不错，把这些人的价值和为公司冲锋陷阵、创造收益的销售人员相提并论，本身就是一个错误的命题。

所以，他们的一致结论是：“销售”一个月挣一万都不多；“前台”一个月拿两千都不少。

我却有不同的看法：如果我自己有一家店，我愿意付一万元月薪去聘请一位“前台”，当然，是一个“称职”的前台。

这其实是一个特别简单的数学问题。

这里面有两个关键词：一曰“顾客信息”，一曰“成交率”。

“前台”的工作内容，不只是接电话、做记录这么简单。他们还有一项极为重要的使命——收集顾客信息。

全面、彻底地掌握顾客信息到底有多重要？

让我们算一笔账。

我们假设一家店的平均成交率是 10%（这就意味着平均每接待十个顾客，就有可能成交一台车），那么，这就意味着如果这家店平均每天漏掉十个顾客信息，就等于每天少卖了一台车。这样算下来，一个月就会少卖三十台，一年就会少卖三百多台。三百多台！这是个什么概念？几千万的营业额，上百万的利润啊！

用这些钱去聘请几个高薪“前台”，会是一项亏本的买卖吗？

答案显而易见。

虽然，现实世界中的情况不会这么单纯，但大体上的逻辑是一样的。

遗憾的是，我没能说服，至少是完全说服我的那几位朋友。他们脑子里的固有观念实在是太强大了。我实在很难在短时间内扭转他们的想法。

所谓“窥一斑而知全豹”。这几位朋友的观点，在当今中国服务业具有极大的普遍性。

既然如此，这第一章的内容，就让我们开门见山，聊聊那些和“顾客信息”有关的事儿。

## 第一节　套路没用对，肯定掉链子：做不到是因为不想做到

“顾客信息”是所有服务行业的起点，无比重要。

那是八年前的事儿了。

那个时候，我还在一家三线城市的汽车销售集团任管理总监，专职负责集团整体的管理工作。

那家集团公司下辖十数个品牌，高中低各个档次都有，几乎每年都会有新店开业。

故事，要从一家开业还不到一年的品牌销售店说起。

这个品牌算是畅销品牌，在这座城市的销量一直不错，而且迄今为止只有一家竞争对手，所以老板认为是个好机会，费尽心思干掉无数竞争者才从厂家那里争取到另一家新店开业的资格；满以为能共享红利，结结实实地分一杯羹，没想到除了开业头几个月生意还算凑合之外，其后的几个月生意一直不咸不淡、不温不火，让老板分外头疼。

一个周一的下午，在这家店二楼的总经理办公室，老板、我还有这家店的总经理汪海，三个人开了个小型业务会。

“不应该这样啊！”老板忿忿地道，“现在日系车销量这么好，就算多了一家店，也应该‘雨露均沾’才对啊！市场蛋糕变大了嘛，应该大家都有得赚呀！这么大的市场潜力没道理养不活两家店啊！”

“是啊，说实话我们也觉得有些不可思议。”汪海的声音不大，看得出他也感到极其郁闷，“现在我们唯一能想到的问题点，就是‘来店客户信息登记表’的回收率了。”

汪海说到了重点。“来店客户信息登记表”，是汽车销售行业的起点，无比重要。这张表上记录了客户的某些重要信息，比如说姓名，职业，联系电话，有意向的车型、款式、颜色、性能，以及购车预算、希望购车的时间等，掌握了这些信息，销售顾问才有了追踪、跟进客户的可能。没有这些信息，客户即便到过你的店，也跟没来过一样，等于变相放弃了这些客户。最起码，客户的电话号码，是无论如何要记录下来的。每一家店都对这张表无比重视，将其视为确保业绩的重中之重。

汪海继续：“我承认，我们店最近的信息登记表回收率有点偏低，大概只有四成左右。开业头几个月还有将近六成呢！所以我想，只要能把回收率恢复到以前的六成，业绩应该能逐渐稳定下来。”

“你说的回收率是指来店的全体客户，还是单指重点客户？”我插了一句嘴。

所谓“重点客户”，是指有较明确购车意向的客户。一般来说，这类客户至少还能和销售顾问交谈个二十分钟、半个小时，对销售顾问而言，这些客户多少还算有一点“戏”；除了这类客户以外，还有一些杂七杂八的客户，比如说就是来随便逛逛，或者是仅仅过来拿几张宣传彩页扭头便走的客户。这种客户一般来说销售顾问都不太愿意接待，在他们的意识里，这些人甚至都称不上是“客户”，往往很容易被忽视。

“这个嘛……”汪海显得有些犹豫，“当然，主要还是指重点客户。”

“也就是说，你刚才提到的四成和六成，说的都是重点客户喽？”我接着问。

“这怎么行！”还没等汪海接茬，一旁的老板发怒了，“甭管业绩有没有改善，在开业一周年店庆之前，登记表回收率必须给我拉升到八成以上！否则我就撤你的职！”

顿了一下，老板似乎想起了什么，又补充道，“我说的八成，指的是全体客户，你给我听好了，是‘全体’客户，包括到你的店来闲逛、只拿彩页，甚至只上厕所的客户！”

汪海低头不吭声了。这个压力不算小。即便重点客户的登记表，回收率达到六成都很难，如果把“彩页客户”甚至“厕所客户”都算进去，能做到四成便已然不错了，何况要做到八成！真是难于上青天呀！这不是活活要人命吗？

我有点后悔了。不是后悔刚才那些话不该说，而是觉得说的时机不太对，不该当着老板的面说，让汪海下不来台。于是赶忙补救，对老板道：“这样吧，您把这事儿交给我，办不成您拿我是问！”

“好吧，这就算军令状了，办不成拿你们俩是问！”老板站起身，气鼓鼓地走了。

办公室里只留下我和汪海。

“不好意思，让你为难了。”我道歉。

“没关系，别介意。其实即便您刚才不提那话茬，我估计迟早也是这一出！哥们儿早就做好心理准备了。”汪海靠在沙发里，幽幽地道。

“说实话，我不怪老板发脾气，其实这事儿我也挺闹心。谁不想把业绩搞好呢！毕竟这家店我是负责人哪！”他长长地叹了一口气。

“其实，不瞒您说，为了搞好这家店，我是真没少下功夫！”汪海打开抽屉，拿出来好几本书，扔到办公桌上。他的桌子上本来就摆了不少书，这一扔，整个桌面便好似一个小书摊，呼啦啦的一大片。

我走过去随便翻阅了一下，好家伙，还真是应有尽有！除了马云、李嘉诚之类的名人传记，还有许多服务行业的经典管理书籍，有旅游业管理类、饭店管理类，还有游乐园管理类……看来，这家伙没说错，确实下了点功夫。

“说出来恐怕您都不信，这几个月来我可是到处寻师呀！特别是前一阵新开张的‘侏罗纪世界’，我可是没少跟人家取经！”

他说的“侏罗纪世界”是那座城市的一个最新地标，开业后生意火爆至极，为人父母者如果没带着孩子光顾过这里，在家长堆儿里基本上都找不到共同话题。

“嗯，精神可嘉，值得鼓励！”我点头赞道，“但是，远水解不了近渴，咱还是得好好商量商量自个儿的事儿！”

“那份神秘访客调查表，你怎么看？”我问。

“神秘访客制度”，是汽车销售以及其他一些奢侈品服务行业的重要行规之一。具体地说，厂家或行业管理协会会委托一些有权威的第三方调查机构到各地巡查暗访，暗访者会伪装成普通顾客的样子深入到每一家终端店面，将服务人员在整个接待过程中的表现事无巨细地记录下来，然后逐项打分，以对整个店铺的综合经营水平进行评价。评价结果极端重要，往往意味着大把的真金白银。仅就汽车销售行业来讲，得分的高低直接决定了厂家的返点（生产厂家对销售店的返利）水平，往往一两个百分点的差距，就意味着几百万乃至上千万的利润。总之，这个事儿可不是闹着玩儿的，是事关店家生死存亡的大事儿。

我这一问，汪海又沉下了脸。两天前，他刚收到最新的神秘访客调查结果，这一次店里只得了七十分。要知道，在九十分以上是常态的汽车销售业界，这个成绩实在是拿不出手，几乎可以用“耻辱”二字来形容。方才老板之所以会大发雷霆，这份调查表的结果显然也是肇因之一。

汪海收拾好桌面的书，从文件夹里取出那份调查表，摊在桌子上，一项一项地看：

客户进门时，门口没有人迎接；

客户进店后，没有人跟客户打招呼；

客户的车进出停车场时，没有人迎接，也没有人相送；

有些客户拿了彩页便直接回去了，没有人接待、攀谈；

客户进店后，引导客户落座、诱导客户填写信息表、预签订车协议等环节漏洞频出。

“不该这样啊！”他边看边喃喃自语，“照理说，这些都是我们操练了无数遍的套路啊，可为什么一到动真格儿的时候就掉链子呢？真是活见鬼了！”

**小结：学以致用。没有任何应用价值的学习是无效学习。**

## 第二节　捡到篮里都是菜：大小生意，一视同仁

从某种意义来说，不存在无效的顾客信息，更加不存在无效的顾客。

我俩决定给销售部开个会。

这天傍晚的例会，比平时长了一些。开始时的气氛有点压抑。

汪海反复强调了彻底改变服务态度和服务方式的重要性，并特别提到要向“侏罗纪世界”的管理模式学习。

有人提出了异议：“我又没孩子，没去过‘侏罗纪世界’，它用什么管理方法我哪知道啊！”

有人马上附和：“我倒是去过一次，也不觉得怎么样啊！小孩子高兴得不行，大人们的感觉其实也就那么回事儿！”

“就是的，虽说我也去过，但并不喜欢那儿，连烟都不让抽，太不自在了！”

“是啊，就算我们把人家的招儿都学来了，又有什么用？毕竟咱们是卖车的，有咱们自己的套路，你忽然之间玩儿游乐场那套，顾客也适应不了啊！还不得吓着人家？这不是有病嘛！”

大家七嘴八舌地议论了起来，总的来说还是反对意见居多。

眼看局面渐渐失去控制，汪海赶忙澄清自己的见解：“你们别误会，其实我的意思也很简单，说白了就是六个字—— 一个也不能少！捡到篮里的都是菜，只要迈进我们大门的人，都是客人，我们都必须一视同仁，绝不能挑肥拣瘦，有偏有向！”

“哪怕仅仅是来拿彩页的？”有人问。

“对，哪怕仅仅是来拿彩页的！”汪海有力地答。

“哪怕仅仅是来上厕所的？”再一次有人问。

“对，哪怕仅仅是来上厕所的！”汪海再一次有力地答。

整个销售部又一次陷入叽叽喳喳中，依然是抱怨声居多。

汪海有些不耐烦了，大声地道：“实话跟你们说吧，老板已经下了死命令了。连‘彩页客户’和‘厕所客户’也算在内，一周年店庆之前，咱们店‘客户信息登记表’的回收率，必须达到八成以上，否则我这个总经理就得卷铺盖走人！总之，现在哥们儿的身家性命，就全压在你们身上了，你们自个儿看着办吧！”

汪海这个炮一放，大家全安静了。每个人都知道老板的脾气是说一不二，每个人也都舍不得失去眼前这位上司—— 毕竟汪海人缘不错，平素里和大伙能打成一片，彼此之间已经建立起深厚的“革命友情”。

一阵沉默之后，李岩先说话了："干我们这行的，都有直觉。哪个人有买车的意思，哪个人没有买车的意思，基本上一眼就能看出来。那些怎么看也不像买车的主儿，你接待他们有什么用？不是白费功夫吗？有这点精力，多和买劲儿大的客户起起腻，比什么不强？"

李岩是个老销售顾问，干这行五六年了，经验颇为丰富。所谓"艺高人胆大"，这小子对那些被他视为"教条"的销售流程向来不感冒。虽说业绩一直不错，可是在"神秘访客调查"环节出问题最多的也是他。这回让汪海头痛至极的"七十分"，也是这小子的杰作。怎奈何这家伙蒸不熟煮不烂，又是销售经理和汪海本人的爱将，所以谁都拿他没脾气。

我接过了话茬，对李岩道："你说的这些好像挺在理，那我能问你个问题吗？"

"什么问题？"李岩不解。

"能告诉我你一天平均能接待几个客户吗？说平均数就行。"

我其实是明知故问。这家店有十几个销售顾问，每个人每天能够接待的客户数量有限，这一点我心知肚明。

李岩不明就里，只好如实相告："这个……不好说。有多有少。多的时候一天十来个，少的时候也就四五个。尤其是最近店里人气不高，一天只能接待两三个客户的情况也有。"

"好的，谢谢你的坦率。"我继续，"这就是说，那些'彩页客户'或者'厕所客户'进店的时候，你们的手头未必全都有活儿，未必全都在忙着接待客户，对吗？"

"对。"李岩再一次如实相告。

"这就对了。闲着也是闲着，既然手头没事儿干，那你为什么不能接待这些'买劲儿不大'的客户呢？"

这回李岩没词儿了，低着头不吭声。

我继续："当然，我知道你是怎么想的。即便有精力，你也觉得没必要接待这些客户。因为在你心里，这些人也许压根儿就算不上客户，对吧？"

李岩涨红了脸，依旧不吭声。像是一种无声的反抗。

我顺势打起了圆场，面向所有销售顾问道："我知道李岩的想法，也是大伙的想法。其实，实事求是地讲，换位思考，即便我是你们，也会这么想，这么做。不过，不知大家想过没有，就算是这些‘买劲儿小”’的‘彩页客’‘厕所客’，也有买我们车的可能性？”

我环顾整个会场，所有人都不出声了。

我继续：“这样吧，我换一种问法。认为这些客户百分之一百不会买车的请举手！”

我再一次环顾整个会场，依然没有人作声，更不要说举手了。

“这就对了。”我缓和了一点语气，继续道，“没有人敢下百分之百的结论。这意味着什么呢？意味着就连‘厕所客’，都会有买车的可能。但我们不理人家，就等于主动放弃了他们，人家从我们店出去，很有可能就在别家提车了。也就是说，这些客户我们就等于白白丢失了，拱手让给了我们的竞争对手。”

稍顿了一下，看见大家听得很认真，我便继续趁热打铁，“事实上，据我所知，有家西方著名调查机构曾经做过这样一个调查，得出的结论是，无论是哪个行业，哪怕是最没可能的客户，只要他进过一家店，他在这家店消费的可能性也不会低于百分之十五。百分之十五啊！这意味着什么？意味着几乎每十个‘彩页客’或‘厕所客’，就有一个最终有可能买我们的车！我们一年下来能碰到多少个‘彩页客’和‘厕所客’？几百个不止吧？这就是几十辆车的业绩啊！这可不是说着玩儿的！”

这番话触动了大家，不只李岩，连汪海的神色都变得严肃起来。

我继续：“所以说，我认为刚才汪总的话是对的。对我们服务行业而言，还真是捡到篮里的都是菜，一个也丢不得！所谓‘顾客是上帝’，说的就是这个意思。别忘了，我们可是干服务业的，没有客户，就没饭吃啊！客户是我们这个行业能够生存的基础。这个基础靠什么保证？当然是靠接客环节，尤其是靠填写‘信息表’环节来保证。起码得留下顾客的电话号码吧？没有电话号码，你追谁去呀，怎么追呀？追空气吗？还是去登寻人启事？人家都到你跟前儿了你不搭理人家，人家拍屁股走了你却要跑去登寻人启事，这不是有病吗？！”

听了我这通调侃，屋里响起一阵笑声。

眼见气氛有所缓和，我也借坡下驴，继续走轻松路线：“其实，我觉得咱们这行真算幸运的。你们是没干过保险。干保险的业务员天天风里来雨里去，在马路牙子上扯旗摆摊卖保险，多艰苦啊！估计他们做梦都想把办公场所搬到水泥屋里去！你们倒好，天天享受着五星级宾馆大堂的待遇，客户自个儿找上门都懒得搭理，这也太奢侈了吧？要是让干保险的弟兄们知道了，还不得活活羡慕嫉妒恨死你们！”

又是一阵哄笑。可笑过之后，每个人的脸上又闪过一丝凝重。

汪海问：“大家觉得我们应该怎么办？”

李岩咕哝道：“有机会我真想到别的店看看，看看人家是怎么弄的……”

我赶忙接茬：“李岩说到重点了！以其人之道还治其人之身。就兴人家‘神秘调查’我们，就不兴我们也‘神秘调查’别人一把？咱也搞一次大规模‘神秘访客调查’怎么样？不瞒大家说，我的座右铭就是‘跳起来，转个身儿’。其实，有很多事儿就是个‘脑筋急转弯儿’问题，与其窝在家里死钻牛角尖，不妨偶尔换个思路想想，索性走出家门看看外面的世界，兴许能杀出一条血路，海阔天空呢？！”

**小结：其实，很多事情并没有那么复杂，没必要太死性、一根筋。当你实在一筹莫展的时候，也许只需转个身儿，便会蓦然发现答案就在你的身后。**

## 第三节 巧用人情作文章：销售就是“欠人情”

什么是“服务”？什么是“销售”？说白了，“销售”和“服务”就是一个“欠人情和还人情”的过程。谁能在这一点上做到极致，谁就赢了。

我的意见得到大家一致赞成。“神秘访客”的事儿，就这么定下来了。

我和汪海商量了一下，为这次行动制定了如下几条规矩。

第一，全体上阵，一个也不能少。

迄今为止，汪海他们也搞过一些类似活动，只不过那些活动都有明显的碎片化倾向，要不就是去的人太少，要不就是观察的面儿太窄，得到的信息太零碎，不成体系，无法沉淀，更别说有效复制了，总之是不太给力。这次不同，这次我们是下定了决心，一定要全方位、全覆盖、无死角地执行。

第二，不允许单独行动，必须有亲属或友人临场助阵。

这样做，一来是为了伪装得更逼真一点，让人家看不出破绽，保证暗访的效果不走样；二来也是为了能够听取亲友的意见，获得更多、更真实的一手信息。

第三，不限行业。

所有参加本次行动的人等，均可自由选择调查的对象和行业，多多益善，上不封顶。只要得到的信息能让我们产生灵感，汲取营养，都算数。

趁着大家兴奋劲儿都很高，我们说干就干。

整整一个月，整个销售部都陷入一种繁忙的节奏之中。

一边要维持正常的营业，一边又要换着班儿地执行任务，每一个人都很累，每一个人也都很充实。

当然，说是“暗访”，还是有些门道的。同行业的店，主要是挑周末或搞某种促销活动的“大日子”拜访；不同行业的店，则多在平日前往。

这样忙活了一个月，终于到了总结“战果”的时候。

又是一个傍晚例会，大家又聚在了一起。

这次的会议气氛明显不同，整个会场都呈现出一派热腾腾的景象。

大家七嘴八舌，汇报着自己的收获。

李岩第一个举手发言：“哎呀，这回哥们儿算开了眼了！结结实实地被这帮孙子虐待了一回！我算知道客户心里是怎么想的了，感情这做客户也真不容易！”

“怎么回事儿？赶紧说说！”汪海忙催促。

“我去的是一家销售美国品牌的店，”李岩道，“你猜怎么着？进了店门后根本没人搭理你。明明展厅里有人，可人家愣拿你当空气，看见也当没看见，连点头示意都没有！我这才明白原来‘打招呼’这么简单的事儿都有这么大的用处。没人理的感觉确实不好受，心里确实一个劲儿地犯恶心，直想扭屁股就走！根本待不住！看来这第一印象真不是吹的，确实太重要了！”

“没错，是这么回事儿。”有人立马搭腔，“我去的是一家主营韩国产品的店，比你去的那家店稍强点儿，但也差不太多。进去之后倒是有人打招呼，可左瞧右瞧也不知道这招呼声是从哪儿飘过来的。放眼望去，店里的每个人都在忙着手里的活儿，或者盯着电脑看，或者忙着收拾桌子。估摸着是一边干活一边招呼的你。可你这心里要多别扭有多别扭，还不如没人搭理你舒服呢！感觉你就像个要饭的，正在被人鄙视！气得我够呛！”

“成，哥儿几个提供的情报都很重要！”对弟兄们的投入，汪海甚感满意。然后他话锋一转，又问道，“这都是别人不如咱的地方，那别人比咱强的地方都有哪些？”

又是李岩第一个抢着发言：“俗话说‘强中自有强中手’，这个咱必须得承认。前两天我还去了另一家主营日本产品的店，算是结结实实地让人家上了一课！

“什么情况？赶紧说说！”汪海再一次催促。

“您别急啊，听我慢慢说！”李岩喝了口水，接着道，“话说我刚把车开进人家的停车场，从展厅里立马冒出俩人来，一路小跑来到跟前，特专业、特小心、特认真地引导我停车。”

“‘停车场引导’环节的贯彻。”汪海自言自语道。

“没错，而且还是‘彻底’贯彻，一点不含糊！”李岩兀自沉浸在回忆中，表情中透着艳羡和几分敬畏。顿了一下，他又面带神秘地道，“其实不止这样，更牛掰的事儿还在后边儿呢！这仅仅是个开始！你们猜，后面发生了什么？”

“嗨，你卖什么关子啊，直说不完了嘛！”有人不耐烦了，在一旁起哄。

李岩只好继续：“当我把车停好，从车上下来的时候，发现刚才那俩人已经进入下一个接待环节了。其中一人站在展厅门前向我鞠躬问好，另一个人不知什么时候已经跑到展厅里边去了。当我走进展厅的时候，他再一次出现在我的面前，笑模笑样地跟我说：‘这么热的天还劳您驾光临本店，真是太谢谢您了！我已经给您准备好了一杯凉茶，请慢用！’说完径直把我引到顾客休息区落座。然后递上凉茶，顺手奉上一张客户信息登记表。你猜怎么着？本来我还惦记着坚决贯彻‘拒不配合’的原则，打算借口‘今儿还有点别的事儿，随便看看就走’，好好难为难为人家，没承想让人家这么一伺候，还真不好意思了，不知不觉地就变成了乖乖猫，人家说什么是什么，让做什么做什么，结果溜溜地和人家聊了一个多小时！”

“这就叫吃软不吃硬！”有人起哄。

“没错。吃人嘴软，拿人手短！”有人附和。

“说得太对了，我李岩就是这种人！顺毛驴，你越顺着捋我的毛，我越跟个小绵羊似的服服帖帖，你要是非得逆着捋我的毛，嘿嘿，”李岩边说边捋了捋袖子，做出一副恶形恶状，“你就请好吧！”

我在一旁接茬道：“哥儿几个说的这些话实在是太重要了，我是一点儿没当笑话听！不知道你们想过没有，‘服务’这俩字儿，到底是个什么玩意儿？我向来不隐藏自己的观点，我一向认为，所谓‘服务’，说白了就是七个字儿——有钱难买我乐意！按照李岩的话讲，你越顺着我，让我舒服了，我越给你面子，你说什么是什么；反过来说，你越逆着我，让我难受，我就越不给你面子。你越让我干什么，我就偏偏不干，就是要让你难堪，让你下不来台！这就是‘服务’，就这么简单！”

“没错，我同意。我也这么想，‘服务’，或者说‘销售’，说白了就是一个欠人情、还人情的过程。”汪海补充道，“前半程是顾客欠销售人员人情，那后半程只能是顾客还销售人员的人情了！”

“汪总说得太对了，是这个意思！”我赶忙附和，“所以说，为什么要加强服务工作，提高服务质量？说白了就是为了让顾客尽可能多地欠我们的人情，尽可能多地陷进去，拔不出来，到时候只能乖乖地听我们的话，为我们贡献价值，好偿还他们欠下的人情。就这么简单！”

“是这样，这一点我也深有感触。尤其是我们中国人这么好面子，这招就显得格外灵！”李岩点点头，若有所思地道。

“是这样，所以说，我向来认为中国其实是世界上最容易做服务业的国家，因为中国人太好面子，太容易被人情左右，是典型的‘吃软不吃硬’的性格。所以你稍微对他们好点儿，他们就会‘滴水之恩，涌泉相报’。这不是干服务业的天堂吗？”我启发道。

“是啊，可不是嘛！我怎么就没意识到这一点呢？天天说‘在中国服务业不好干’，中国人不信，也做不到‘顾客是上帝’那套洋人的玩意儿，可有时好好想想，你会发现中国才是全世界最容易做到‘顾客是上帝’的地方。因为中国人最听不得软话，也最不怕硬话。好歹给他两句软话，给他两句好听的，他就找不到北了。可问题是每个中国人都这样，无论是作为客户的中国人，还是作为服务人员的中国人，都这样，这就麻烦了！谁也不服谁，都想来硬的，不想来软的；满脑袋都是自己的面子，没有对方的面子，这服务业可怎么做？不是越做越窄，越做越死吗？”汪海深有感触地道。

我接茬：“是的，是这样。所以我才会说我的座右铭之一是‘跳起来，转个身儿’。别那么死性，自己和自己较劲。其实有时候反着想一想，事情就会豁然开朗。我们是干服务业的，这是你的工作，你和顾客较劲有什么用？既然干上这行，就要把身上那层‘国民性’的皮褪下来，套上一层‘职场人’的皮。把自己从一个纯粹的‘中国人’，变成一个纯粹的‘中国职场人’。这才是正道、王道。否则就是拎不清，想不开！和饭碗过不去！”

“把面子留给顾客，里子留给自己。”不知从谁嘴里冒出这么一句。

“没错，是这个意思！”我竖起了大拇哥，情不自禁地赞道。然后又补了一句，“把人情留给顾客，钞票留给自己！”

大家都笑了。

大伙七嘴八舌，纷纷贡献自己冒充神秘访客的“收获”和“心得”。有人去了火锅店，有人去了美容美发店，还有人去了星级商场、奢侈品店，各式各样的信息不断地汇聚上来，每一个人都兴致勃勃，不亦乐乎。

其中有一个话题让所有人都面色严肃。那就是自家的竞争对手，比自家店早开业三年的同一个日系品牌店的话题。

“那家店不光展厅比咱们大，停车场也比咱这儿大两倍！”一个叫赵亮的销售顾问道，“我开车进去的时候，一下就惊着了！你猜怎么着？偌大个停车场，居然车满为患，找不到停车的地儿！”

竞争对手的生意远比自家的店好，这一点每个人都听说过。但由于距离较远，一个大东南角、一个大西北角，而且两家店都位于郊区，守着高速口，交通不太便利，所以平时大家都没什么机会走动，没几个人去现场观摩过。

因此对赵亮的描述，大家都听得格外认真。尤其是汪海，更是支个耳朵听得入神，生怕漏掉一个字儿。

“正当我犯迷糊的时候，就像刚才李岩说的那样，我的车前面也冒出一个人，礼貌地冲我打招呼。”赵亮继续，“只不过，和刚才李岩描述的情况不太一样，这家店的做法更牛掰！”

说到这儿，赵亮瞥了一眼李岩，脸上掠过一丝不易察觉的“我的见闻比你牛”的得意神色；后者却不以为意，一副“洗耳恭听”的迫切模样。

赵亮继续：“你猜怎么着？人家直接请我下车，说停车场的状况太复杂，人家要帮我停车。”

“嗨，我当什么呢！不就是‘代客泊车’嘛！这种做法很常见，很多路边饭店都这么干！不稀罕！”有人在一旁插话，语气中透着不屑和几分失望。

“你别急啊，听我往下说啊！没错，是‘代客泊车’，可不仅仅是‘代客泊车’。我打开车门下来的时候，发现不知什么时候又冒出一个人来，笑模笑样地冲我打招呼，而且手里直接拿着一张‘顾客信息登记表’，当场就让我填上了，一眨眼的工夫就弄完了，甚至我都没反应过来！这俩人分工明确，一个负责填表的事儿，另一个负责停车。填完表走到展厅门口的时候，门口已经有人迎接我了，直接对我说：‘您是赵先生吧？您这次来是看某某车型的吗？’我问：‘你怎么知道这些的？’那人说：‘我们的工作人员已经通知我了。’‘你们用什么通知的？’那人说：‘对讲机啊！’我这才意识到，感情人家身上，都别着一个对讲机呢！”

“短平快！迅速、效率、协同作战。这就是服务行业经典的‘组合拳’，经典的‘团队合作’的案例！”汪海总结道。

“没错，短平快！人家那效率，那协作意识真是没得说！好多环节都完成了，我还没反应过来！稀里糊涂就结束了！”赵亮点头认同，感慨地道，“说实话，当时的感觉就俩字儿——完败！我算是彻底心服口服了！”

“是啊，别看赵亮稀里糊涂地就让人推上了道，但是他的感受却并不差，甚至还有点享受的意思！”我接茬。

“没错，是这样。那场面确实有点身不由己，但感觉却并不坏，有种心甘情愿让人牵着鼻子走的感觉！”赵亮附和。

“让人卖了还帮人点钱，完事儿了还不由自主地跟人家说谢谢！”李岩取笑道。

“话糙理不糙，好像是有点这个意思。”赵亮并不隐瞒自己的感受。

“嗨，其实我特理解你。我自己又何尝不这样！”李岩也很感慨。

“这又是一个‘有钱难买我乐意’的例子。”我总结道，“其实，很多事儿都是这样，你做得越熟练、越自然，顾客也会不由自主地表现得很自然、很舒服，不会有被强迫的感觉。反之，你做得越生硬，越不熟练，哪怕你刻意表现出一副很有礼貌的样子，顾客也会觉得很生硬，不舒服，有一种说不出来的被强迫的感觉。这就是‘常识’的威力。什么事情都是这样，当你能够像常识一样做到常识的时候，一切也便如行云流水，自然而然了。”

“像常识一样做到常识，这句话说得太到位了！”汪海赞道，“谁要是能做到这一点，就等于掌握了主动权，顾客就只能听你的了。”

“没错，而且重点在于，顾客即便听了你的，也不会感到不舒服。”我补充道。

两人相视一笑。

我继续：“所以说，我们平时严格要求接待流程的完成度，是有原因的。不要觉得这是一种很生硬的做法，因为每一个流程点，都有其特殊的用意，都能够对顾客的消费心理和消费行为产生某种特定的影响，甚至是极大的影响。你比如说吧，区区一个打招呼，包括打招呼的时机、神情、状态甚至动作，都能极大地影响顾客的心情，决定他到底对你和你的店产生什么样的第一印象。而第一印象的重要性，刚才李岩已经说得很清楚了。至于说流程的死记硬背乃至按部就班会不会太生硬，赵亮的案例也说得很清楚了。一句话，流程不存在‘生硬与否’的问题，只存在‘熟练与否’的问题。不熟练，就生硬；熟练了，就自然了，不生硬了。就这么简单。”

众人默默地点头，脸上一副若有所思的样子。

**小结：其实，中国才是世界上最容易做服务业的国家，因为中国人太好面子，太容易被人情左右，是典型的“吃软不吃硬”的性格。所以你稍微对他们好点儿，他们就会“滴水之恩，涌泉相报”。**

## 第四节 “自我设障”就是拦路虎：敢想，就能行

许多“客户的问题”，其实是你自己的问题，是你自己想当然地强加给客户的；解决了自己的问题，客户的问题也便迎刃而解。

不一会儿的工夫，又有人提出质疑：“您说的意思我明白。可是也得具体问题具体分析，不能一刀切啊！你比方说吧，有的客户确实时间紧张，没时间陪你走那些流程，难不成你还要强迫他们？这不是让第一印象更加恶化的做法吗？”

“没错，你这句话说到重点了！”眼看机会来了，我绝对不能错过，要利用这个异议解决一个销售部，甚至整个服务行业存在已久的大问题。

“不瞒大家说，我认为只要能把‘彩页客’和‘厕所客’的信息留下来，咱们的信息登录表回收率，就能轻而易举地突破八成，完成老板交代的任务指标。”我走到销售部常设的白板面前，拿起一支中性笔，继续道，“但刚才那位同事的疑问不解决，这个事儿就绝对没戏。所以，现在问题的重点就在于，对于那些声称‘时间紧张’的客户，我们是不是也能够成功地留下他们的信息？”

“大家有什么好招儿没有？”我问。

会场一片沉默，没人作答。连汪海也是一脸的茫然。显然，这个问题也是他的一块心病，困扰他很久了。

“李岩，你说说看，对于‘彩页客’或‘厕所客’，你有什么招数留下他们的信息？”见大家都不作声，我只好点名提问。

“我能有什么招儿啊！人家自己不愿意写，你又能怎么着，能强迫人家？”李岩嘟着嘴咕哝道。

我转过身，在白板上写下“自我障碍”四个字。

“利用白板”，是我在日本留学打零工时，跟日本人学的一招。回国后用了好几年，效果非常好。尤其是在思路枯竭，死钻牛角尖的时候，在白板上写一写，一切也便豁然开朗。就好像一团乱麻，当你越急着解开它，它便越乱、越紧的时候，

你要学会停下来，哪怕花一个小时也好，耐心地找出一个线头来，慢慢抻，不一会儿的工夫，线团也就能顺利地打开了。遗憾的是，现在几乎所有公司的会议室里都有白板，真正会使的人却没有几个。绝大多数白板都被用在培训上，顶天儿了，是拿来当记事本用，写几个注意事项或通知、纪律、制度类的东西而已。不得不说，这种情况真是“糟蹋东西”。

见到我写的这四个字，大家都是一脸的茫然，不知我这葫芦里到底卖的是什么药。

“你呢，赵亮，你怎么想？你不觉得‘没时间’这码事儿，是我们自己强加给顾客的吗？”我又问道。

“什么？强加给顾客？这怎么可能？”赵亮反驳道，“顾客确实是没时间呀！有时间的话怎么可能大老远地跑过来只拿一张彩页转身就走呢？这不是有病吗？”

听了他的回答，我低头沉思片刻，转过身在白板上写下两行字：没时间；到底有多少时间？

“‘没时间’，是什么意思？”我再一次转过身，向全体提问，“谁能告诉我，‘没时间’意味着顾客有多少时间？”

依然是鸦雀无声，没人作答。

“随便说，凭想象说也行，胡说八道也行。”我鼓励大家道，“有多长时间算得上‘没时间’？五分钟？十分钟？还是十五分钟？”

还是没人作答。

“这样吧，我换一种问法。”我继续，“为什么顾客会‘没时间’？是不是接下来还有什么其他要忙的事儿？”

“应该是吧？肯定是这样……”这一下，开始有人嘀嘀咕咕地回应。

我又把“没时间 = 接下来还有其他事情要忙”这行字写在白板上。然后回头问道：“人家说的也是，估计应该是还有别的事儿要忙，所以没时间。这也是人之常情。当然，那些纯粹把收集彩页当兴趣的人除外。”

“然后呢？然后又怎样？”我继续问，“在有别的事儿要忙的前提下，还要大老远地跑到我们这儿来拿彩页，你们估计一下，这种顾客如果给时间做预算的话，会给在我们店里滞留的时间做多少预算，打出多少富余？三分钟，还是五分钟？”

“估计怎么也得做二十分钟左右的预算吧，否则岂不是太冒险？肯定得把后面的事儿耽误喽！”李岩回道。

“我也这么想，如果没有二十分钟、半个小时的富余时间，估计也没人办这种事儿。毕竟停个车，走进店，再拿彩页，顺便看看广告什么的，都需要时间啊！又不是打仗，何必那么火急火燎的？又没人拿着枪逼他们！”赵亮也在一边附和。

我很满意他俩的回答，又转过身在白板上写下：没时间 = 至少有二十分钟、半个小时的时间。

“怎么样？大家有什么感觉？”我问。

大家似乎明白了点什么，可却又不吭声了。

我不再难为他们，直插主题：“知道这叫什么吗？这就叫‘自我障碍’，或者叫‘自我设障’。具体地说，顾客即便嘴上说‘没时间’，其实也至少有二三十分钟的时间。问题是我们自己拴住了自己，一厢情愿地认为‘顾客连一分钟的时间都没有’，而且完全根据自己的判断行事，根本没做任何努力，或者说完全放弃了努力的机会。这就是‘自我设障’。”

稍微停顿了一下，我继续道：“不止如此，还有一个更大的‘自我障碍’没有解决。你们猜猜这个‘自我障碍’是什么？”

众人面面相觑，再一次沉默不语。

“‘厕所客’不敢说，至少对于‘彩页客’而言，他们非但不是可有可无的人，也就是你们常说的‘非重点客户’，而是超级重点、超级优质的客户；换句话说，这些顾客的购车概率非但不低，相反还是超级高！”

听我这么说，大家更糊涂了，再一次一脸茫然，不知我到底想表达什么意思。

我解释道：“其实刚才赵亮已经把话说得很清楚了。大老远费劲巴拉地赶过来，只为拿一张彩页，这说明了什么？只有两种可能，第一，说明这人有病，至少不大正常。第二，说明这人是真想买车，真对咱们的车感兴趣。难道不是这样吗？”

一席话，把大伙说得如梦方醒。

“可不就是嘛，还真是这么回事儿！”有人接话茬，“前两年我就碰到过这么一客户，总共来了三次，头两回来就是过来拿彩页，一句话都没聊成，没想到第三次来就把车提走了！那时候我还以为是自个儿运气好，瞎猫碰上死耗子了呢！”

“以为自己捡着了？”我打趣他。

“没错，以为自己捡着了！”他诚实地答，“不过今儿让您这么一说，感情那位从一开始便是一超级重点客户，纯粹是我看走眼了！”

“对，是这样。”我肯定地道，“你所谓‘看走眼’，就是你自己的‘自我障碍’。仅仅根据人家的某个举动，便一厢情愿地认为人家压根儿不是买车的主儿，完全不搭理人家。不要小看这个‘自我障碍’，后果真的很严重。你想想啊！既然人家来了两次都是只拿了彩页便走，根本就没跟你攀谈上，那人家提车的时候，为什么非得到你这儿提？为什么非得到咱们店提？去哪家店提不一样？所以说，人家第三次来店就能把车提走，不只是你捡着了，也是咱们店捡着了。这纯粹是天上掉馅饼，除了幸运没别的解释。你说对吧？”

“对。”他再一次老实地承认，不好意思地笑了。

我继续加码：“还不止如此。这次确实是咱们捡着了，可咱们没捡着的概率估计也不低。你想啊，咱们一年能碰到多少个这样的‘彩页客’啊！少了有几百，多了得上千吧？这些客户当中有多少人最后提了车？这些车有多少是在咱们这儿提的，有多少是在别的店提的？这笔账，能算得清吗？”

这次他不吭声了，神情中有了一点点严肃。

“所以说，干咱们这行的，甚至放眼整个服务业，最怕的就是这个‘自我障碍’。自己替客户拿主意，以为自己的感觉就是客户的感觉，自己的问题就是客户的问题。最后算算账，其实客户一点问题都没有，问题全在自己身上。不过这也是一件好事，真把这一点想明白，事情也就简单了，因为只要能把自己的问题解决，客户的问题也便迎刃而解，反而倒豁然开朗！”

说到这里，我把话锋一转，让大家自己发言。鼓励他们开动脑筋，多想想在日常生活中还有什么“自我设障”的例子，把它们都“贡献”出来让大伙议论议论，来他个“脑筋风暴”。

这回赵亮自告奋勇，第一个开了腔：“我来说一个。咱们的接待流程中不是有一个‘给客户倒饮料’的环节吗？我碰到过好几次这样的情况，当我问客户‘您想来点什么饮料？我们这儿有咖啡和茶。’客户对我说‘不用了，我不渴。’的时候，我也便放弃了这个环节，不再提这事儿了。可没想到不一会儿，人家客户自己站起身，跑到饮料机前倒了一杯喝上了，反倒把我弄得挺尴尬，好像慢待了人家似的。现在想起来，人家只不过本能地跟我客气一下，可我却想当然地认为人家确实不想喝，所以就没给人家倒饮料，这可能也是我的‘自我障碍’吧！”

李岩也接茬：“没错，我也碰到过这种事儿。干咱们这行的都知道，‘试乘试驾’是销售流程中最关键的环节，直接决定了客户最后的购车意向。可有好几次我跟客户提‘试乘试驾’的事儿，只要客户摆摆手说‘不用了’，我就立马借坡下驴，不提这茬了。结果你猜怎么着？后来客户跑去跟别的销售顾问要车钥匙，说是想试驾一下！气得我呀，以为客户是存心和我过不去呢！现在想起来，可能跟赵亮说的情况一样，客户就是随口那么一说，或者仅仅是客气了一下，我还就当真了，完全没想到再多做点解释说明工作也许人家客户就能答应试乘试驾。这样说来，我这也算得上是‘想当然’，算得上是‘自我设障’了。”

“可不就是嘛！”旁边又有人搭话茬，“这种事儿确实不少。你比方说跟客户要电话号码这个环节吧！客户一拒绝，基本上咱们也就不再勉强了。其实好好想想，如果咱再稍微努力努力，在话术上，甚至是在态度上稍微改变一下，稍微玩点花样，出点幺蛾子，兴许就能把电话号码要下来呢？别忘了咱是干啥的，咱可是堂堂销售顾问呀！连这点努力都懒得做，咱怎么吃这碗饭啊！”

众人七嘴八舌，越说越兴奋，会场的气氛也越来越热烈。

“大家的发言非常好！”眼看时间不早，我挥手示意大家暂时安静一下，总结道，“知道这叫什么吗？在管理学上，这就叫‘机会成本’或者叫‘机会损失’。具体地说，每发生一个‘自我障碍’，就意味着一个机会损失掉了。而且要命的是，这玩意儿也有‘量变产生质变’的逻辑，看似一个个不起眼的小机会，等你一个个全都放弃掉的时候，积攒起来就是一个大机会，甚至是一大堆大机会，那你的损失，甚至是整个店的损失可就大了去了。日积月累，这些损失掉的机会就能大到不可思议的程度，大到一个天文数字！”

大家的表情很认真，听得很入迷。

我继续趁热打铁：“所以说，服务业这行，真的谈不上什么高招绝技，拼到最后，其实拼的全是小地方，小细节；拼的全是日常，全是管理。说白了就是日常生活中的加减法。看谁能多做一个加法，少做一个减法。然后日积月累，谁的加法做得多，谁就胜出；谁的减法做得多，谁就淘汰。就这么简单，没别的道理可讲！这也是为什么一家店和另一家店往往看起来差别不大，好像大家做的事儿都差不多，管理水平也差不多，可是经营业绩和客户口碑却往往有天壤之别的原因。这就是细节的威力！”

看到大家的表情愈发凝重，我又用一段调侃为这次“头脑风暴”收了尾：“给大家说个真事儿。记得上学那会儿，我是个挺保守的人，从来不敢穿什么奇装异服。可是有一次，经不住家人朋友一通猛劝，我穿上了一件特潮的衣服出门儿。走到大街上，我这叫一个别扭啊！觉得满大街的人都在瞧我，满大街的人都在嘲笑我。怎么待怎么不自在，后来干脆回家把那件衣服换掉了，这才感到神清气爽！后来好好想想，连我自己都觉得挺可笑。街上那么多人，谁认识你啊，谁瞧你啊！奇装异服多了去了，你算老几呀！谁有那闲工夫啊！只有你自己才会把自己当根葱！除非你敢裸奔，或者你有异装癖，否则，甭管你穿成什么样，基本上走到大街上，扎进人群里就不见影儿了！这就是‘自我设障’的典型心理，以为自己能代表全世界，其实在全世界面前你什么都不是，就是一滴水，好歹有点阳光就蒸发不见了！”

大伙一阵哄笑。汪海开了腔：“没错，是这样。看来‘想当然’这毛病是天生的，我们每个人身上都有不少‘自我障碍’。今天的会就开到这儿，大伙回去都好好反思反思，把身上的‘想当然’尽可能地挖出来，一个个地给我解决掉！”

**小结：不要小看“机会成本”，这玩意儿积少成多也能活活要人命。**

## 第五节 公司一盘棋："每个人"都代表"公司"

只要你是公司的员工，不管是什么岗位，"待客"都是你必尽的义务。因为对客户而言，你的"岗位"或"工种"是什么和他没关系，他只知道你代表的是"公司"。

"我觉得咱们这会，应该把售后的人也叫上！他们不参加的话，这个会的意义不大。"李岩建议道。

每隔两周，销售部会举行一次"顾客满意度分析会"。

在这天的会上，李岩第一个发言。

他话中提到的"售后"，指的是"售后服务"部门。这个部门的员工包括在展厅里办公的"服务顾问"和在车间里干活的维修工。他们专门负责已购车客户车辆的维修和保养，间或也负责一些汽车装具的营销工作。

一般来说，所有汽车销售店的业务，都是由"售前"（销售部）和"售后"两个部分构成，这两个部分的配合度，直接决定了一家店的经营水平。

这一点，不单是汽车销售行业，基本上所有的服务行业都一样。

尤其是这两年来，随着汽车销售环节的利润越来越薄，靠售后服务环节挣钱，就成了每家店必须攻下的课题。这是一个事关店家生死存亡的大问题，没有人敢于怠慢。

"咱们最近的分析会，基本上都以未购车客户为主，可是已购车客户的满意度也很重要。客户即便买了车，要是对售后服务不满意，也有流失掉的可能。如果那样的话，咱们销售部的人再怎么努力，不也成了狗熊掰棒子，掰一个扔一个吗？再说了，买了车的客户不满意，这口碑效应也是个问题。传到没买车的客户耳朵里，也会影响咱们售前的业务呀！"李岩道。

"成啊！你小子长进了，连这种建议也能提出来了！"李岩突如其来的"上佳"表现，让汪海惊喜不已。

"那是，领导们下了这么大血本教育我们，我这后进分子也得捧捧场，不能老给领导们撤梯子啊！”李岩狡黠地一笑，将了汪海和我一军。

“汪总说得没错，你这个建议非常及时，算提到点子上了！”我也及时给他送上赞词，然后转身问大家，“说说看，对李岩的这个建议，你们有什么想法？”

“车间里的维修工和展厅里的服务顾问，也是店里的工作人员，也会有许多和客户直接或间接的接触机会。所以他们的待客方式，对客户的影响也非常大。”有人接茬道，“你比方说吧，上次去做神秘访客调查的时候，我去的那家店就很成问题。刚进大门就见到几个维修工模样的人从我面前路过，见了我连招呼都不打，说说笑笑地就从我面前走过去了。我当时特郁闷，没进展厅就把这家店从心里‘PASS’掉了。其实后来好好想想，也觉得不至于。估计那几个维修工认为自己的本职工作就是修车，接待客户的事儿和他们没关系。可我这心里就是别扭，说不上来的别扭。你不负责接待我没关系，可你毕竟是这家店的员工呀！你也是这家店的代表呀！见到我打个招呼，或者哪怕仅仅点头笑一下又能怎么着呢？又少不了半根毫毛！真是的！”

“这个案例很重要！”汪海严肃地道，“他说的仅仅是一个日常生活中的小细节。但这样的场面在我们店里也许每时每刻都在发生。所以说，术业有专攻没有错，工作有分工也没问题，但是在顾客面前，只要你是公司的员工，就不存在这些问题，因为每个员工都有一项天生的工作，一个重要的使命，那就是——代表公司！”

汪海和我一致同意李岩的建议，打那以后，每一次销售部的分析会，都会邀请几个售后部门的代表参加。售前的人给售后的人提建议，售后的人对售前的人意见也不少。会越开新问题越多，简直可以用“层出不穷”来形容，当然，被解决的问题也越来越多。一来二去，情况渐渐有了变化，局面渐渐被打开了。

一个最明显的变化，就是店里的整体气氛和从前不太一样了，有了一点生气勃勃的感觉。客户来店量也增加了，展厅里有了明显的人气。

挑几个明显的变化说说。

首先，是售后部门的员工，在接客环节的质量上有了改变。

迄今为止，已购车客户来店做保养和维修时，基本上就是直接负责的服务顾问走过来简单打个招呼，然后让顾客填张表就算完事儿。剩下的时间，顾客只能坐在休息区的沙发上靠看电视或翻阅杂志来打发了。

变化，首先从打招呼的方式开始。一改往常的随意，现在的服务顾问，能够直视顾客的眼睛，用响亮的嗓音满面堆笑地打招呼。对于预约来店的客户，店门口还会竖起一块“欢迎来店”的牌子，上面用大字写着顾客的姓名；服务顾问的前台，也会准备好预约来店客户的信息表，确保服务顾问能够第一时间迎上前去，第一时间准确地说出客户的姓名和来店事项，尽最大努力确保顾客产生一种“宾至如归”的感觉。

其次，是流程环节的彻底贯彻。

为了让所有接待流程都能够最高效地落实到位，确保不发生任何遗漏和疏忽，售前和售后部门还联合推出了一块大型“流程执行监督表”看板，将来店客户分为“售前客户”和“售后客户”，“多次进场客户”和“初次进场客户”等不同类别，区分对待。不同的项目，在框格里贴上不同颜色的纽扣磁铁，让所有项目以及项目的进程一目了然。

尤为重要的是，这块看板特别强调了两点，一个是“客户落座（或进店）时间”，一个是“客户离店时间”。这样一来，客户到底在店内滞留了多长时间，每一个人都清清楚楚，没有人能蒙混过关。

这个环节，对售前和售后客户以及售前和售后员工全部适用。一视同仁，不偏不倚。

对那些等待时间比较长或者对接服务顾问暂时无法抽身接待的售后客户，每一个售后乃至售前员工都有义务上前询问情况，并根据客户的描述或要求迅速做出反应，替客户解决问题或者传递信息。绝不允许发生客户被“晾”在休息区，长时间无人过问的事情（这一点，就涉及前面提到过的“团队合作”“部门协同”“组合拳”，是一种典型的相互“补位”行为，也是“公司一盘棋”精神的具体体现）。特别是针对维修、保养的客户，必须从一开始便明确告知相关业务所需的大概时间以及业务结束的大概时间。如果情况有变，需要延长业务时间，必须随时通知客户调整的细节以及业务的具体进度，并征求客户的理解，让客户能有一个心理准备。

顺便说一句，随着科技的进步，现如今许多销售店已然鸟枪换炮，在顾客休息区设置了大型液晶屏幕，让所有来店进行维修和保养业务的售后顾客，能够在这块屏幕上随时看到滚动播出的业务进展最新信息，及时了解自己爱车的最新情况。

这当然是一个巨大进步，极大地提升了客户满意度，有效地压缩了客户漫无目的的等待时间。不过，我还是认为，如果有可能的话，尽量通过“人”而不是“机器”和顾客沟通，效果会更好一些。一来屏幕上所能够展示的信息有限，许多具体细节无法准确传达给客户；二来“人与人”之间的沟通，要比“人与机器”之间的沟通更能产生“暖心”的效果，令顾客更容易感到“宾至如归”，对店家的员工以及店家本身萌生乃至积累真实的好感。久而久之，也便实现了所谓的“顾客满意度”甚至是“顾客忠诚度”。而这一点，则是任何一个服务行业核心竞争力的重要来源。

最后，是“公司一盘棋”精神的明显落地。

光说不练假把式。天天把“公司一盘棋”挂在嘴边，落不到实处也是形同虚设。为了让售后员工也能真切地认识到“自己也是公司的一员，也有‘待客’的义务”这一点，汪海把在销售部取得不错效果的“神秘访客计划”也推广到了售后服务部门。他要求售后的员工也必须抽出时间走出门去搞暗访，体验一把“做顾客”的感觉，然后把这些感觉带回公司，和同事们分享。

果不其然，售后员工的感受，也和售前一样，算是结结实实地接受了一回“震撼教育”。

“我以前一直认为，自己只不过是个维修工，只要把车修好就行，店里的客户和自己没什么关系。结果这次自己当了回客户，才真正意识到原来连这种小细节客户也是‘有感’的。别说你是个维修工，就算你是个保洁员或保安什么的，如果见了你的面儿却把你当空气，当透明人，完全不搭理你，连个笑脸都没有，这心里的感觉确实不舒服。”一个车间工人惭愧地说。

他的感受得到了大家一致认同。而这，正是汪海和我想要的效果。

时间过得很快，眨眼间就到了“开业周年庆”的日子。

那天的活动搞得非常成功，令到场的老板甚感满意。

让老板满意的不只是汪海的店在“周年庆”这一天的表现，还有这家店近一段时间以来整体的表现。

按照他的话说，这里面颇有一点“脱胎换骨”的意思。由于接待流程质量的改善和“自我障碍”的一一消除，更重要的是，由于“公司一盘棋”局面的初步实现，店里的业绩可谓全面开花：全体客户，注意，是“全体客户”的信息登记表回收率史无前例地越过了九成大关，超额完成了老板交代的任务；初次来店，注意，是“初次来店”客户的最终购车率居然达到了两成五！

售后服务部门的表现也很亮眼：一直以来，令汪海头痛不已的维修和保养客户流失率一举降低了三成多；还有小惊喜。长期“可有可无”、表现一般的售后装具销售量也小有斩获，提升了近一成。

总之，无论是售前还是售后，都圆满完成了当月的业务计划，可谓“皆大欢喜”。

李岩笑眯眯地凑到汪海身边：“汪总，刚才我接待的那位客户，是厂家派来的神秘访客吧？我敢拿所有值钱的东西跟您打赌，这次我绝对没有给您掉链子！可以说把看家的本领和吃奶的劲儿都使出来了！您就请好吧！”

李岩所言不虚。几天后的“厂家暗访”结果显示，这家伙得了九十一分——尽管在整个业界来说这样的得分只能算一般，可对他本人而言这一成绩绝对称得上“进步巨大”。

更何况这家伙在店庆那天还成功地销售了一台车，这个成绩便算得上“锦上添花”了。

李岩是一个缩影。他的改变，意味着公司业务部门一块重要的短板被补齐了。看得出来汪海很高兴，发自内心地高兴，整个人一副踌躇满志的样子。

**小结：大力推行“公司一盘棋”有两个好处：第一，可以让所有部门都成为“一线”。有效杜绝“局外人”的心态和互相推诿责任现象的发生；第二，可以让所有部门彼此体谅对方的不易，从而更容易做到加深理解、互相帮助、少拖后腿、减少抱怨。**

## 第六节 不只做生意，才能做大生意：学会和客户做朋友

即便是“散客型”的店家，也会天然地存在着培养“常连客”的丰沛资源、肥沃土壤。不充分利用实在是太过可惜了。

看了我前面的描述，有些人也许会觉得：所谓“顾客信息”，只对售卖奢侈品的行业和店家（比如卖车的、卖房的、卖表的、卖名牌包的店家）有用，而对于那些以散客为主的普通服务行业的店家（比如餐馆、超市等店家）用处不大。

这实在是一种错误至极、可悲之至的认知方式。

必须强调一点：顾客是商业之本。任何商业，任何服务业，其核心中的核心，都是，也只能是“顾客”二字。

只要你能认可这一点，“顾客信息”就是有用的资源。何止“有用”，简直称得上“事关生死”。

当然，必须承认，“顾客信息”与“老客户”，亦即“常连客”“重点客”“回头客”有关；至少从表面上看起来，似乎与“新客户”，亦即“散客”无关。不过也唯因如此，才进一步证明，对任何服务业而言，都存在培养“老客户”的问题，而“老客户”的来源，只能是“新客户”。因此，如何把“新客户”变成“老客户”，是一切服务行业必须认真面对的重大课题。尤其是那些以“散客”为主的服务行业，研究这一课题便显得尤为迫切、尤为现实。

好消息是，从“消费心理学”的角度来讲，即便是那些“散客型”服务行业，顾客也会有极强的“常连”心理，会萌生极大的“在某家（或某些）店进行固定消费的动机”。

日语当中有一个词，写作“行き付けのお店”，翻译成中文的意思就是“常去的店”，“已经养成了前往习惯的店”。而这个词，在很大程度上指的都是“散客型”店家，比如餐馆、面包房、咖啡厅、饰品店、美容美发院，以及商场、游乐园等，不夸张地说，甚至连五金店、菜市场、小卖部都会存在这种情况。换言之，即

便是“散客型”的店，也会天然地存在培养“常连客”的丰沛资源、肥沃土壤。不充分利用实在是太过可惜了。

不过，要想在“散客型”店家培养“常连客”，还需要克服几个天然障碍，主要是认知方面的障碍。

第一，离家近。

许多人也许会认为，“散客型店家”要想培养“常连客”，有一个天然的障碍，那就是只有离家近的顾客，才有可能成为“常连客”，离家远的顾客则做不到这一点。

从表面上看，这种逻辑似乎不无道理。毕竟散客型店家服务的是那种具有随机性消费特质的客人，这种客人可能一辈子只来一次，离开之后便是路人，不太可能有第二个交集，因此留下他们的信息必要性不大。再者说，对这种顾客而言，你即便提出这方面的要求，他们也会断然拒绝，应承下来的可能性不大。

不可否认，这种现象确实是事实。不过，也只能是事实的一部分，不可能是事实的全部。

理由很简单，除了那些因出差或旅游偶尔光顾的外地人，一般来说，甭管是外地人还是本地人，只要他们和你居住在同一个城市，这些人就完全有可能成为“常连客”。当然，前提是你有本事让他们成为“常连客”。

这种常连客具有如下两个特点：

其一，距离相对较近，可以常来。

只要他们的住处离你的店不是过于遥远，处于一个相对合理的行程范围内，他们就一定会常来。其频次绝不会亚于那些“离家近”的店，甚至有过之而无不及。

为什么会这样呢？奥妙全在于顾客的心理活动。

“消费心理学”告诉我们，有的时候，稍微入手困难的东西，才是“好”东西。太容易到手，不会给人满足感；稍微有点困难，人们才会满足，那种“占便宜”的感觉也才会更强烈一些。因为在这种情况下，人们会产生“这家店只有我一个人知道”的心理，会获得一种“独占便宜”的成就感。而且，这样的成就感，他们往往并不会“独占”，而是会选择与他人，尤其是关系亲密的人分享。这个时候，“独占”心理的满足就会演变成“我给大家谋了福利”或“我是第一个发现者”的满足。

总之，这样的机会，对于店家而言绝不可以轻易放过。

其二，距离确实比较远，不易常来。

这种情况下，顾客会这样选择：只要因为某种契机，来到离这家店不远的地方，他们一定会毫不犹豫地放弃其他选择，直奔这家店而来。而且，还是相同的道理，他们会将这家店大力推荐给自己的同行者。不止如此，正因为距离远，不常去，对那里的情况不熟悉，人们更容易萌生不安全感，更愿意主动寻找“常连店”并迅速对其产生强烈的依赖心理。换言之，这种离家较远的顾客，反而更容易成为“常连客”，更值得引起店家的高度重视。

在这种情况下，哪怕店家只是简单地说出对方的姓名，就足以让他获得小小的感动，足以令他成为“铁杆常连”。

其实，把话说到这里，另一个问题也便迎刃而解。

对于那些因出差或旅游偶尔来店的“纯”外地人顾客，是不是就没有把他们变成“常连”的机会呢？

答案是否定的。

还是那句话，只要他们认定了你的店，哪怕这辈子只能来两次，他们也一定不会做其他的选择。因为他们是外地人，对你的城市太过陌生，太缺乏安全感，所以哪怕有一线可能，他们也愿意在陌生中寻找熟悉，在恐惧中寻找安全。因此，只要你的店能给他留下深刻印象，基本上他就跑不了了。你的店将成为他在这座城市唯一的依靠，甚至是唯一的救命稻草。

而且，越是这种情况，口碑效应就越明显。顾客会将他所掌握的信息极力散布到所有平台上，至少会告诉所有他认识的人。他们会觉得这样做是在尽本分，甚至是在“行善”。

对于这一点，那些委身旅游景区，靠忽悠顾客谋生，天天做“一锤子”买卖的店家们，有必要好好地反思一下了。

那位说了：你说的道理我都懂，可具体应该怎么操作呢？我总不能一见到顾客进店，就先问“你家住哪儿，你是从哪儿来的”吧？

我的回答很简单：没必要刻意询问顾客的来头，该怎么办就怎么办。你唯一需要做的事情是和他套近乎，给他留下深刻印象，其他的事情不用管。因为你的任务只是把他变成“常连客”，至于他的“成色”如何，不是你要操心的事儿。

第二，人数少。

“人数少”也是店家常用的借口。他们的理由是：既然是“散客型店家”，平常接待的顾客自然也以散客为主，能够成为“常连客”的人凤毛麟角，不值得努力。

关于这一点，上面已经给出了详尽的回答，这里不再赘述。

第三，脸皮薄。

“脸皮薄”是个大问题。对于“散客型店家”来说，不好意思与顾客攀谈，不好意思询问顾客信息，这样的情况极为常见。之所以会这样，有两个原因：一个是有难以克服的陌生感，另一个是怕顾客出于维护隐私的考虑而拒绝向自己提供私人信息。

那么，对这个问题，顾客一方又是怎么想的呢？

举个有趣的小例子。我曾经在网上看过一个小视频，讲的是一位华裔青年在美国大学的校园里“泡妞”的事情。

这个视频有猎奇性质，却也不乏严肃的动机。主要是想证明两件事：第一，白人姑娘是否排斥和黄皮肤的小伙交往。因为在西方国家有大量类似的传言，以至于亚裔青年都不太敢主动追求心仪的白人女孩。第二，和社会上的女孩相比，大学女生比较矜持，比较孤傲，在异性面前有种莫名的优越感，不太容易追求。

视频的内容很简单，就是这位亚裔青年非常突然地出现在校园里的女孩面前，然后非常唐突地对她说：“你很漂亮，很可爱，我想认识你一下，有机会邀请你出去玩。不知可否将你的电话号码告诉我？”

显然，为了让证明的过程更可信，视频中的男孩刻意抛却了许多繁文缛节和甜言蜜语，也就是放弃了我们所熟悉的许多泡妞的“套路”，而是采取了一种相对容易“被拒绝”的单刀直入的方式。换言之，如果连这种方式都好使，那么这个男孩试图通过该视频得出的结论将具有极强的说服力。

出乎意料的是，视频中的男孩成功率非常高，几乎达到九成以上。除了极个别的女孩以“不好意思，我有男朋友”为由拒绝，那些单身女孩几乎全都接受了他的邀请，非常痛快地将自己的电话号码告诉了他（当然，既然能够告诉号码，姓名以及其他不太敏感、不太私密的个人信息也便不在话下）。其过程之顺利，连这个男孩自己都有些吃惊。看得出来，他应该是做好了被反复拒绝的心理准备，我甚至怀疑如果不是因为录视频（意味着这样做有特殊的目的），他是否敢于在日常生活中如此肆无忌惮地搭讪一个陌生女孩。当然，既然这个男孩由于某种特殊契机成功地迈出了这一步，在未来的日子里，追求心仪的白人姑娘将不再是一个问题。

有人也许会不以为然：你说的那个男孩，一定是个帅哥吧？如果是帅哥的话，是个女孩都喜欢，那这个视频也就说明不了什么问题了。

必须承认，视频中的男孩比较帅气。个子虽然不高，但是很阳光、很清爽、身材也不错，胳膊上满是腱子肉。一眼望去，是那种招女孩喜欢，或至少不会让女孩讨厌的男孩。

不过，这不是重点。重点是这些大学女生从根本上来说远远没有一般社会大众，尤其是年轻男性所想象的那么矜持，那么高不可攀、拒人千里。所有这些古板印象，基本上都是错觉，是人们强加到她们头上的。这些女孩其实真的很冤枉。

当然，不能否认，如果视频中的那个男孩是个其貌不扬、行为猥琐、言语下流、穿着邋遢、动机可疑的人，他成功要到女孩子们手机号码的概率应该无限接近于零。但是这种情况属于人之常情，并不奇怪，且已超出了我们的讨论范围，因此完全可以忽略不计。

可见，当我们揣摩外人心理的时候，往往会犯“以小人之心，度君子之腹”的毛病，总是自觉不自觉地替别人拿主意，在没有经过本人同意的情况下为别人操碎了心。

这样做实在是大可不必。所以说，对于那些“散客型”店家而言，没必要过分担心顾客的反应，对于将自己的个人信息（当然，这里依然指那些不太私密的信息）告诉店家这件事，其实顾客往往没有那么敏感，至少没有你想象的那么敏感。他们常常会表现得很坦诚、很痛快，甚至很直接。

更何况，是对方主动走进你的店，接受你的服务，这个事实本身就已经为你们之间建立了最起码的信任。基于这样的信任，顾客没有理由会拒绝你与其“交好”的明示或暗示。

不仅如此，还有一件好事儿在等着你。我在前面已经说过，对顾客而言，即便是那些平时不常去的店家，即便是那些非常典型的“散客型”店家，他们也会有潜在的“将这家店变成自己的常连店”的心理，也会有较为明显的“和这家店的人成为朋友”的潜在动机。因此，只要你主动示好，顾客基本上没有拒绝你的理由。真可谓手到擒来，放过这样的机会实在是太可惜了。

可见，“其实你不懂顾客的心”，这种现象在服务行业实在是太过普遍。

当然，“人上一百，形形色色”，无论你怎么示好、套近乎，也一定会有人不买账，或生硬或委婉地谢绝你。这也不打紧，没必要紧追不舍，更无须耿耿于怀。要知道，你做的就是这样的行当，什么人都会遇到，什么事情都要适应。只要你遵循“大数法则”，时时刻刻把追求利益和效果的最大化放在脑子里和行动上，就不会有大问题。

不过，还是那句话，在你这样做的时候，必须要准确地拿捏分寸，不可以让顾客产生明显的不适，否则将适得其反。这方面的话题，我们将在后面进一步展开，这里便一带而过了。

第四，成本高。

成本高，这一点也是“散客型店家”在获取顾客信息方面最担忧的因素之一。其实，有这样的担忧也可以理解。本来嘛，店里就这么几个人，每个人都是跑堂、厨子两头兼，还要时不常地客串一把收银员，整天忙里忙外，直忙得屁股上冒烟儿，哪儿有那个闲工夫坐下来和顾客起腻、套近乎呢？

这个问题也很好回答。

俗话说，“羊毛出在羊身上”，乱花钱固然不可取，不过这个钱如果花在了刀刃上，则显然是聪明人才会干的事儿。

说一个真实的故事。

我有个初中同学在某个居民小区开了一家小卖铺，生意一直不太好，向我咨询改善业绩的方法。我建议他上一台智能收银设备，该设备能将每一位来店顾客的消费信息准确地记录下来，有利于合理配置资源，提高运营效率。他听了之后却很不屑，当场拒绝了我。因为他认为自己的店仅仅是一家小小的小卖铺，而且顾客大多是本小区的居民，基本上都是熟人，整天迎来送往，抬头不见低头见，犯不着如此大费周章，上高级机器应付。再者说，他现在生意不好，手头紧张，也不愿花那么多钱升级设备。总之，办这个事儿在他眼里无异于“大炮打蚊子”，实在是不值得。见他这么坚持，我也只能作罢，这件事也便不了了之。

后来，他店里的生意忽然好了起来，让我觉得很蹊跷。一打听，敢情他经过反复思考之后，还是上了那种机器，而且效果立竿见影。

他不好意思地向我表示感谢，而我则建议他往前多走一步，在收集顾客信息这件事儿上再做得彻底一点。我建议他不要过分依赖那台机器，采用别的手段，进一步丰富顾客信息的层次和内容。比如顾客有什么生活习惯、特殊爱好，家庭情况如何，工作状态如何，人际关系如何等，总之，知道得越多越好、越杂越好、越详细越好。这样做有两个好处，一来对配置资源有利，二来对增进与顾客之间的感情和相互信任度有好处。但是，这样做需要增加人手、增加成本，不过我跟他讲，资源配置效率的提高可以有效地降低成本，起码商品的库存和积压率会显著降低，进的货也会更靠谱，不会滞销，砸在手里。这样一来，一消一长，其实成本并不会有明显提升，弄好了还有可能显著降低成本。与此同时，这样做还能有效提高顾客的忠诚度，增加顾客的使用黏性，提升顾客的进店频次、消费机会和购物单价。可谓一举多得，绝对值得尝试一下。

有了上次的经验，这一次他顺从地听取了我的建议。当然，效果也是相当理想。毕竟小卖铺不是什么大买卖，比较好处理。可谓“一着对，满盘皆活；一着错，满盘皆输”。

后来，我又断断续续地给他支过几回招，每一次都有不错的收获。现如今，他已经把“手机 APP 下单，直接送货上门”的业务也开展了起来。大到一整箱啤酒，小到一包咸盐一瓶醋，全部可以做到手机下单、手机结算，上门服务。毕竟都在一个院里住，做到这一点不太费劲。虽然最后还是因为业务繁忙增加了两个人手，不过他再也不会喟叹“成本太高不合算”了。

可见，即便是一家小小的小卖铺，只要做好了、玩顺了，也可以鼓捣出许多名堂来。所谓“麻雀虽小五脏俱全”说的就是这个道理。

因此，成本不可怕，关键是效益。明白这一点，你将海阔天空。

顺便说一句，我的这位同学现如今已经开了五家小卖铺，有了点儿“连锁店”的意思，在附近的几个小区已然打响了自己的小品牌，每年的流水和利润也是相当可观，家里的小日子过得倍儿滋润，也算是一个人见人羡的小富翁了。

第五，没办法。

现在问题来了。有人也许会说："即便我能接受'散客型'服务行业也需要和顾客"套近乎"，也需要掌握尽可能详尽的顾客信息的理念，那么，我到底应该怎么做才能成功地实现这个理念呢？"

下面，就为大家支上几招。

其一，寻找合适时机。

"时机"真的很重要。时机把握得好，你将事半功倍，反之亦然。这方面的话题，迄今为止我们已经做了足够多的探讨，这里便一带而过了。

其二，时间长短适宜。

严格来说，与顾客沟通，没有明确的时间限制。看人，看环境，也看氛围。有的顾客可以和你聊上两个小时，有的顾客则两三分钟足矣；同理，如果你是一个会来事儿，嘴又甜的主儿，顾客肯定愿意和你多聊一会儿，反之亦然。

一般来说，只要氛围好，彼此心情愉快，时间长短不重要。不过反过来说，如果心情好，氛围也不错，沟通时间也不可能太短。因此，大体上来说，可以把这一点（沟通时间的长短），当作一个判断指标，评判一下自己或其他店员与顾客沟通的能力和效果。

其三，沟通内容。

可以聊家常、聊个人喜好、聊一些社会上的琐事以及对一些社会热点问题的看法。这里有两个要点一定要注意：要点一，一定要投其所好，顺着对方说，让对方心情愉快。中国人最喜欢反驳别人，并以此为荣，以此为乐。这是人性的一大弱点，反之，也是商家的一大机会。正因为很少有人在日常生活中能够得到他人的肯定，因此，如果你能做他们的"知音"，让他们在你这儿永远能找到"酒逢知己千杯少"的感觉，他们一定会常来光顾的。因为他们会把你这里当成自己心灵的依托，自尊与面子的"加油站"。但是有一点一定要注意，就是你的肯定言语一定不能太廉价，奉承手段一定不能太露骨，太简单。否则会适得其反，让顾客乘兴而来败兴而归。做到这一步需要你具备高度的情商和深厚的知识积累。这些都是商业的基本功，儿戏不得。要点二，不要模糊重点，顾此失彼。归根结底，你是希望了解顾客信息，促进自己的销售，因此，拉家常、套近乎都没有问题，但是一定要死死扭住重点，在沟通过程中尽量多套取与你的生意有关系的信息。只不过，这种"关系"不要太过直接。直接意味着生硬，生硬意味着反感，一旦让顾客反感，生意就没法做了。

举几个简单的例子。

如果你开了一家小卖铺，那么应该如何套取有价值的顾客信息呢？

喜欢打麻将：可能会对方便面、香烟感兴趣；

喜欢熬夜：可能会对咖啡、茶感兴趣；

单身，经常加班，很晚才能回家：可能会对各种熟食或啤酒感兴趣。

……

当你掌握这些信息后，你要这么做：一方面，话题要往顾客身上引，比如说可以和顾客聊麻将，聊熬夜，聊加班，聊婚姻，拣他们爱听的说，让他们把你当知音；但是另一方面，心思要往生意上走，心中要暗暗盘算这些信息会为你带来什么样的商机。简而言之，上述几个案例，冒号左边的内容放在嘴上，冒号右边的内容放进心里——这就算齐了。

就是这样一个思路。注意，这个本事绝不是一朝一夕之间便可以成就的，它需要天长日久、坚持不懈的积累。

其四，人情为主，买卖为辅。

总之，商业是围绕着“人情”二字的买卖，一切以人情为主。即便是做广告，也要尽量多做软广告，少做硬广告。只要打通了“人情”这一关键脉络，不愁生意不会自己找上门来。

就拿现如今大行其道的微信朋友圈来说，许多人的“从商”之心便显得过于急迫，手段也显得过于单一了一点，基本上一上来就是硬广，而且是天天发，坚持不懈；可遗憾的是，他们的硬广往往激不起什么波澜，时间长了甚至会引发他人的反感，可谓得不偿失。一般来说，“朋友圈”里的人基本上都是朋友，照理说这些人应该是最容易被说服的一群人，而这样的一群人，却生生地被硬广这种愚笨的方法败了兴！

总之，“情商”二字是有先后顺序的，任何时候都要先“动情”，后“动商”，搞错了这个顺序，你将一事无成。

说到“情商”，我真的是有太多感慨。这些年的所见所闻，就像过电影一样一一浮现，在脑海久久徘徊，挥之不去。

举几个例子。

我们小区门口，有一家小型超市，是院里一家住户开的。那家住户的老人，和小区里的其他老人退休前都是一个单位的，大家在一起工作生活了一辈子，平时关系处得很好，老人们每天吃完晚饭走出家门，到外边散散步、聊聊天、聚一聚，一派融洽、温馨的样子。

照理说，和院子里的住户关系处得这么好，这家人开的超市，生意应该很兴隆吧？如果你这么想，那你就错了。事实上，这家人的超市生意很冷清，长期处于破产的边缘。为什么会这样？简单。因为这家人采用了一个最笨也是最坏的方法做生意，那就是“杀熟”。仗着人情熟，且距离近的优势，这家人把超市商品的价格定得很高，和外边的超市相比，至少有一到两成的溢价。刚开始，小区住户们还算买账，颇为照顾这家的生意，可是时间一长，大家心里就觉得别扭了，开始慢慢冷落他们。更有甚者，有些院里的老人还会偷偷地在私底下传递信息，彼此“揭发”这家店的“黑幕”，互相告知哪些店的商品“更实惠”。当然，那些“实惠”的店距离都比较远，可大家宁可舍近求远，也要尽量减少光顾这家超市的机会。这种情况让这家人很着急，几乎全家出动，见到人就主动宣传自己的店，宣传店里的产品，可是他们越这么做，大家便越反感，越敬而远之。

可见，对生意人来说，“熟”是个好东西，万万“杀”不得。“熟能生情”“情能生商”，这本来是从商的一大优势，可是如果你刻意“杀熟”，也就等于主动杀“情”，没有了“情”，也便没有了生意。这个逻辑搞不清楚，永远不要做生意。

再说一个我自己的例子。

我所在的小区附近，有不少果蔬店、小超市和小卖铺，我一年至少要“光顾”几十上百次，这么些年下来，有些店可能都去过上千次了。可遗憾的是，几乎没有一家店的店员或老板知道我姓甚名谁，更别提问我的个人信息了。事实上，如果他们问我手机号或微信号，我会毫不犹豫地告诉他们，因为我也想和他们套近乎，享受一些“常连客”的待遇。即便价格上无法优惠，起码见到我时更客气一些，更主动一些，更热情一些，我也会有“占了便宜”的感觉。可是所有这一切一直到今天都没有发生。这实在是太可惜了，照理说，只要它们中的任何一家店，任何一个人对我做了这件事，即便是小小的果蔬店，我也会“亲疏分明”的。换言之，我会把它当作我的“常连”，每次买菜买水果都只去他们家，不再把别家放眼里。如此区区小事，居然想不到，真不知这些店家是怎么理解“生意”这件事的。

这样的例子不胜枚举。

我曾经携家带口，在另一个三线小城工作、生活过几年时间。我们居住的小区门口有一家不起眼的小餐馆，这家餐馆给我留下了深刻印象。

这个话题，要从我媳妇儿谈起。我媳妇儿是个美食家，对于餐馆绝对称得上挑剔。不论是哪家餐馆，也不论是什么菜系，她的要求都极其严格，甚至极其苛刻。从菜品的色香味是否精到、完美，到店家的环境和服务是否合格、舒适，当然，还有菜品的价格是否合理、实惠，任何一个环节有瑕疵，她便绝不会去第二次。而那家店的女老板（一位精瘦、干练的中年妇女）可是个人物，特别会来事儿。总是抓紧一切机会和顾客聊天，问长问短、嘘寒问暖，从孩子的教育，到糟糕的交通和空气，没有不聊的。她能准确叫出几乎所有常连客的姓名，准确掌握几乎所有常连客的家庭情况。比如孩子多大，在哪儿上学，甚至小孩穿多少码的衣服，什么尺寸的鞋，今年和去年相比鞋码长了多少，全部门儿清。所以我媳妇儿特信赖那家店，老去那家店，而且一去总是带着我们一家子同去。不止如此，尽管我们平时去一般都点相同的菜色，但是只要那位女老板给我们推荐什么新菜品，我们十有八九会接受，而且鲜有失望的时候。

后来，我们离开那座城市回到省城，便感觉再也找不到对口味的餐馆了。有好长一段时间，我们到哪家餐馆吃饭都觉得别扭，用了差不多一年才慢慢适应过来。我媳妇自己都觉得挺奇怪，不知道为什么会发生这种事。只有我知道事情的真相：她是被那位女老板“拿了魂儿”了。当然，这不是说我媳妇儿和那位女老板之间建立了深厚的友谊，更谈不上她们俩之间已经产生了什么真挚的情谊。这种事与“友谊”“情谊”无关，其实就是一种习惯，一种潜在的依赖。而这种习惯与依赖的产生，绝对与那位女老板的“情商”有关。当然，也与她娴熟的手法有关。

最后，再讲一个我的老丈人的故事。

老人喜欢木工活，总愿意在家里鼓捣一些东西，因此，少不了要和周边的五金店打交道。有意思的是，尽管小区周边至少有四五家五金店，甚至连菜市场都有卖小五金的货摊，可是老丈人几十年如一日，只在一家小店买小五金商品，从未光顾过其他的店。这种忠诚度，简直令人叹为观止。

理由也很简单，只有一个：他和那家店的老板熟，谈得来。

老丈人每次差我去那家店买东西的时候，总会千叮咛万嘱咐，一定让我找老板，老板不在就不要买，而且一再告知我那位老板的特征：六十岁上下的老头，戴着一副老花镜，喜欢穿白色上衣，蓝色裤子……可见老丈人对那位老板了解到了什么程度，依赖到了什么程度。这种境界，已经不是店家掌握顾客的信息，而是顾客牢牢掌握店家的信息了。其实，去那家店买小五金，并不比其他店便宜，品质也并不见得比其他店好多少，可老丈人就是一厢情愿地相信，只要去那家店，找到那位老板，便一定会价格公道、品质合理，不会发生意外。显然，“没有意外”是事情的重点。只为了这一条，至少我们家的买卖，就全归人家了。

不止如此，老丈人的“忠诚”和“执着”还有很多。比如说酒一定要到哪家买（哪怕是相同的品牌，相同的价格，到处都有得卖）；饺子一定要到哪家吃；头发一定要到哪家理；香烟一定要买哪个品牌……所有这一切，都是几十年如一日，从不动摇。

相信这样的例子，不只存在于我们家，而是广泛地存在于千家万户。

必须强调的一点是，老人和妇女是最容易变“常连”的一群人。因为他们嫌麻烦，不愿意“货比三家”，这么做一来风险高，二来太耗体力和精力，所以拿下他们，反而比拿下年轻客户或男性客户更容易。可偏偏是这些人群，却恰恰是最容易被店家忽略的一群人。最容易被店家以“挑剔”“善变”“难伺候”为由，从“潜在常连客”的名单中删除。与此同时，也恰恰是这些人群，往往掌握着家里的财政大权，拥有最多的消费资源（钞票）。这就意味着忽略他们，就是和钱过不去，和生意过不去。

其实，话又说回来，之所以老人和妇女常常会表现得“难伺候”“很挑剔”“很善变”，恰恰是因为他们缺乏安全感，所以必须通过不断地“货比三家”、不断地“挑剔”来为自己的消费行为寻找一个真正靠谱的依托。而一旦让他们找到这样的依托，他们“嫌麻烦”的本色便会充分暴露出来，再也懒得“货比三家”了。从这个意义上讲，“货比三家”恰恰是为了不再“货比三家”；“善变”恰恰是为了不再“变”。不懂顾客的心理，真是祸害不浅。

看来，在这方面，我们的“散客型店家”确实应该好好反省一下了。

其实，做到这点也不难，只要你能学会换位思考就行。每个店家，无论是老板还是员工，也会有在别的店家做顾客的时候，想想自己做顾客时的心情和感觉，想通这一切，搞定这一切绝对易如反掌。连这点功课都懒得做，开店的意义又何在呢？实在是令人难以理解。

所以，下次再发生你们家小区附近的店家倒了一大片的现象，千万别再以“大环境不好”为由，替它们开脱了。

还是那句话，做生意是件严肃的事情，没那么浪漫，更没那么简单，不能单纯地以情感上的好恶做判断，否则你的结论一定会有失偏颇。

万事皆有因，万事也皆有果。一定要把因果关系搞清楚。

**小结：如何把“新客户”变成“老客户”，是一切服务行业必须认真面对的重大课题。尤其是那些以“散客”为主的服务行业，研究这一课题便显得尤为迫切、尤为现实。**

# 第二章

# 解开团队困局的死结——提升谈判力

“基本上就是这样。”刘鹏抬头看了一眼会场，一脸的自信，“总之，我们店只用了一个月的时间，就成功地把客户信息登记表的回收率提高到了九成以上。当然，成绩不是骄傲的借口，我们还要再接再厉，将这一成绩继续维持下去，争取全面提高最终的成交率！”

言毕，他用眼角的余光扫了一下汪海，神情中透着几分得意。那意思好像在说：怎么样？你小子用三个月才搞定的事情，哥们儿一个月就搞定了。这回你知道谁才是真正的牛人了吧？

也难怪刘鹏会有这样的想法。他是汪海的师傅。当年后者还是一个职场菜鸟的时候，他已经是一家店的销售经理了。汪海跟着刘鹏干了两年，他能有今天，很大程度上是这个师傅的功劳—— 要不是刘鹏当年的悉心栽培，让他长了一身的本事，汪海绝不可能在这么短的时间内就独当一面，当上一家店的总经理。

不过，时过境迁，今非昔比。尽管今天的刘鹏已然是一家世界知名的主营高档欧洲产品的品牌销售店的总经理，可毕竟和自己的徒弟已经处在了同一个起跑线上，大家身份相同，彼此彼此。再加上最近时运不济，业绩迟迟没能改善，老板对其颇有微词，三番五次命令其向汪海学习，汲取后者的经验。这让刘鹏很不爽—— 天下哪有师傅向徒弟学习的道理？我干销售这行的时候，这家伙还流着清鼻涕，在学校里背课文呢！凭什么让他来教我？笑话！

憋着一肚子的恶气，凭着一股不服输的劲头，刘鹏选择了单干——没有你汪海的帮忙，老子照样能做出成绩给你看！

果不其然，在他雷厉风行地推动下，这家店的客户信息登记表回收率只用了区区一个月，便一举突破了九成大关，追平了汪海的成绩。

这让他好不得意，总算有了点“扬眉吐气”的感觉。

这不，在这天集团总部的全体会议上，刘鹏狠狠地将了汪海一军。

没想到汪海却并不以为意，反而低着头，认真地做着笔记。

汪海的“表现”让刘鹏很不爽：切，装什么装？我还不知道你？明明心里很郁闷，偏偏要做出一副若无其事的样子，真没劲！

他在心里暗暗骂道。

老板发话了。出乎刘鹏意料的是，他并没有捧自己的场，反而给了自己一个下马威："我想听的不是成绩，而是不足。你们店的成交率为什么一直上不来，这里面的原因你到底好好考虑过没有？"

刘鹏猝不及防，只好如实相告："这个，不好说……不过我想，饭得一口一口吃，路得一步一步走，只要能把客户信息回收率提上去，成交率迟早会跟上来……

"这个我知道，不用你说！"老板不耐烦地打断他，"可问题是你这个'迟早'，到底要'迟早'到什么时候？到底什么时候你才能给我拿出扎扎实实的结果来？"

刘鹏被问住了，一时语塞，不知如何回答才好。

老板继续加码："据我所知，连你自己也承认，即便客户信息收上来了，下一步到底应该怎么跟进你心里也没谱，对不对？"

"对。"刘鹏如实作答。

"那我让你跟汪海取经，你为什么不听？"老板发火了，拍着桌子道，"我跟你说了多少遍了，人家汪海在这方面有高招，你要学！你到底是看不起汪海啊，还是看不起我？把我的话当耳旁风？！"

刘鹏涨红着脸，嘟嘟囔囔地道："瞧您说的，怎么可能啊……我不是跟您说了嘛，我想一步一步来，先把客户信息回收率提上来，然后再……"

"什么'一步一步来'？什么'然后'？我要求的是现在，听明白了吗？是'现在''立马''马上'！不是什么'然后'！"老板依然余怒未消，厉声呵斥刘鹏。

眼看气氛紧张，我赶忙打圆场，冲老板道："这样吧，还是老规矩，这事儿算您交代给我的任务，完不成您拿我是问！和刘总沟通的事儿，我来办！"

## 第一节 别让"面子"困住你：面子既是兴奋剂，也是绊脚石

对职场人而言，"面子"是把双刃剑。想要动力的时候，它是兴奋剂；想要利益的时候，它是绊脚石。

我和刘鹏决定，深入这家店的销售部办公室，做一次"实地调查"。

我们的主要目的，是想看看销售顾问在得到客户信息后，是如何处理这些信息的。具体地说，我们想看看销售顾问在跟进客户的过程中，到底都存在哪些问题。

“这个客户是典型的‘彩页客’，根本就没有购车意向。”

“客户本来说好了这个周末和媳妇儿一起过来看车，可后来却失联了，打电话也不接……，估计是有什么别的事儿要忙吧？”

“打了好几回电话也没打通，只好给客户发了个短信……，不过，这都过去三天了，到现在还没回信……”

不出所料，销售顾问的汇报一如既往地令人沮丧却又一如既往地有着某种莫名的“合理性”，让人无法反驳，至少无法有力地反驳。这种“没有进展也似乎是合理的，无从指责”的感觉就像一根鱼刺卡在喉咙里，上不来下不去，要多别扭有多别扭，要多难受有多难受。

一个小时后，我俩回到了二楼总经理办公室。

刘鹏一屁股陷进沙发里，绷着脸不吭声。

我能理解他的心情。这一个月来，为了和汪海较劲，也为了彻底摆脱业绩低迷的局面，他可是够忙活的。

“无论是‘彩页客’还是‘厕所客’，必须留下电话号码！否则，少一个号码扣五十块钱！要是有谁敢弄虚作假，只要让老子逮着，立马给我卷铺盖走人！”

据说，整整一个月，刘总在店里说得最多的，就是这句话。

高压之下，必有勇夫。难怪他们店能够这么快追平汪海店的成绩。

可现在问题来了。“追平”之后怎么办？客户信息拿到手了，下一步怎么办？怎么处理这些客户信息？怎么跟进这些客户？

说白了，拿到客户信息只是第一步，仅仅是“入了门儿”而已；如何处理客户信息才是最关键的环节，是“见真章儿”的时候，而这，则事关服务行业最重要的一环—— 商谈力。

对于这一点，刘鹏心里还是真没谱。难怪会挨老板的骂。

沉默了一会儿，刘鹏站起身，走到一块看板面前。看板上记录着本月的销售业绩，以及成交率的即时数据。当然，数据并不理想。

他叹了口气，喃喃地道："真不知这帮孙子是怎么想的，守着这么好的条件，居然把活儿干成这副德行！哎，真是一代不如一代啊！想当年还没有'4S店'这个概念的时候，我和老板，还有一大堆弟兄风餐露宿、日夜兼程，亲自跑到千里之外的厂家把车开回来，一个来回就是几天几夜啊！还不止这样，回来之后还得亲自开着车，挨家挨户地去推销。甭说走街串巷了，下农村也是常有的事儿！农村的路那个难走啊！可又能怎么办呢？不干活就没饭吃啊！哎，想想那个时候，再看看现在，客户主动找上门来都搞不定，这碗饭还怎么吃下去啊！"

我理解他的感慨。他的抱怨在中国的私企里很常见、很典型：创业的时候条件那么艰苦都能精神抖擞、披荆斩棘，从一个胜利走向另一个胜利；可是创业成功，条件好了之后士气却每况愈下，日子一天不如一天。

这是什么事儿啊！难道真像古人说的那样：没有吃不起的苦，只有享不起的福？！还是世上真有"人心不古"这码事儿？

我劝慰道："行了，别感慨啦，面对现实吧！日子再难，也得过下去不是？难不成你想改行？即便改了行，你就敢保证日子一定会好过？"

"可不是嘛，哪行也不容易呀！"刘鹏回了回神，点头道，"成，还是面对现实，说说咱们自己的事儿吧！我们的情况您刚才也看见了，您有什么好招没有？"

"当然有。"我肯定地道。

"什么招？快说说快说说。"刘鹏急切地催促。

"其实严格说来，这不是我的招，而是老板的招。"

"老板的招？什么意思？"

"老板不是一再说了吗？向汪海取经。"

听了我的话，刘鹏再一次低头不吭声了。

显然，"问计汪海"是他的一块心病，他不愿意别人提这茬，一提就头痛。

我继续："我知道你是怎么想的。你比他大六七岁，又是他的师傅，师傅请教徒弟，很没面子是不是？"

刘鹏依然绷着脸不吭声。

"可你想过没有，向自己的徒弟请教更没面子，还是业绩不振挨老板训更没面子？"我继续加码，"而且重点在于，还是当着那么多同事的面，甚至是汪海本人的面挨训？”

这下戳中了刘鹏的痛处，他紧绷的表情有了些许松动。

我知道刘鹏是个极爱面子的人，这既是他的优点，也是他的缺点；既能给他提供强大的动力，也会给他造成巨大的阻力。所以，下定决心要在这一点上突破他的心理障碍。

“不瞒你说，前一阵我在汪海的店里泡了几个月，一个最大的收获，就是知道了一件事，具体地说，是一个概念。”

“什么概念？”刘鹏终于开了腔。

“自我障碍。”

“自我障碍？什么意思？”

“简单点说，就是‘想当然’，以小人之心度君子之腹，替别人拿主意的意思。”我有话直说，不怕话里夹枪带棒，“这种心理障碍不消除，会给人带来极大的困扰，造成巨大的机会损失。”

“您是说，我身上有‘自我障碍’？”刘鹏秒懂了我的话外音。

我也不再隐瞒，将自己的想法如实相告：“没错，是这个意思。我觉得你身上有‘自我障碍’，而且还不小，不轻。就拿你对汪海的看法来说吧，你一厢情愿地认为‘后辈的招儿不可能比前辈高明’甚至是‘后辈的招儿不应该比前辈高明’，对吧？说白了，在你心目中，这个世界上不可能也不应该存在‘青出于蓝而胜于蓝’的事情，是不是？所以说，对我们中国人而言，最大的‘自我障碍’，就是这个东西，面子。”

“瞧您说的，我哪能那么小心眼啊！”刘鹏忙为自己辩解，“青出于蓝而胜于蓝，天经地义，我哪能连这种事儿都反对啊！”

“好吧，我相信你说的是事实。”我选择欲擒故纵，先后退一步，然后再次紧逼，“我承认你不反对‘青出于蓝而胜于蓝’，即便是徒弟，也有超过师傅的可能，可你能说你对这种结果心服口服，欣然接受，至少没有任何怨言吗？”

“当然，没怨言……”刘鹏狠狠地咽了口唾沫，言不由衷地道。

“真的？”我问。

“真的。”他答。

“好吧，我相信了。”我故意不拆穿他，给他留个台阶下，“既然这样，向汪海取经这么点事儿，对你刘总而言，显然也就不在话下了。”

“当然没问题，在集团的会上我不是说了嘛，我本来是想一步一步来，先搞定客户信息回收率的事儿，然后再去跟汪海取经……”

刘鹏再一次笨拙地替自己辩解。

我也乐得借坡下驴，就势问道：“那你准备什么时候去找汪海？”

“这就去！”他终于下定决心，从沙发上站了起来。

“我能同行吗？”我问。

“当然，求之不得！”他答。

**小结：消灭“自我障碍”，需从管理者，尤其是高层管理者自身做起。**

## 第二节 谈判的艺术：学会和自己较劲

什么是“业务谈判力”？说白了就是消除“心魔”的能力。换言之，业务谈判不是和客户较劲，而是和自己较劲。只要能戒掉“想当然”的毛病，不自己拖自己后腿，业务谈判力也就上来了。

“你说什么？‘客户跟进四妙招’？”刘鹏诧异地问。

“对，‘客户跟进四妙招’，也可以叫‘客户跟进四口诀’。”汪海肯定地道，“您忘了，这都是您教给我的呀！”

“没错，是我教的。其实我在店里也一直强调这个事儿，只不过效果一直不太理想。看来，还是我们店的员工素质不行啊！”

刘鹏的话一半是真，一半是假。“客户跟进四妙招”，确实是刘鹏从长期的一线业务实践中总结出来的经验，也确实是他亲自传授给汪海的。只不过，随着自己渐渐位高权重，工作也越来越繁忙，这两年他已然不太提这码事儿了。这些关于“基本功”的细节，他基本上全权委托给了销售经理，自己几乎不再过问。

所以，冷不丁地被曾经的弟子提到这个茬，他也只能以“员工素质差”为借口搪塞过去。况且他并没有说错，自己店里的员工如果真能搞定这“四妙招”，业务也不可能像现在这样一筹莫展。

“可能您自己未必记得住了，但是我记得非常清楚！”汪海诚恳地道，“那个时候跟着您一起跑业务，令人难忘的场面和细节实在是太多了！说出来恐怕您都不信，一直到今天，我在店里训话的时候还经常引用您那时的‘名言’呢！”

“嗐，我能有什么‘名言’啊！你这也太夸张了吧？”刘鹏心里暗喜，嘴上却言不由衷地客气着。

“我真没骗您，说的都是实话。”汪海的态度依然很诚恳，“您自个儿可能记不清了，可您说过的很多话我却一直记着，到今天都有一种‘受益匪浅’的感觉！常常脱口而出，拿来就用，都是现成的！”

“所以说你小子有出息。我教过的弟子中，就你小子最有心计，难怪爬得这么快，都快爬到我头上去了！哎，我这也是养虎为患啊！”刘鹏嘴上开着玩笑，心里却暗暗佩服。

“瞧您说的，我哪儿敢啊！”汪海笑了笑，反将了刘鹏一军，“您身上的本事还多着呢，有的是值得我学的东西。如果我真的像您说得那么有心眼儿，现在就变老虎岂不是太笨？还是学猫合算，能从您身上继续学本事！”

我也在一旁搭腔：“没错，汪海说的有道理。真正的聪明人一辈子不会做老虎，还是当猫合算。一来姿态低，态度正，能够不停地学东西，壮大自己；二来目标小，不起眼，能免遭别人嫉妒，脚下少了许多绊子。可谓‘一举两得’。所以说，到最后真正强大的是猫，不是老虎。要不然老虎怎么能叫‘猫科动物’呢？这说明猫才是老虎的祖宗，老虎连孙子都不是！”

二人被我这番话逗乐了，却也不住地点头称是。

大家说笑了一阵，便把话拉回了正题。

“‘四妙招’的第一条，您还记得吧？”汪海问。

“当然。‘不能不懂装懂’。要敢于对顾客说—— 我不知道。”刘鹏答。

“对。更准确地说，是‘向顾客要作业’。”汪海补充道，“对客户的提问，尤其是那些自己不懂的事情、不清楚的细节，与其靠一些模棱两可的回答稀里马虎地忽悠顾客，要小聪明，试图蒙混过关，不如老老实实地认栽，承认自己不知道，把不知道、不清楚的事情当作顾客留给自己的家庭作业，私底下下点工夫，彻底弄明白了之后再给客户一个准确无误的答案。比起那种不懂装懂的敷衍，其实这样做反而更能博得客户的好感，取得客户的信任。”

“没错，而且好处不止于此。这么一来，销售顾问等于又为自己赢得了一个新的与客户接触的契机—— 向客户汇报结果，交作业。至少多了一个打电话的借口呀！”我觉得这个做法甚妙，禁不住在一旁插嘴。

“对，是这样。到底是行家，一点就透！”汪海捧了我一把，又继续加码，“不夸张地说，甚至有的时候即便你心里门儿清，也要在某个环节上故意装作不知道或不清楚的样子，好为自己下次与顾客联络留下一个口实。至少这样的口实名正言顺，日后打起业务电话来心里也有底气。对客户来说也一样，接这种电话要比接那些生硬的业务电话更自然一些，态度也会更友善一些。”

“这种做法可以称作‘不懂装懂’的升级版，‘懂装不懂’！”我打趣道。

“说白了就是这么回事儿！”汪海坦率地道，“您是不知道这业务人员的心理。别看打业务电话是他们的职业，可这‘打电话’仨字儿对他们而言简直称得上‘重如千钧’啊！拨号码之前心跳一百五，血压一百八；号码拨出后心跳一百八，血压二百二；电话那头传来客户声音的瞬间心跳两百八，血压三百！每次打业务电话之前，心情那叫一沉重，得鼓足多大的勇气才敢拨那号码呀！所以说，如果能有个名正言顺的理由，可以让这业务电话打得没有那么大压力，对销售顾问而言实在是太重要了！”

“我怎么不知道？我太知道了！”汪海的话令我颇有感触，“别忘了，出国留学前我也是干过业务的人啊！而且在日本上学的时候我看过一篇报道，说业务人员百分之八十的压力都来自和陌生人的接触，包括打业务电话和上门推销。换句话说，别看许多搞销售的做业务的时候一副驾轻就熟的样子，好像脸皮很厚似的，其实他们承受的压力一点不比普通人小！据说干这行的老了之后得心脏病和高血压的人不少，估计就是因为这个原因！”

“是呀，所以说，创造机会给销售人员减轻压力，也是我们做领导的本职工作呀！一味的高压政策确实有点不太人道。想当初你自己是什么感觉？现在却无视下属的感觉，确实有点不太地道！”

汪海这句话只是有感而发，并没有特别针对谁，却让旁边的刘鹏脸上发热，有点坐不住了。

他赶忙岔开话题，再一次把焦点对准了“四妙招”：“扯远了扯远了，还是说说咱们的正事儿吧！我觉得吧，你刚才说的那一条，‘向顾客要作业’，说来容易做来难啊！我那些销售顾问压根儿就不知道顾客有什么作业，更别提完成作业了！每次顾客一出门儿就抓瞎，根本不知道下一次该用什么借口找顾客。业务电话打得那叫一生硬！每次都挨呲儿（挨骂），要不就是挨涮。不是让顾客数落一顿，就是让顾客戏耍一番。总之是灰头土脸，一点脾气没有！”

“是这么回事儿。您说的这些我特能理解，因为我们店有很长一段时间也是这一出！”汪海附和道，“后来我才意识到原来这个事儿里面也有‘自我障碍’！哦，对了，‘自我障碍’是个新词儿，就是‘想当然’‘自以为是’的意思。”

“这个我知道，领导已经跟我说了。”刘鹏道，“你的意思是说，‘向顾客要作业’这个环节里，也有‘自我障碍’存在？”

“当然有。”汪海肯定地道，“我觉得长期以来销售顾问都有一个很不好的认识误区。他们本能地认为在顾客面前说‘不知道’是一件很丢人的事儿；而且所有顾客提出的问题必须当场作答，哪怕不懂装懂也要当场给顾客一个说法。‘下一次再说’这种念头对销售顾问而言几乎就是一种羞辱，是绝对不可能的选项。”

“没错，我也有这种感觉。但又能如何呢？”刘鹏问。

“所以说，这就是一个典型的‘自我障碍’。”汪海道，“毕竟自己是‘顾问’，是‘专家’，是‘专业’的人，不能在顾客面前露怯，这种自我心理暗示实在是太强大了。这个‘障碍’不消除，后面一切环节都免谈！”

“可是，这个心理障碍怎么才能消除呢？”眼看汪海没有正面回答问题，刘鹏只好再次追问。

“没有好办法，只能是全面解决、一揽子解决。”

“全面解决，什么意思？”

“把‘客户跟进四口诀’每一个环节上存在的‘自我障碍’全部消除，才能治标治本。”

“你的意思是说，‘客户跟进四妙招’的每一个环节都存在‘自我障碍’？”

“对，都存在。”汪海肯定地道，“就拿第二条来说，销售顾问打业务电话的时候，最容易得到的顾客答复是‘有空一定去’。而我们一直强调，所谓的‘有空一定去’是无效跟进。为什么这么说？因为许多关键的概念没搞清楚。比如说，‘有空’是什么时候？‘一定’是什么意思？顾客到底会不会到店里来？这些细节不搞清楚，光得到一个模棱两可的承诺有什么用？所以说这种业务电话打了也等于没打，白浪费电话费和唾沫星子。”

“没错，是这样。可你说的‘自我障碍’，又体现在哪里呢？”刘鹏不解地问。

“这个环节上的自我障碍，不是销售顾问身上的障碍，而是我们管理者身上的障碍。”汪海答。

“我们的障碍？我们有什么障碍？销售顾问的业务电话和我们有什么关系？”听了汪海的回答，刘鹏更不解了。

“当然有关系，而且还是极大的关系！”汪海耐心地解释，“简而言之，是我们这些做领导的太不了解自己员工的心思了。”

“员工的心思？什么心思？”

“害怕。他们害怕。怕被拒绝。”汪海道，“我刚才说过，打业务电话这个事儿，给员工造成了巨大的心理负担。更何况他们每天要打这么多电话，心理负担之大便可想而知了。在这种情况下，他们很怕被顾客拒绝。所以说，哪怕是个‘有空一定去’，对他们而言也比‘绝对去不了’强。这种回答虽说像鸡肋一样‘不痛不痒’，却也聊胜于无啊！”

听了汪海的解释，刘鹏暗自佩服，禁不住使劲点了点头—— 显然，在这一点上，确实是自己太过‘想当然’了，一厢情愿地把所有责任都推在员工身上。看来，自己的这个小徒弟，还真是有比师傅高明的地方！

“所以说，这个时候第三条就起作用了。”汪海并没有意识到刘鹏的心理活动，兀自往下说，“这就是‘模拟承诺’。举个例子。你比如说销售顾问可以在打业务电话的时候这样跟顾客沟通—— 不好意思，由于我们内部的一些原因，比如说提前准备试驾车什么的，需要提前知道您来店的时间，我们好进行相应的安排。所以您能跟我说个具体的日期吗？本周三怎么样？不知您有没有其他的安排？没关系的，如果不方便的话，我们还可以再调整。”

“你说的这招儿我们也使过，可是不灵啊！”刘鹏没好气地道，“即便你和客户约好了时间，到时候他也未必来啊！何止是不来，恐怕连电话都打不通，具体什么情况你都不知道！”

“没错，是这样。这种情况确实难免，想绝对杜绝是不可能的。”汪海道，“但只要方法得当，尽量减少这种情况的发生还是有可能的。”

“什么方法？”

“简单。让顾客许下‘可以变卦的承诺’就行。也就是说，第一，说到底这是个‘承诺’，因此必须准确、具体，不能模棱两可。不只要让顾客说清楚来店的具体日期和时间，甚至万一有情况时应该如何与顾客取得联系，电话方便，还是短信或微信方便，这些细节也要提前说清，不能含糊。第二，正因如此，所以这个承诺顾客不必确保履行，如果情况有变可以变卦。”

“可以变卦？那让顾客做承诺还有什么意义呢？”刘鹏不解地问。

“您别急啊，听我慢慢说！”汪海耐心地解释道，“一般来说，只要顾客能把这些细节说清楚，一定是经过了某种程度的考虑。换句话说，这样的承诺，一般来说是比较靠谱、比较走心的，至少要比那些张口就来，随便敷衍的承诺靠谱得多。而且，由于这种承诺不具有强制性，不会给顾客造成心理负担，顾客也能相对轻松地配合，至少不太容易断然拒绝。当然，即便做了这样的承诺，到头来被顾客放鸽子的情况也不少见，可总体来说，顾客的‘进场率’（来店率）确实会有明显的提高。这是我们的真实体验！”

顿了一下，汪海接着道，“更何况，咱们还有第四招。这一招使下去，恐怕顾客想放咱鸽子都没那么容易了。所以‘客户跟进四妙招’的最后一条就是‘两周单位’。你多给顾客留点儿回旋的时间和空间，对方也便更加容易搞定自己的行程表，更加方便把你的事儿往前排一排，帮你在他的行程表中占个地儿。这么一来，还怕他会放你鸽子吗？”

这一次，汪海终于说服了刘鹏。后者终于明白了为什么老板会一而再再而三地催促他向这位后辈取经，也终于明白了我跟他说的“青出于蓝而胜于蓝”到底是什么意思——看来，时代不同了。现在的年轻人，次元就是不一样！

我站起身，对刘鹏道：“成，那咱们今天就到这儿？不打扰汪总了。回去之后，咱俩好好合计合计，给销售部的弟兄们开个会如何？”

“对，开个会，必须的！”刘鹏也站起身，长长地吁了一口气，踌躇满志地道。

……

三个月后的某个周末，在集团公司全体高层出席的例会上，刘鹏受到了老板的点名表扬，理由是公司整体成交率指标终于有了长足的进步。

那天晚上，刘鹏请汪海海大吃了一顿，俩人喝高了。

---

**小结：不耻下问。向下属和后辈学习，既是一种有勇气的行为，也是一种有智慧的表现。**

---

第三章

# 团队训练的救命稻草——“角色扮演”

一个周末的下午，老板把我叫到了他的办公室。

还没等我坐定，他便从抽屉里顺出一份文件，一抬手递给了我："这是一份业绩表，你看一下。"

我欠身接过，坐在老板的办公桌前看了起来。

这份业绩表来自一家主营韩国产品的品牌店。这家店开业已经两年多了，业绩只能用"一般"二字来形容，既不太好，也不太坏。好的时候能挤进集团前三，坏的时候集团倒数前三的情况也有。总的来说，这是一家极其普通的店，属于那种没有什么亮点的存在，在集团总部的会上，也很少被人提起。

"您的意思是？"我问老板。

"怎么样？看了之后有什么感觉？"老板反问我。

"实话实说，没什么感觉，还那样。"我老实回答。

"没什么感觉，就是最大的感觉。"老板道。

"最大的感觉？什么感觉？"我依然一头雾水。

"这不像是你说的话呀！"老板有些不满，"我把话说到这个份儿上了你都不明白？你难道不觉得这家店'没什么感觉'的时间太久了吗？"

"哦，您是这个意思。"我终于明白了老板的用意，"是，这家店确实太过低调，太过不起眼了。这确实是个问题，肯定有哪个或哪些环节不对劲！"

"没错，我就是这个意思。"老板一脸严肃，"这段时间我们光顾着整顿那些'有问题'的店了，对'没问题'的店照顾得太少。其实，'没问题'，至少'看似没问题'本身就是最大的问题。要是长期放置不管，最终的后果不可小视，闹不好出的问题比那些'有问题'的店还大，还严重！"

"成，我明白您的意思了！"我站起身，郑重地对老板道，"还是老规矩，这事儿就交给我了。您给我三个月的时间，如果情况没有改善的话，您拿我是问！"

## 第一节 领导主动多“烦恼”，团队才能干得好

什么叫“团队领导”？团队领导就是组织“团体战”的人。什么是“团体战”？团体战就是团队领导要和团队成员一样，不能只在场外指挥，必须跳进场内和全体成员一起摸爬滚打，百炼成钢。

这家“不起眼”的主营韩国产品店的总经理叫王军，是个八〇后的小伙子。

说起王军本人，可丝毫与“不起眼”这三个字儿无缘。近一米九的大个子，高大潇洒、俊朗挺拔，是那种让女孩子一见倾心的“王子型”人物。

这个王军的来头可不小。他曾经是一个职业篮球运动员，代表这座城市打过国家级比赛；而且身为一队之长，他还深受教练信任，肩负着在场上运筹帷幄，指挥调度的重责。按照他本人的话讲，要不是因为过早地因伤退役，也许现如今CBA赛场上就能见到他活跃的身影了。老板也是因为看中了他的这个履历，再加上被其出色的外表所吸引，所以才会费尽心思地把他从其他公司挖来，并破格提拔他当了一店之长，全权掌管这家品牌店。

公平地说，王军并不是空有其表的人，业务方面也还是有一些功底的。在被老板挖角，跳槽到我们公司之前，他在汽车行业里已经有了几年经验，干过销售顾问，也干过销售经理，成绩都还可以，算得上有一些小名气。只不过，这“一店之长”的位置，可不是说着玩儿的。不是说你在一线打拼的时候业绩好，提拔上来就一定能干好这个总经理。毕竟前者靠的是业务能力，后者拼的是管理能力，一词之差，天壤之别。

这不，王军就碰到了这方面的问题。虽说这个总经理已经当了三个多月了，可是一直到现在他也没有找到感觉。总觉得脚丫子没踩在地面上，还在空中飘着。有种想发力却又无从发力的尴尬与无奈。

他此时的感觉，其实和别人对他的感觉颇有几分神似，都可以用一个词来形容：不好也不坏。

老板，似乎没有什么特别的不好，也没有什么特别的好；对待自己，也似乎没有什么特别的不满和特别满意的地方。

同事，似乎都能和平共处，没有什么互相穿小鞋，互相撤梯子的事儿，但也似乎谈不上互帮互助，在关键的时候能够互相拉一把。人和人之间的关系显得很陌生，也很无奈。

员工，似乎每天都在认真地工作，却鲜有真正拿得出手的成绩；每一个人的天分似乎也都并不低，却鲜见真正的亮点，更别提令人惊艳的神来之笔了。

这种“极致平均”或者说“极致平庸”的状态，让他自己也很不好受，心情异常烦躁。

当我找到他的时候，他似乎并不感到意外，而是对我说：“我知道您为什么来找我。其实即便您不找我，过两天我也可能去找您！”

这倒让我感到有些意外：“你怎么知道我来干什么？”

他笑了一下，自嘲地道：“您是稀客啊！别说您，咱们集团公司好歹有点头脸儿的人物，都轻易不会到我的店里来，甚至可能连想都没想过要到我这儿来。哎，怪不得别人，谁让我这小店儿又偏僻，又不起眼儿呢！庙太小，没办法，招不来烧香拜佛的人啊！”

我马上懂了他的话外音，不客气地回道：“我懂你的意思，可话不能这么说。要说偏僻，谁的店不偏僻？你到处打听打听，但凡干咱们这行的，谁有本事把店开到市中心去？为什么人家偏偏不愿意，或者根本想不到来你这儿？”

一句话戳到了王军的痛处，他绷着脸不吭声。

我继续：“所以说，在埋怨别人之前，首先要想想自己。为什么自己的店会这么不起眼，为什么自己的店就不能成为别人的话题，为什么自己的店就不能在业绩上拔尖儿，让别人也羡慕嫉妒一把？眼光向内，不要向外，凡事多想想自己能干什么，也许就能海阔天空了。你说是吗？”

“当然，当然，是这么回事儿……”王军依然绷着脸，心不在焉地应和。

我继续：“我知道你的想法。你业务上遇到了瓶颈，迟迟找不到出口，心里一直希望能有个前辈帮帮自己，给自己指出一条明路。可是又苦于找不到这样的机会。打电话吧，怕说不清；约饭局吧，怕被拒绝；想在集团总部的会上说吧，又怕当众露怯，更不想给自己找麻烦；想在会后找机会私聊吧，又怕对方太忙，没时间；好不容易见到面儿了吧，又生怕对方留一手，不愿意被自己抢风头。这一来二去，就对公司里的同事们有了怨言。总觉得每个人都是‘各扫自家门前雪，休管他人瓦上霜’的自私鬼，压根儿就指望不上，对不对？”

“您怎么知道的？！太神了！”王军吃了一惊，几乎从座位上跳了起来。

“放心，我不是你肚子里的蛔虫。我说的不是你，是我自己。”我没好气地道，“这不是明摆着的事儿吗？谁没当过新人啊，每一个人都是从这儿过来的。”

顿了一下，我又反问道：“不过话又说回来了，人家不来找你，你为啥不去找人家啊？事儿是死的，人是活的嘛，你也可以主动上门呀！既然有求于人家，上门找一下天经地义，并不算丢人啊！怎么回事儿，还是碍于面子，不好意思？”

王军连忙摆手：“嗐，您说的这是哪一出啊！我都火烧眉毛了，还在乎这点面子？去过，都去过。汪总（汪海）的店，刘总（刘鹏）的店，我都跑过，至少两三趟！可您猜怎么着？每次我刚到人家那儿，屁股还没坐热，人家就开始忙活起来了。不是手机响个没完，就是不停地有人找。店里店外的都有。尽管人家一个劲儿地说抱歉，我也不可能坐得住呀！稀里马虎地随便聊两句也就打道回府了。回回都是这样！一来二去，我也就懒得跑了。明知道跑过去也没用，也谈不成啥东西，你还折腾个什么？这不是给人家，也给自己添堵吗？”

“那你小子可真够点儿背的。”我摇了摇头，同情地道，“其实，你也是赶巧了，平时不这样。咱们集团公司各家店的总经理之间来回走动是常事儿，不新鲜。汪总和刘总之间也没少走动，尤其是这一阵儿，两人之间经常互相串门儿，这一点我可以做证。”

“那可能真是我运气不好。也许该着了我做不好这个总经理。这是天意。”听了我的话，王军更沮丧了。

我赶忙反驳：“亏你还是个成年人，说出的话怎么跟个小孩子似的？！这是一回事儿吗？碰巧了就是碰巧了，运气不好就是运气不好，有什么呀？！男人大丈夫，为啥这么婆婆妈妈，多愁善感的？！你给我听好喽，你这个总经理做得好也好，做不好也罢，都是你自己的本事，和天意没关系！亏你还是个职业运动员呢，真不知道就凭这种心态，你当时是怎么上的赛场，怎么当的队长，怎么打的比赛？！”

王军再一次绷着脸不吭声。

我缓和了一下语气，做起了自我批评："不过，这事儿也不能全怪你。我也有责任。作为集团的管理总监，我平时对你的关照也太少。不瞒你说，要不是老板提醒，我今天还想不到到你这儿来呢！你们这些在一线做业务的人公事繁忙，百密一疏，却不太容易找到交集，互通有无，扬长避短。其实，这个任务应该由我扛起来才对。在你们中间斡旋，干些穿针引线的活儿，本来就是我的本职工作。这一点，其实是我该向你道歉！"

"哎，我就等着您这句话了！"王军终于绽开笑脸，调皮地将了我一军，"您真是自私，光顾着教训我，却丝毫不反省自己！我不是早说了嘛，您来得实在是太晚了，您要是再不来，我就上门儿找您去了！"

"嗬！在这儿等着我呢！"我捶了他一拳，半开玩笑地道，"我也就是客气一下，没想到你小子还是见便宜就上，一点儿不含糊！早知道你小子是这种人，我就多余来找你，即便你找上门儿来，我也会高挂'闭门谢客'牌，拒不相见！"

两人说笑一阵，又重新回到正题。听了一番他对本店现状的描述，我觉得有必要请经验丰富的刘鹏来帮他参谋参谋。

首先，由我做东，请这两位总经理吃了一顿便饭，帮助他们拉近感情，缩短距离，看看他们之间能擦出什么火花来。

在饭局上，刘鹏也并不客气，一语道破玄机："我觉得你的问题，和我身上的问题差不多，说白了就是一句话—— 不清楚自己是干啥的！

"不清楚自己干啥，这是什么意思？"王军不解地问。

刘鹏答："简单点说吧，就是认为做领导的有一种特权，或者叫'豁免权'，可以'置身事外'。在无意识中把自己和整个团队做了切割。尽管嘴上强调'自己也是团队的一员'，但在行动上却把自己择到了团队外边儿。

"您能说得具体点儿吗？"

"嗯……具体地说，就是'只知道下命令，却不懂同甘苦。'其实自己也知道自己下的命令并不容易执行，可却一厢情愿地认为'下命令'是自己的本分，而'执行命令'是下属的本分。换言之，自己只管下命令，至于命令怎么执行，是否容易或者是否能够执行，这都是下属的事儿，和自己无关。"

“可是，事情不就是这样吗？这样做有什么不对吗？当官的下命令，当兵的执行命令。大家分工不同，各司其职而已啊！”

“没错，分工不同，各司其职是对的；上司下命令，下属执行命令，也是对的。这本身没有问题。问题只在于一点，那就是上司不仅要下命令，还要执行命令，和下属一起执行。”

“你的意思是说，上司要同时扮演两种角色，既是命令的发布者，也是命令的执行者？”

“对，是这个意思。”

“那还要下属干什么？下属还有什么用？”

“当然有用！我不是说过了吗？下属要和上司一起执行命令啊！上司又不是神仙，也是普通人，即便浑身是铁又能辗几根钉子啊！当然需要下属的协助！所以才叫‘团体战’啊！”

尽管刘鹏一再解释，王军却依然是一脸迷茫，不知所以。

我赶忙帮腔，提醒王军：“你以前不是打篮球的吗？不是当过场上队长吗？你想想，你当队长的时候，到底是站在场外指挥，还是在场内和自己的队友们一起打拼？”

“这怎么能是一回事儿呢！”王军不解，“我当时确实是在场内打比赛，可场外有教练指挥啊！”

我笑了：“没错，是这个意思。只不过你搞错了对象。场外那个教练的角色，是我或者老板要干的事儿，而你作为‘一店之长’，作为总经理，不能把自己想成教练，必须把自己当成队长。换言之，站在你这个位置，你这个立场的人，绝不能仅仅在场外指挥，必须在场内和队友们共同作战，同甘共苦！打篮球是这样，管理企业也是这样。我想，这就是刘总想要表达的意思。”

“没错，是这个意思。”刘鹏满意地道，“还是领导懂我的心思。其实说句大白话，就是‘与其下命令，不如同烦恼’。别把自己太当根儿葱，觉得自己的水平一定就比下属高，所以只管下命令就行了，其他的事儿自己不用操心；没有这么回事儿，领导和员工都是人，都是普普通通的人，遇到困难都会犯怵，都会苦恼，既然如此，那就干脆把自己也扔到员工堆儿里去，让自己和他们一起犯怵、一起烦恼，然后再一起想办法，一起克服烦恼，一起解决问题。只有这样做，才是治标治本之道；只有这样做，才能得到员工的拥护，树立自己在员工中的权威；也只有这样做，员工才能更有士气，更有勇气，更有信心。只要能把局面弄到这种程度，就没有你做不成的事儿！”

我禁不住鼓起掌来：“这段话说得太漂亮了，绝对能写进教科书！”

刘鹏谦虚地摆摆手，道：“呵呵，您过奖了。其实我意识到这一点，也就是这一阵子的事儿。在这之前，我的想法和王军差不多，也觉得领导和员工是两码事儿，彼此不搭界。尽管嘴上不会这么说，其实心里就是这么想的。可经过您和汪海的教育，我才弄明白，感情这玩意儿也是一个‘自我障碍’，只不过自己一直没有意识到罢了！”

说罢，又详细地向王军解释了一下“自我障碍”这个概念的由来，以及前一段时间他和汪海之间发生的事儿。

王军听后也是不住地点头，直呼“受益匪浅”。

他感慨地道：“哎，看来还是同事之间多交流一下好，真是大开眼界啊！”

“不只是大开眼界，关键是在你感到走投无路的时候，可以给你许多灵感和启发。虽说‘山重水复疑无路’，但也许有人指点那么一下，就能立马‘柳暗花明又一村’了呢！”我补充道。

“没错，是这个意思。我现在就是这种情况。”王军点头赞同，又接着问道，“那我到底应该怎么办呢？和员工打成一片，这个我理解了，也能接受；可打成一片之后具体干点什么呢？总不能大伙凑在一起大眼瞪小眼，听天由命吧？”

“你的问题其实很简单，不就是员工的激情不够，‘亮点’不足吗？”刘鹏笑道，“解决这个问题易如反掌，一招就行。而且这还是一个你用过无数次的，特别熟悉的招儿！”

“什么招儿？为什么我会特别熟悉？”王军一头雾水，不明就里。

刘鹏启发道：“你不是打过篮球吗？不是当过职业运动员吗？那我问你，你做运动员的时候，如果球队的成绩不佳，亮点不足，你们的教练一般会做什么？”

“做什么？当然是强化训练了！”王军本能地说。

“没错，你抓住重点了！”刘鹏道，“就是这两个字。训练。只要你强化训练，局面就能改观！”

“训练？怎么训练？”王军还是嫩点儿，一时半会儿上不了道，依然傻傻地在问，“你的意思是说，加强日常培训和员工教育工作？”

“不太一样，咱们说的是两码事儿。我说的不是培训，也不是教育，而是训练。和你们当初打比赛一样，训练。”

“可是……这做业务和打篮球怎么能是一码事儿呢？打篮球可以训练，做业务怎么训练？”

“这你就不懂了。这可是我们这行的老行规，是前辈们留下的宝贝！”刘鹏笑道，“给你介绍一个新名词吧！叫‘角色扮演训练’。”

“角色扮演？”

“没错，角色扮演。就是说，由我们的员工分饰顾客和业务人员两种角色，然后全程模拟商务谈判的整个过程。自己人跟自己人较真儿，自己人给自己人找麻烦，甚至自己人给自己人添堵、使绊子，通过这种方式，锻炼我们员工的谈判和应变能力，提升他们的实战力，让他们在短时间内迅速成熟起来，每一个人都能找到自己的亮点。”

“哦，要是这么说，我好像也听说过这码事儿……”王军喃喃地道。

“没错，你应该听说过，但是肯定没做过。”刘鹏解释，“不只是你没做过，现在好多新人和新店都不太做了。在有些人看来，这些招儿都太老土了，太过时了。不过在我看来，其实还是老前辈们的笨招儿更有效。效果更好，也更持久。”

“我赞成刘总的说法。”我在一旁插话，补充道，“我也认为和那些投机取巧，耍小聪明的做法相比，其实有的时候，反而是‘老牛拉破车’的招儿更高明，更有效。起码态度端正、方法明确、方向清楚，而且是结结实实地发力，结结实实地付诸行动。这样一来，心里也就踏实多了，结果也便清晰可见。总比闭门造车、纸上谈兵要好。”

“总之，你可以回去试试‘角色扮演训练’这招儿，看看效果怎么样！”刘鹏总结道。

王军狠狠地点了点头：“知道了，谢谢前辈指点！”

说罢，他从上衣口袋里掏出一个小本子和一支签字笔，在本子上写下三行字：

第一，销售是“团体战”，不是“个人战”。

第二，总经理也是“队员”，不是“教练”。必须在场上打比赛，而不能只站在场外指挥。

第三，为了胜利，要强化训练、不断训练。

写毕，他收起本和笔，长长地吁了一口气，感慨地道：“这场饭局，我算没白来！”

---

**小结：作为服务行业的一店之长，以下五个重点至关重要。**

**重点一：销售是“团体战”，不是“个人战”。**

**重点二：团队领导是“队长”，不是“教练”。必须与员工一起在场上打比赛并主导比赛的进程，而不能仅仅站在场外指挥。**

**重点三：与其下命令，不如同烦恼。**

**重点四：为了胜利，要打牢基本功并不断训练实战技能，积累实战经验。**

**重点五：要有必胜的信念。**

---

## 第二节　心急吃不了热豆腐：专业是磨出来的

“专业”是练出来的，不是混出来的。

“李峰刚才的表现不错，起码我觉得挺好的。”

“马帆的声音要是能再洪亮点儿就好了，刚才的声音太小，显得没精神。”

“这种训练毕竟有表演性质，再加上当着这么多同事的面儿，实在是有点不好意思，所以刚才没发挥好，有点紧张了。不过当着客户的面儿，我可不这样，一般来说都能发挥出正常水平！”

“没错，我也有这种感觉，当着同事的面儿有点不好意思，但在客户面前表现还不错。”

……

训练结束后的感想发表时间，大家七嘴八舌地议论着。

“不痛不痒”，这四个字是王军的切实感受。这让他很沮丧。

自从开始“角色扮演训练”之后，已经过去一个多礼拜了。可是王军店里的情况，却并不乐观。

一个明显的感受是，大家的劲头似乎并不是很高。说得更直白点儿，大家好像对这样的训练方式有一种本能的反感和抵触，所以执行起来异常机械、异常古板，完全放不开，更别提什么亮点、灵感和“神来之笔”了。

这种情况，和他当初的预期相去甚远。

就拿“感想发表”这个环节来说，他的本意是，希望大家通过训练能够取长补短、相互刺激，彼此发现和学习对方的长处，可是销售顾问们的发言，都是一些不痛不痒，不咸不淡的话，让他颇感无奈。

于是乎，他只好自己做总结发言。可是这样的发言几乎每次都是“这也不行、那也不好；这块也需要加强、那块也需要努力”之类的话，仔细想想，似乎也是不痛不痒、不咸不淡，天上一脚地下一脚的，整个儿沦为了“官腔”，没有什么实际效果，说了也跟没说一样。

再看看下面的员工，在自己发言的时候，一个个都低着头不说话，像霜打的茄子。四周一片死寂，只有自己一个人的声音格外响亮。因为得不到反响，自己的嗓门也会越来越大，到最后，这样的总结发言也便成了纯粹的呵斥与发泄。

“到底是怎么回事儿，为什么会这样呢？”王军有点想不通，“问题到底出在了哪里？”

“坚持！绝不能轻易放弃！这才一个礼拜，大家有点不适应是正常的。也许再坚持一段时间，慢慢适应了，状态就会逐渐好起来！”

王军这样鼓励自己。

经过一番苦苦的思考，他决定继续训练，再观察一段时间。

迄今为止，王军采取的训练方法是，在每天上午晨会的时候，两人一组，一小时；其他人围观，记录要点，训练结束后发表感想。

为了提高训练效果，他决定加大强度，在每天傍晚的夕会上再搞一次，还是相同的模式，相同的时间。

“我就不信了！”他发了发狠，自言自语道，“即便是块石头，我也要给它磨成骰子！”

遗憾的是，这种豪情壮志却没能维持多久。

他沮丧地发现，弟兄们的士气，似乎与自己的决心成反比。自己的决心越大，动作越大，弟兄们便越无精打采、敷衍了事。

眼瞅着士气一天比一天低，氛围一天比一天差，王军终于坐不住了。

三周后，他叫停了训练，准确地说，是“暂停”。他需要缓冲一下，再好好想一想。因为他不甘心，始终觉得有些地方不太对，但到底是哪里不对，他始终没有想明白。

屋漏偏逢连夜雨，眼前的景象，也让他更觉心烦意乱——他懊恼地发现，在训练被叫停之后，销售部的弟兄们反而恢复了士气，好像一下子又活了过来！

实在是太讽刺了！就像挨了重重一巴掌，王军觉得脸上直发烧。

不行，还得向前辈请教！

尽管这么快就打了个大趔趄让他觉得很没面子，可他也顾不上这么多了。一个电话打过去，他又约了刘鹏吃饭。

后者也赏脸，如约而至，又“如此这般”地指点了一番，令王军茅塞顿开。

他决定变招。

在第二天的晨会上，王军郑重地宣布重开训练，这一“噩耗”立马让一屋子的弟兄后脊梁骨发凉，每个人都是一脸的惊诧。

“哎，我说，哥儿几个，怎么是这副表情啊？我只不过是重开训练而已，又不是扣大家工资，为啥这么耷拉着脸？”王军揶揄道。

顿了一下，他又给弟兄们递上了一颗定心丸：“放心，我知道你们是怎么想的。不过这一次不一样，这一次我准备变招，把咱们的训练简化一下，弄得更灵活点儿，更生动点儿。一准儿让你们爱上它！甚至爱死它！”

看着大家不解的表情，王军一转身走到白板面前，拿起了一支中性笔，在白板上写下四个字：商品知识。

然后回头问道：“谁能告诉我，对我们销售顾问而言，商品知识重不重要？”

一句话把大家问蒙了，没人敢吱声。

王军点名：“马帆。你别躲，就是你。你说说看？”

“当然重要。这还用说？”马帆不明就里，只好如实回答。

“说得好！确实是这样。商品知识对咱们销售顾问来说，实在是太重要了。不懂商品知识，在和客户进行业务谈判的时候，我们就抓瞎，就只能瞎糊弄，忽悠顾客。这么干，成交率肯定好不了，业绩也肯定上不去。相信这一点，大家都没意见。”

王军先扬后抑，又接着问道：“那么你再跟我说说，你的商品知识，又掌握得如何呢？或者换个问法，你平时在商品知识的学习方面，又做得怎么样呢？没错，还是你，马帆，回答我的问题，别嫌麻烦！”

屋里一阵哄笑，马帆被弄了个大红脸。之所以会这样，是因为这家伙的外号就叫“麻烦”，平日里是个典型的“怕麻烦”的主儿，培训工作的“困难户”；从来都是不求甚解，能混则混，在顾客面前张嘴就来，满嘴跑火车，说瞎话都不用打腹稿。

总之，这是一个拿鞭子抽着都懒得学习的主儿，更别提“主动”学习了。

“嗯……那什么……平时……宣传彩页上的产品知识之类的东西，还是会时不常地看一看的。”马帆支支吾吾地道。

“汽车杂志什么的平时看吗？咱们的竞争品牌的车型知识，你懂多少？”

“这个嘛，偶尔翻翻倒是有的。不过也就是看个热闹，至于说掌握了多少新知识，这个还真不好说。”这一回，马帆回答得倒算干脆。

“说得形象点儿，翻看这种杂志的时候，也就是图个开眼，看看哪个车更帅，哪个车更豪，哪个车更牛掰；或者完全相反，吐槽一下哪个车真丑，哪个车真逊，哪个车真寒酸。对不对？”

“对。您真厉害，我这点儿心事儿，让您看得一清二楚。”马帆不好意思地回道。

王军乐了：“你的心事儿？想什么呢！我哪有那闲工夫操心你小子的心事儿？我这是说我自己呢！”

“说您自己？！”马帆糊涂了，一屋子的人也没转过弯儿来。

王军解释道："对，说我自己。其实严格说来，不仅是我自己，我估摸着这屋子里的人，大多数人都和我差不多。也和你差不多，马帆。具体地说，我们平时在学习产品知识方面，都不算太上心；翻看汽车杂志的时候，基本上也都是看个热闹，纯粹就是开开眼，脑袋里根本就没有'长点知识'这根弦。"

顿了一下，似乎觉得有些不妥，他又补充道："我声明啊，我并不想一棍子打翻一船人。不否认可能有个别好学上进的同事在私底下没少下功夫，不过我敢肯定，对多数人而言，情况一定不是这样。起码我和马帆，肯定不是这样。你说对吗，马帆？"

马帆下意识地摸摸脑袋，不好意思地笑了。

"可不是嘛，即使没有什么产品知识，好像也没有什么大碍。我们没知识，顾客比我们更没知识。归根结底，至少和顾客相比，无论我们多么无知，也比他们稍强点儿。对于这一点，其实我们每一个人都心知肚明。所以我们的心里才会有底气，即便肚子里没多少知识也敢披挂上阵，跳进场内和顾客过招，谈业务。"王军仿佛在自言自语，又仿佛在说给所有在场的人听，"而且关键在于，即便如此，我们也能把业务谈下来，也能卖东西！所以这一来二去，也便觉得学产品知识不重要了，也就更加没有学知识的动机和动力了。……应该是这样。"

王军的话触动了大家，每个人都是一脸凝重。

"被'角色意识'所束缚，本能地认为顾客是门外汉，我们是专家，我们天生就比顾客知道得多，而不管事实是不是这样。在顾客面前有一种天然的优越感和莫名其妙的自信。这种自我暗示，才是问题的症结所在。"王军继续道，"所以说，这也是一种'自我障碍'的表现方式。而且这种'自我障碍'，不仅你们身上有，我身上也有。大家都有。哦，对了，'自我障碍'这个词儿，是我从刘总那儿学的，意思就是'想当然'，替别人拿主意，自我设障的意思。"

大家听得很认真，王军说着说着也来了精神，调门越来越高，"但是，我们不妨换个角度想想，也许事情就能有个一百八十度的转变呢？迄今为止，我们凭着这么可怜的产品知识，都能搞定那么多客户，卖出去那么多车，要是我们能再多掌握点儿知识，让自己更强大一些，懂得更多一些，岂不是能卖出更多的车，挣更多的钱？换句话说，由于我们缺乏产品知识，懂得不够多，自身实力不够强大，迄今为止我们一定少卖了很多车，少挣了很多钱！”

“你说呢，马帆？我说得对不对？”他再一次把话头抛给了马帆。

没承想这一次马帆的表现却异常镇静：“您说得有道理。要是咱们的产品知识水平能再上一个台阶儿，多了不敢说，起码咱们店一个月能多卖十辆车！”

王军很满意这个回答，点头道：“没错，是这个意思。即便没有十辆，哪怕只有一辆，这一年下来也能多卖十几台车，这可不是个小数字，值得我们去争取一把！”

说罢，他再一次转过身去，在白板上写下两行字：

产品知识问答训练；

拒绝“自我障碍”、拒绝忽悠顾客、拒绝混日子！

然后回过头对大家道：“从明天开始，办这个事儿！地点，展厅、销售部办公室；场合，每天上午的晨会；时间，十分钟。第一个星期，我本人出题，大家作答；第二个星期及以后，大家互相出题，互相作答。怎么样？能不能办到？”

“训练时间只有十分钟吗？”有人问。

“对，就十分钟。到点儿结束，不再延长。”王军肯定地道。

“这还差不多，没那么麻烦……”马帆情不自禁地脱口而出，又马上意识到自己的失态，于是赶紧打住，吐了下舌头。

屋里又是一阵哄笑。看得出来，这一次大家显得很轻松，方才的沉重气氛基本上烟消云散了。

“别高兴得太早，我还没说完。”王军补充道，“没错，每次训练的时间很短，只有区区十分钟而已。堪称‘迷你训练’，不会给大家增加太多负担。不过也正因如此，每次训练必须全员参加，一个不能少。而且不能迟到、不允许请假。训练时所有人的手机必须关机，包括我本人在内。任何正事儿、琐事儿，必须等到训练结束后再办。这些都是刚性要求，必须无条件做到。”

最后，他用一句话为这次会议画上了句号：“总之，我们的目的是，做一个‘能够准确、完整乃至完美地回答顾客提出的每一个专业问题’的店家。显然，实现这个目标，光凭我一个人的力量绝对没戏，因此，我希望能够得到大家的帮助和配合。拜托大家了！”

王军的话再一次触动了大家，大家的脸色也再一次凝重了起来。

**小结：喜欢在职场“混”的朋友不妨逆向思考一下——既然迄今为止靠“混”也能过日子，那么，多掌握一些真本领，日子岂不更好过？**

## 第三节 全员大对决：从“单枪匹马”到“团体作战”的蜕变

“培训”这码事儿，没必要到公司外部找智慧，眼睛向内，充分开发、利用公司内部的智慧资源，即可受益无穷。

“李峰，汽车的‘最小转弯半径’怎么计算？”

“这个……估计是测量转弯时的轮胎滑行距离……”马帆的提问难住了李峰，后者只好红着脸道，“不好意思，确实不太清楚，我回去好好查一下，明天回答你。”

这回轮到李峰提问了，他也决定给对方来个下马威：“马帆，咱们店某某车的竞争车型中，美国和欧洲品牌各有多少种？这些车型的轴距分别是多少？”

“啊？！美国和欧洲所有的品牌吗？！”

“对，所有品牌。”

“天哪，那可多了去了。你让我好好想想啊……”

……

这是“迷你训练”中的一个场景。一转眼，这一训练已经进行了两周多了。效果还不错，基本上符合王军当初的预期。

为了进一步夯实训练的效果，从第三周开始，王军把售后的人也加了进来，每次训练都邀请一个服务顾问到场，专门提一些刁钻的问题难为销售顾问。尽管极少有人能拿出正解，但这种“加了料”的训练方式确实让销售顾问受益匪浅。对于这种“售前售后合练”的创意，王军本人也颇为自得。

转眼间又过了两周。

这一天的晨会，王军在白板上又写了一行字：进阶训练——继续加料！

“我以前打过篮球，职业篮球，这个事儿大家都知道。”他回顾道，“在我当运动员的时候，每次比赛之前，都要进行有针对性的训练。无论是体能训练，还是技战术训练，都必须动真格儿的，下真功夫，但凡你有一点儿疏忽，上了赛场就抓瞎，一准儿让人打成烂茄子！”

王军平时在公司不太提自己过去的事儿，所以偶尔拿出来秀一下，大家都听得很认真。

“可后来退役进了汽车圈儿，却发现了一个奇怪的现象。”王军继续着他的回顾，“那就是明明要打比赛，却不做任何训练。甚至大多数人都不觉得还存在‘训练’这码事儿。当然，我说的‘打比赛’，指的是正式商务谈判，直接面对顾客。所以后来我想，无论如何要补上‘训练’这个环节。刚开始的时候，我用的是‘模拟比赛’的办法，两个人在台上过招，众人在台下围观。大家觉得有点紧张，有点尴尬、放不开，效果不太好；于是我决定变招，改用‘迷你训练’的方法，重点攻产品知识，夯实大家的基本功。”

说到这儿，王军回过身，指着白板上的那行字道：“现在，我们进入第三个阶段，进阶训练，也叫‘加料训练’。我决定给咱们的‘迷你训练’再加点料！”

看着大家不解的表情，他解释道：“具体地说，有这样两个要点。第一，除了和新车有关的商品知识外，要在训练中加入其他方面的知识，比如说车贷和保险方面的知识。这些知识也和我们销售部的业绩息息相关。第二，在训练中加入一些‘多选题’，也就是可以灵活作答的问题。比如说，当顾客提出‘你们店的价格怎么这么贵’的质疑，或者对我们试乘试驾的邀约不置可否的时候，我们应该怎么应对？恐怕方法不止一个，话术也会有很多。这方面的可能性，我们要充分地挖掘；这方面的技术，我们要充分地训练。就是这样。”

“那您这个‘加料训练’到底怎么个搞法呢？多长时间搞一次，每次多少时间？”底下有人发问。

“一周两次，一次二十分钟。”王军答，“具体地说，是和‘迷你训练’交替进行。每两次‘迷你训练’之后，再来一次‘加料训练’。以此类推，周而复始。”

“我以一个老运动员的身份向大家保证，只要大家照我说的去做，不怕吃苦、认真训练，不出俩月，我保证你们一个个都跟小老虎似的，威风八面，所向披靡！”

王军嘴上这么说，其实心里却另有盘算。

在他眼里，这些训练只不过是“热热身”，他的肚子里还憋着一个大招儿。

两个月之后，眼看大家慢慢地适应了各种训练，渐渐地找到了感觉，王军觉得时机到了，决定拿出自己的撒手锏。

这是一个周五的夕会，王军再一次站在了白板前，拿起了中性笔。

他面向大家，兴奋地道：“同志们，这一刻终于到了。我等这一刻不是一天两天了，老实说，心情很激动！”

对于上司突如其来的“自嗨”之举，众人感到莫名其妙，一脸的茫然。

王军脸上挂着神秘的表情，得意地道：“这段时间以来，大家渐入佳境，表现得不错。不过，不瞒大家说，迄今为止的训练，只不过是下了点毛毛雨，做了点儿准备活动而已，现在开始，才是见真章的时候！我已经为大家准备好了一道饕餮大餐，你们就等着大饱口福吧！”

“啊？！该不会又要‘进阶’‘加料’了吧？”又是马帆，一不留神儿说出了众人的心事儿。

“没错，是这个意思！而且还是‘进大阶’‘加猛料’！”王军道，“不过你们别担心，我知道你们是怎么想的。我这道大餐，一定不会坏你们胃口，保准儿让你们大快朵颐，欲罢不能！吃下去一准儿上瘾！”

一席话说得大家更糊涂了，每个人都面面相觑，不明就里。

王军解释道：“是这样，这一回，我们将进入‘进阶训练’的最高层—— 全员大对决！大家两两一对，同时入场，同时开战！全员出战，没有观众！一个扮演顾客，一个扮演销售顾问；一个可以随心所欲地刁难，一个必须随机应变、见招拆招。人人奋勇，个个争先，看谁技高一筹，能过关斩将、最后胜出！

“听您这么一说，还真有点‘华山论剑’的意思！”有人应和道，语气里透着几分兴奋。

“没错，就是华山论剑！看看谁是真正的武林高手！”王军的语气里也透着兴奋。

“不过，大家同时入场，同时开战，这战场岂不得乱成一锅粥？！谁也听不见谁的声音？！”有人提出质疑。

“呵呵，这个嘛，你试一下就知道了。”王军狡黠地一笑，没有直接回答，而是卖了个关子。

“您这个‘全员大对决’，每次得多长时间？”有人问。

“不少于半个小时。具体时间我来掌握。”王军答。

“那，我们什么时候开始呢？”有人又问。

“现在、立刻、马上！”王军斩钉截铁地道。

那天之后，王军的店完完全全地变了。

变化当然是先从销售部开始，只不过，由于销售部是全店的核心部门，同时又是最具活力的部门，它的大爆发，不可避免地感染了全店的所有部门，所有员工。

还是让我们来听听员工自己的声音吧！

“什么？你是说销售部搞的那个‘全员大对决’？知道，当然知道！全公司没有不知道的！每到周五傍晚快下班的时候，销售部就热闹起来了！虽说关着门儿，看不到里边在搞什么，可是整间屋子人声鼎沸，热火朝天的，那动静绝对跟菜市场有一拼！屋子里的人那叫一兴奋，那叫一投入，那种劲头隔着门儿也能感觉到！说实话，刚开始的时候还有点不适应，可是后来慢慢地适应了之后，我自己也有一种提气的感觉，觉得上班更有意思了，干劲也更足了。后来我发现有这种感觉的还不止我一个人，公司里的其他同事好像也这样，都显得精神了许多。整个店的氛围也好像不太一样了，比以前有朝气多了！所以说，我还是挺佩服王总的，在这么短的时间内给公司带来这么大的变化，确实有点手腕！”

——总务室小陈如是说。

“你问我最大的变化是什么？这个嘛……，其实变化挺多的，不过要说最大的变化，应该是‘自信’二字吧！我是个新人，进公司才一年多，再加上性格又挺内向，所以面对客户的时候，总是显得不太自信，显得没什么底气。总怕说错话，或者误解客户的意思。有的时候见到比较强势的客户心里还会犯怵，声音比蚊子还小。可是自从参加公司的‘全员大对决’训练后，我比以前自信多了。首先是胆儿肥了，脸皮厚了，遇事儿不怕了。和顾客谈判的时候，嗓门也大多了，人也显得更自然了；另外产品知识和谈判技巧也有提高。正所谓‘艺高人胆大’，肚子里的干货多了，干活的时候也就不怵了。”

——销售顾问余小兵如是说。

“我的情况和徐小兵差不多。‘全员大对决’训练给我带来的最大改变，就是整个人变得更自信了。说出来不怕您笑话，从前的我在谈业务的时候都不敢给客户说话的机会，也不敢听客户说话，生怕客户说出点什么自己不知道的东西，让自己没法应付，下不来台。所以，只要站在客户面前，基本上就是我一个人在说话，而且还是一通猛说、大说特说，跟机关枪似的，中间都不敢停顿。一来能显得自个儿懂得多，给自个儿壮壮胆，装点一下门面；二来也能堵住客户的嘴，让他没有插话的空隙，没有提问的机会，也不知从哪儿提问、如何提问。这样一来，我就不至于露怯，能勉强蒙混过关。可是后来好好想想，我之所以会本能地这样做，归根结底还是由于自己能力不高、水平不济，对自己缺乏自信。所以老是有一种走钢丝的感觉，不知道什么时候会掉下去，心里特别不踏实。不过，自从参加了公司的‘全员大对决’训练，我这心里真是踏实多了，对自己有自信了。觉得自己长本事了，不怕客户提问，甚至也不怕客户挑刺儿了。那句话怎么说的？哦，对了，叫作‘胸有成竹’！现在的我就是这种感觉，觉得心里特别有底气，任谁都不吝！”

——销售顾问李峰如是说。

“实话实说，刚开始的时候对王总这招儿我并不怎么看好。倒也不仅仅是嫌麻烦，主要是觉得必要性不大，纯粹浪费时间。你想啊，我们是销售顾问，我们的本职工作是谈生意，卖车，替客户跑来跑去，给客户办事儿，对吗？正事儿都忙不过来，哪儿有时间玩儿什么劳什子‘角色扮演训练’啊？！这玩意儿和小孩子玩的‘过家家游戏’有什么区别？再说了，我们一天到晚忙个臭死，有这点闲工夫还不如回家睡个懒觉呢！还能恢复点体力，有利于第二天的工作不是？所以说，对于王总搞的那一系列幺蛾子，总的来说我都不怎么感冒，觉得纯属多此一举。心里感到别扭，行动上也自然会掉链子。所以王总一直把我当‘落后分子’看待，我也没什么脾气，而且也不是特在乎。但是，说出来恐怕你都不会信，唯独这个‘全员大对决’，还真是神了，我非但不讨厌，还觉得特受用、特刺激、特过瘾！每次搞完之后，身上都能出一层汗，那感觉就像在健身房或迪厅里得意了俩小时，尽管有些疲劳，却感到浑身舒畅，身轻如燕！不瞒你说，我现在都爱死这个‘全员大对决’了，一周一次我都觉得有点少，恨不得天天搞一回！这要搁在几个月前，连我自己都不信！”

——销售顾问马帆如是说。

“说实话，‘不懂装懂，忽悠客户’这种事儿在我们这行并不少见。有很多老前辈或者说‘老油条’都擅长此道，在忽悠客户的时候面不改色心不跳，能把假的说得跟真的似的，甚至比真的都像真的。这其实也是一种水平，一种本事。一般人还真不容易做到！不过，有的时候好好想想自己也觉得有些不可思议，许多人花那么多时间去研究忽悠客户的方法，琢磨蒙混过关的道道儿，却懒得花哪怕一半的时间好好钻研一下业务知识，磨炼一下业务水平。这真是一件奇怪的事儿！不瞒您说，我从前做销售顾问的时候，也没少办这种奇怪的事儿。也不全是因为懒惰，可就是身不由己，不知道为什么会这样做，稀里糊涂地就成这样了。现在想来，也许问题的关键在于没有掌握正确的学习和训练方法，不会学，也便无从学，无从学，也便干脆不学了。既然不学，也只能忽悠、只剩忽悠了。这就是一个恶性循环。

“所以，王总厉害的地方，在于他给大家找到了一个真正有用的、有意思的，所有人都能接受并能真正沉浸其中的好的学习和训练方法。一旦有了好方法，大家都能够相对轻松地投入进去，相对容易地看到结果，也便能够把学习和训练当作一种自觉，长期坚持下去了。只要长期坚持，有了积累，人也就会长出真本事，有了真本事，当然就不会再忽悠客户了。这就是一个典型的好循环。

“总之一句话，这样的实践，我们还要继续下去。而且，我们还要从这段时间以来的实践中总结经验教训，去指导我们未来更多的实践。”

——销售部经理王少华如是说。

“我同意少华的看法，他的逻辑是对的。不过，少华太抬举我，我没有那么高大上（笑）。其实，刚开始的时候我也很苦恼，不知道用什么招才能改变这种死不死活不活的局面，心里也动过破罐破摔的念头。后来，幸亏有前辈帮忙，领导指点，才能让我产生许多灵感，带领大家一路摸索着走到今天。

所以，我真的很感恩，没有大家的帮助和配合，我们不可能有今天的收获。

“如果一定要我总结几句话，我的想法基本上和少华一样，有如下几点：第一，不仅好的东西可以遗传，坏的东西也可以遗传。你比如说，‘不懂装懂，忽悠客户’这种事儿就可以遗传。由前辈传给后辈，老人传给新人，一代一代，不断地传承下去。为什么会这样？简单，因为前辈没有打好基本功，没有学好产品知识，却在实战中锻炼出一身过硬的随机应变的本领，因此也能在商务谈判中应付裕如，甚至取得不错的成绩。所有这一切，后辈看在眼里，也会有样学样，如法炮制。一来二去，‘忽悠，混日子’这些情况也便成了企业的一种基因，尾大不掉，顽固至极了。这是恶性循环的一面。第二，我们的员工真的有那么喜欢‘混日子’，真的那么讨厌学习和进步吗？答案一定是否定的。从绝对意义上讲，这个世界上不存在不喜欢学习，不想进步的人，只存在不会学习和不知道怎样做才能进步的人。简而言之，不是不想做，而是不会做。只要会做了，没有人会不想做或者懒得做。所以，“懒惰”是个伪命题，‘动机’也是伪命题，只有‘方法’才是真命题。这才是人类的本性、本能。与其责备别人的‘懒惰’和‘动机’，不如启发或教授别人正确的“方法”。因此，当我们终于替员工找到一个真正靠谱的，真正让他们感兴趣的学习和训练方法的时候，我们看到员工沸腾了，兴奋了，投入了，见成效了，这就是良性循环。第三，针对‘全员大对决’这个环节而言，为什么它能取得如此明显的成效，一个很大的原因在于‘全员一致性’，或者叫‘全员同时性’。也就是说，大家同时进行，没有先后顺序。除了捉对厮杀的两人之外，整个屋子里谁也听不见谁，谁也看不见谁；你的眼睛里只有站在你对面的那个人，你的耳朵里也只能听见他的声音。没有人围观你、评价你，对你指指点点，你不会觉得尴尬、不好意思，更不会因此而分心，所以就能放松地、心无旁骛地、全力以赴地投入到你与对手之间的博弈中去，在与对手的激烈碰撞中彼此给对方灵感，彼此给对方震撼，彼此给对方启发和锻炼。而这种机会，在日常生活中是绝难得到的。

“这第三点，对我而言是个特别大的收获。相信销售部的其他同事也会有这样的感觉。

“我们经常鼓励员工，要他们多和别的同事接触，多学习别人的长处，彼此之间取长补短，共同进步。可是员工却往往不领情，很少这样做。为什么会这样？是因为他们不求上进吗？还是他们故意和领导作对？都不是，是因为他们找不到这样做的机会。除非你一天二十四小时跟踪人家，一般情况下，别人有什么长处你很难知道；即便知道也只是一些碎片化的东西，很难把它们串联起来，变成真正可以借鉴、可以汲取的营养。其实，别人到底是怎么工作的，到底是怎么办事儿的，到底有什么长处、有什么高招，员工往往特别感兴趣，特别想知道；反过来说，自己有什么高招，有什么特长的话，他们也极想和别人分享，极愿意在别人面前显摆一下，风光一下。真正想藏着掖着吃独食的主儿，归根结底是极少数人。所以，‘全员大对决’这个平台最让人震撼的地方就在这里。一方面，它能让员工如此近距离、高清晰度、高强度地见识到别人的高招、别人的智慧；另一方面，它也能让员工找到一个近距离、高清晰度、高强度的‘炫技’和‘炫智’的机会，让员工结结实实地享受一把成就感。这就叫一举两得。

“我觉得这也是‘公司一盘棋’精神的生动体现。所谓‘人人为我，我为人人’，一个人的智慧从来就不属于他自己，而是属于全公司。所有人的智慧和经验都是宝贵的资源，而这样的资源也属于所有人。不止后辈可以从前辈身上学东西，前辈也可以从后辈身上学长处。这样一步一步地走下去，公司不可能不强大，不可能不长久！”

——总经理王军如是说。

……

那么，这个“全员大对决”，到底是怎么操作的呢？

让我们来看一下。

“全员大对决”分为两种，一种“加料”，一种“不加料”。

先说说后者。

首先，“全员对决”和“短时间分段对决”是两个关键词。每段对决，限定时间五分钟。一线销售人员全体参加。所有参加者一字排开，分为两队，两队队员面对面站立，队列之间的距离以一米左右为宜。

题目自选，以“加料训练”中常见的题目为主。比如说“遇到拼命砍价的客户怎么办？”“遇到狂捧别人家品牌，猛踩自家品牌的顾客怎么办？”“遇到脾气暴躁，对销售人员异常挑剔的顾客怎么办？”“遇到选择困难症，总是无法下定决心的顾客怎么办？”“遇到客户投诉的时候怎么办？”“遇到顾客无理退货的时候怎么办？”等，都是上佳的素材。

两个队列中，一个队列的参加者扮演顾客的角色，另一个队列的参加者扮演销售人员的角色。前者负责不择手段地刁难后者，后者则要想办法化险为夷，甚至借力打力，变被动为主动，与顾客“不打不成交”。

假设业务部门有十位销售人员，那么可以五人一队，分为两队，彼此面对面站立，形成五个小组。然后只等销售经理一声令下，五组人员同时开始训练。每段训练时长五分钟，时间一到，销售经理要发出“换人”的指令，五组参与者彼此向自己的右方错开一步即可（队列两头落单的人需要自行组队）。然后在新的组员面前，全体受训人员要将相同的题目重新演练一遍。二十五分钟后，角色互换，适才扮演顾客的人改扮销售人员，扮演销售人员的人改扮顾客。五十分钟后，训练结束。

在不加料的全员大对决中，没有人旁观，也没有人指手画脚，销售人员可以彻底放开自己，尽情挥洒才华。

也许有人会问：“好家伙，这么些人一起开练，那屋子里的声音还不得震耳欲聋，乱成一锅粥？如果连对方说的话你都听不清，训练还有什么意义？”

关于这一点，必须做一个简单的解释。

一般来说，人们都有一个误解，以为越安静注意力越集中，其实不然，有的时候越安静注意力反而越容易分散。之所以会这样，是因为安静的环境会让人们变得更敏感、更神经质，任何一点杂音或噪音都会让人格外在意乃至烦躁不已，从而无法集中注意力。反之，在一个天然的嘈杂场合，比如说火车站或飞机场，由于噪音的存在是刚性的、必然的，无法避免，人们反而更容易变得坦然，变得对各种噪音甘之若饴甚至充耳不闻，反而能够将注意力高度集中，彻底沉湎于自己的世界无法自拔。

全员大对决利用的就是这个原理。一方面，由于环境的嘈杂，参与者无暇他顾，不会对其他组成员的表现有任何反应，因此，每一个参与者都无须担心自己的表现会遭到他人的贬低或嘲笑，从而能够更容易地打开自己，更容易地发挥水平。一句话，乱糟糟的环境本身就可以提供一把“保护伞”，可以彻底治好参与者的“害羞症”和“尴尬症”，给参与者提供巨大的安全感；另一方面，由于环境嘈杂，参与者会下意识地将注意力高度集中在自己和队友的表现上，从而更加有利于让训练获得预期的效果。只不过，由于噪声很大，所有人都必须提高调门，大声说话，对嗓子的耐受度确实是个考验。

接下来，再简单介绍一下“加料”的全员大对决。

所谓“加料”，就是给训练做一点小小的调整。

具体地说，就是“加人”。不再是两人一组，而是三人一组。多出来的这个人，扮演“裁判”的角色。由此，时间方面也做适当的调整。每段训练由五分钟变为十分钟。多出来的五分钟留给“裁判”，由他来对对决双方的表现做出评价。

由于每组参与者由两人变成了三人，因此“换人”环节也要做些调整。首先，每个小组的三人必须将“顾客”“销售人员”和“裁判”三个角色全部完整地经历一遍，才可以与其他小组交换成员；其次，由于时间骤然拉长，做到真正意义上的“全员对决”可能有些困难，销售经理可自行设定一个时间，比如一小时，时间一到，强行结束即可。

题目不变，依然以“加料训练”中的题目为主。只不过由于“裁判”在场，对决双方的表现可能会有所不同。当然，训练的效果也会发生一些变化，而这些变化，正是我们追求的目标。

至于不同层次的训练在日程方面的安排，销售经理可以这样处理：

第一层，自主训练：完全委托给员工自己处理，但要定期检查效果，预防偷工减料的现象发生。

第二层，迷你训练：每天实施。在晨会时操作最为理想。

第三层，加料训练：同上。

第四层，全员大对决：每两周一次。可以选择在周五夕会时进行。

第五层，加料全员大对决：每两周一次。与全员大对决交互进行。具体训练时间也是周五夕会。

完成所有训练之后，销售人员将会直面顾客，迎来实战的一刻。

正所谓“艺高人胆大”，在花样繁多的训练中摸爬滚打、百炼成钢的销售人员，一定会表现神勇，令人刮目相看。

为了给老板做汇报，也为了总结推广王军店里的经验，我花了两周左右的时间明察暗访，听到了许多来自一线的声音。

我感到很震撼，也有几分担忧。

震撼的是，没想到这一次王军这家伙还真是开了挂了，能在这么短的时间内鼓捣出一个这么大的爆点，称得上是一个奇迹；担忧的是，以我这么多年的职场经验来看，任何无预警的爆点，往往都是昙花一现，来得快去得也快。

不是我对王军的做法没信心，而是我对人类的恒心有怀疑。怕他们不能善始善终，无法持之以恒。所以，如何在王军下一次打趔趄的时候再及时地扶他一把，鼓励他站直站稳别趴下，是摆在我面前的新课题。

据说集团里已经有好几家店私底下偷偷模仿王军的做法，在自家店里也似模似样地搞起了“全员大对决”或“全员大碰撞”之类的名堂，而且据说效果都不太理想，个别店搞了个把月便放弃了。

这种动向引起了我的高度警惕。无论多好的理念，多棒的想法，执行不力也将形同虚设。在我的经验当中，有太多高招因为落地不顺而夭折。留下许多令人痛心的例子。

因此，要想让好的想法、好的做法成功落地，一定不能太心急，必须切实做到如下几点：

第一，公司领导一定要有感而发，一定要真正有了痛感再行动，而且这种痛感越剧烈越好。只有这样，才能拿出真决心、付出真行动、见到真效果。否则就是小孩子玩的“过家家游戏”，稀罕两天就没感觉了，很容易半途而废。

第二，一定要“公司一盘棋”，上上下下高度团结。只有全体成员一条心，才能激荡出炙热的火花。否则，那种全身心的投入就不再是一种“神圣”，而是一种“傻”，甚至是一种“变态”。

第三，一定要因地制宜，随时调整。彼公司非此公司，每家公司的情况不一样，在引进先进经验的时候，绝不能不加分析，照搬照抄，一定要根据自己公司的实际情况进行灵活调整，只有这样才能让这些经验在自己的公司“活”起来，真正派上用场。否则，别人那里的救命稻草，到你这里就很有可能变成致命毒药。一定要慎之又慎，认真待之。

**小结：“懒惰”是个伪命题，“动机”也是伪命题，只有“方法”才是真命题。与其责备别人的“懒惰”和“动机”，不如启发或教授别人正确的“方法”。**

## 第四章

# 战略对，战术才能行——把握常识、客户和价值

“领导，这活简直没法干了！”常涛径直闯入我的办公室，一进屋便嚷嚷。

他是集团内一家美系品牌店的总经理，是我亲自推荐给老板的少壮派人才。因为关系比较铁，所以在我面前没大没小也是常事。

我给他倒了杯水，示意他坐下。笑着问：“怎么？又挨老板说了？”

“不是，老板没说我，是我自己不想干了，也干不了了！”

常涛的回答让我感到有些意外：“为什么？这干得好好的怎么忽然打起退堂鼓来了？吃错药了吧你？”

“哎，不瞒您说，我感到累了。心累。照理说，您把我扶上这个位置，我应该感谢您才对，可是现在，我真的挺后悔，后悔自己当初不该被您忽悠，当什么劳什子总经理！”

常涛喝了一口水，一脸不忿地道。

“先别发牢骚，有事说事儿！到底怎么回事儿啊！你什么情况？”我问。

“嗐，还不是新车型上市的事儿啊！”他答。边说边叹了口气。

“这我知道。不过，这可是好事儿啊！这阵子市场这么低迷，你们用老车型苦苦支撑了这么久，好不容易盼来了新车型，高兴还来不及，怎么还想撂挑子呢？！”我不解地问。

“是高兴，一开始是高兴来着。可是……”

“可是什么？”

“老板给我们店下的订单任务，您猜多少台？”

“嗨，那能有多少台！顶多十台！”

“十台？！要是十台我还能撂挑子？说出来不怕您不信，三十台！”

“你说什么？三十台！”

听到常涛嘴里吐出的数字，我也吃了一惊。

三十台。也就是说，在新车正式到店之前，在顾客还没有见到、摸到，更别提坐上去实际体验一下，试驾一下的前提下，常涛的店就必须预售三十台新车！

这个任务难度确实不小。要知道，一般情况下，常涛他们店一个月的总销量也就六七十台。三十台，而且还是预售，几乎达到平时销量的一半，这个指标无论从哪个角度看都称得上“不同寻常”。

“每次都是这样，每次都是这样，我都快疯了！”常涛兀自愤愤不平，连珠炮似的发泄心中的不满，“这已经不是第一次了，已经有好几次了！给我们下的任务简直就是开国际玩笑，根本就没有实现的可能！完全是‘拍脑门儿主义’，压根儿不考虑你的实际情况！”

“可你嘴上虽然这么说，迄今为止老板交代给你的任务，至少有一半儿，最后不也完成了吗？”我反问道。

“没错，可您知道完成得多么痛苦，付出了多大的代价？”

“这就是你的不对了。干工作，本来就应该竭尽全力，不留余地，这是你的本分，有什么可抱怨的？”

“哎，好吧。就算您说得在理，这都是我的本分。可是这回这‘三十台’的数字，您觉得也是我的本分吗？是我能力范围内的事儿吗？老板说了，胜败在此一举，这次的任务完成不了，全公司的奖金系数都要被调低。扣我一个人的奖金没关系，反正自打我当上这个总经理以来，基本上就没拿过几次全额奖金，但是让公司全体员工都给我当垫背的，您说我这心里能不憋屈吗！”

“这次的指标确实不低。”我老老实实地承认，然后替他分析道，“不过我想，老板之所以定下这样的数字，一定有他的道理。这样，先甭管老板是怎么想的，咱俩先合计合计，看看这个数字有没有实现的可能。”

“怎么可能实现？这根本就是一件违背常识的事情呀！”常涛高声道，语气中依然透着激愤。

“你先冷静一下，别着急。”我赶忙安抚他，劝解道，“话不能这么说，许多我们认为的常识，也许恰恰违背了常识，是不折不扣的‘伪常识’。这句话反过来说也成立。许多我们认为违背常识的事情，也许恰恰是真正的常识。你忘了我曾经给你介绍过的那个‘自我障碍’的概念了？不断克服自己心中的‘伪常识’，你就能不断发现货真价实的‘真常识’，而这些‘真常识’的发现，有的时候也许会吓你一跳！”

“您的意思是说，也许这三十台的任务，我能完成，甚至有可能超额完成，最后的结果也许连我自个儿都觉得不可思议，能把我自个儿吓一跳？”

“我不敢肯定，但也绝不会说不可能。”

“您又在跟我玩文字游戏！这是你们做领导的人最擅长的套路！”

“是不是文字游戏，我们先别太早下结论，干干再说！”

说罢，我把常涛从椅子上拽起来，催促道：“光说不练假把式。走，到店里去看看！”

## 第一节 “伪常识”让人寸步难行：不被怀疑的“常识”是“伪常识”

所有“常识”都是经过千锤百炼的。如果你深信不疑的“常识”从未经过任何淬炼，则要小心了。

我们赶到店里的时候，销售部刚搞完当天的“迷你训练”。

自从王军那套“角色扮演训练法”收到奇效之后，受老板之托，我在全集团公司范围内大力推广了这套方法。实事求是地说，效果有大有小、有好有坏。

常涛的公司，属于表现一般的。如何才能帮他们提高训练效果，也是我的一块心病。

这天的“迷你训练”，内容和新品上市有关。为了配合新品上市，厂家照例向各地经销店配发了“产品手册”。学习和演练“手册”中的产品知识，便成了这一阵销售部业务训练的重点。

常涛把销售经理王斌叫到身前，问道：“怎么样，今天的效果？我怎么感觉弟兄们的劲头不太高啊？”

“效果是一般。产品手册都到店四五天了，大家对产品知识好像还不太熟，在互相提问环节，提出的问题都不太靠谱。”王斌老实地承认，“所以我想明天换个方式，由我本人亲自提问，他们答。答不上来的内容也不留成第二天的作业了，而是现场恶补，必须现场记牢，记不住的人不允许接待客户！”

常涛点了点头：“嗯，也只能这样了。成，你去办吧！”

说罢，便转过身，默默地上了楼。

我跟在他的后面，两个人一起进了办公室。

常涛坐下，点根烟，默默地抽着。半晌不说话，仿佛在思考着什么。

我没有打搅他，而是拿起他桌上的一张便笺纸看了起来。

上面写着：新品上市各项准备工作计划表。

第一，草拟“新品预售重点客户名单”。

第二，赴A市（生产工厂所在地）参加厂家举办的“新车型产品知识学习会”。

第三，“学习会”事前要点整理。

第四，草拟“新品上市发布会”现场活动策划方案。

第五，强化新车型产品知识训练。

第六，强化针对新车型促销的“角色扮演训练”。

……

看得出来，常涛是下了真功夫，一切也显得有条不紊。既然如此，问题到底出在了哪里呢？

我把那张便笺纸放回桌上，也扯了把椅子坐在常涛旁边，陪着他一起沉思。

不一会儿，听到有人敲门。是王斌。他来送刚汇总完的“新品预售重点客户名单”，这是常涛催了好几天的东西。

不过，看到这份名单，常涛的眉头反而皱得更紧了。

他抬头问：“怎么，只有八十个客户？”

王斌答：“对。咱们总共是十六个销售顾问，平均每人五个。”

“这怎么行！八十个客户，要卖三十台车，将近五成的成交率，这不是天方夜谭吗？”常涛的语气里明显带着火气。

“谁说不是呢！我也着急呀！天天催命似的逼着这帮销售顾问往名单里添名字，都快把他们逼疯了！……也只能这样了，咱总不能弄虚作假吧？”王斌委屈地辩解。

“哎，按照这个节奏，即便成交率能到百分之二十，也卖不出去二十台呀！”常涛深深地叹了一口气，整个人陷进了椅子里，一脸沮丧。

“别着急，慢慢来，毕竟销量不是靠计算器算出来的，急不得。”我赶忙安抚常涛，又转过身来问王斌，“能不能跟我讲讲，你这个名单是怎么得来的？或者换个问法，一般情况下，你们搞活动的时候，锁定重点客户的依据是什么？靠什么标准判断重点或非重点？”

“这个嘛，不好说。”王斌支支吾吾地道，“凭感觉吧！觉得是重点就是重点，觉得不是重点就不是重点。”

“这是什么话？这也太笼统了吧？”他的回答令我很不满意，于是继续追问，“总得有个大致上的判断标准吧？顾客是不是‘重点’又不会写在脑门上！”

“领导，我真没骗您，真是这么回事！”王斌赶忙解释道，“干销售这行，时间久了都会有种直觉，哪个客户是重点，哪个客户不是重点，大体上都会有感觉！”

“那好吧，我信你。不过，你能跟我说说这些感觉，这些直觉都是怎么来的吗？你们是凭什么样的感觉，或者说靠什么样的蛛丝马迹对客户做的判断？”我依然不依不饶，继续追问。

“这个……”王斌迟疑了一下，再次支支吾吾地答，“有很多呀！你比方说平素里就对新鲜事物感兴趣的顾客，聊天的时候总喜欢聊各个品牌的新车款的顾客，曾经跟我们打过招呼，让我们在新车型上市的时候跟他说一声的顾客……反正，有很多。”

“好吧，不难为你了！”我笑了笑，换了个话题，“那你能不能告诉我，这样的重点客户，一般情况下成交率要比普通客户高多少？或者换个问法，你觉得刚才提交给常总的这批客户名单，最后大概能成功预售多少台？”

“这个不好说。按以往的经验，由我们筛选出来的重点客户，成交率好的时候能到百分之三十多，差的时候也就百分之十左右。平均下来，百分之二十吧！”

“那你认为，这次的预售，会是什么样的结果？比较好，比较差，还是比较平均？”

“这次厂家发布的新车型，在国外市场据说反响不错，我本人也比较看好，预售结果应该会比较好吧！”王斌终于给了我一个比较肯定的回答，尽管依然有些底气不足。

他离开后，我问常涛：“怎么样？王经理刚才那些话，你有什么看法？”

常涛没好气地答：“能有什么看法？还不就是那样？一成不变，千篇一律！”

“听得出来，你的语气中，也透着对这种现状的不满。可为什么不想办法改变一下呢？”我启发道。

“怎么改变？这些都是常识，每个人都是这么过来的，我又能怎么改变？”常涛依然没好气地答。

看得出来，对于这些业务上的“常识”，他也隐隐觉得有些地方不太对劲，却无法清晰地整理、准确地说出到底是哪些地方出了问题。所以，尽管他也有所不满，却感到无能为力。这就容易形成一种典型的“疲态”，也就是我们常说的“蒸不熟煮不烂”、破罐破摔、混日子的状态。这种状态不打破，局面很难彻底改观。

我决定单刀直入，直插要害：“行啦，别藏着掖着了，你就跟我说实话吧！你是不是觉得预售这个事儿，从根上讲就不靠谱？”

常涛没有反应过来：“您这是什么意思？”

“换句话说，老板定的指标是高是低，完全不重要，真正重要的是，你的心里对‘新品预售’这码事儿压根儿就不认同。觉得在没有看到实物之前，消费者根本就不可能勾起购买的欲望，即便再怎么折腾意义也不大，所以只能按部就班，得过且过；看起来似乎一切都井井有条，其实你的心里早就缴械了？”

“怎么可能？！”常涛立马反驳，“我也是干了多少年业务的老销售了，新品预售这种事儿也经历了不少，怎么可能完全不认同呢？”

“好啦，咱俩什么关系，何必跟我兜圈子呢？还是说实话吧，我又不是老板，你怕什么？”我依然不依不饶。

“没那回事儿！我也是从销售顾问一步一步干过来的，怎么可能不把预售当回事儿呢……”常涛依然嘴硬，但显然语气中渐渐失了底气。

“好吧，那我换个问法。如果我没猜错，你从做销售顾问的时候起，就不太看好‘预售’这码事儿。不只是因为用这种模式卖车太困难，不好卖；而且即便能够把车卖出去，也会对顾客满意度不利。总之是得不偿失，对吧？”

一句话噎住了常涛，他低着头不吭声了。

对他的这种反应，我表示理解：“是啊，换了我是你，也会这么想。毕竟顾客连实物都没见着，你就要使出浑身解数，哭着喊着求着，甚至逼着他买车，在这种情况下，即便顾客买了车，购物体验也不会好，满意度也不会高。真是有点得不偿失呀！所以说，站在我的立场上跟你说这种话，好像确实有点儿‘站着说话不腰疼’

的意思。难怪你会有情绪，换了是我也会有意见。”

说到这里，我停顿了一下，瞥了一眼常涛。

见后者的脸色有所缓解，我便继续说道：“所以说，用这样的心态去干工作，当然不可能有成果！因为我们自己心里都没想明白，我们自己心里都不情不愿，别别扭扭、磨磨叽叽的，你又如何能让顾客想明白，让顾客心甘情愿，麻利儿地为我们掏腰包，并心满意足地购车而去呢？将心比心嘛，你说是不是？所以说这种事儿在逻辑上就是有问题的，一开始就错了，结果当然也不会好！”

“那您说应该怎么办呢？”常涛终于抬起头，开了腔。

“我觉得，你忽略了两个问题。两个极端重要的问题。”

“什么问题？”

“第一，你认为顾客在没有看到实物之前，是不可能勾起购买欲望的。这个看法未免太过绝对。”我启发道，“事实上，据我所知，许多开过车或家里有车的客户都是不同程度的车迷，而且男女都有。他们爱车如命，对所有和车有关的东西都感兴趣。更别提新车款、新车型了！这种情况，在我们中国尤其明显。因为大多数中国人都是最近几年才开上车的，对汽车这种商品拥有巨大的好奇心和贪婪的求知欲。任何和车有关的新知识、新玩意儿都能相对轻松地勾起他们的兴趣。事实上，这两年有很多厂家在网上试推新车型，都收获了数量惊人的订单，这个事实你不能否认吧？”

常涛再次语塞，只好诚实地点了点头。

我追问：“网上都能做到的事情，你认为我们经销店会做不到？”

常涛不好意思地笑了笑：“可不是嘛，我怎么把这茬给忘了。”

“所以说，认为‘没看到实物便不会购买’，是典型的‘自我障碍’，‘伪常识’，被这种‘伪常识’拴住脑袋，会寸步难行的！”

常涛认真地点了点头，又问道：“那第二个问题呢？”

“第二个问题，其实也涉及‘伪常识’。”我答，“所谓‘预售’，就意味着一定要把车卖出去，卖不出便毫无意义，这种想法也是想当然，属于‘自我设障’。”

“这又是为什么？‘预售’当然是卖车，不卖车搞预售还有什么意思？”常涛不解。

“当然有意思。你听我慢慢解释。”我继续，“如果你所有行动的焦点只有一个，就是销售，你的视野就会不可避免地变窄，你会不自觉地‘强买强卖’，不自觉地强行突破，等于在事实上逼迫顾客购买，这样的销售方式效果不可能好，即便能实现销售，顾客的满意度自然也不会高。迄今为止，你们遇到的所有问题的核心，就在这里。”

“这个我承认，可是不这样做我们又能怎么办呢？”

“回到销售的原点。”

“销售的原点，什么意思？”

“服务。只有服务才是销售的原点。归根结底，我们卖东西给顾客，售卖的不是商品，而是服务。顾客是因为我们的服务才购买我们的商品，而不是相反。这个逻辑不能搞反了，不能本末倒置。”

“我还是不太明白，您能不能说得再具体一点？”

“具体地说，顾客是在享受我们提供的服务的过程中，自然而然地激起购买的欲望，自然而然地购买我们的商品；而不是首先被迫购买了我们的商品，才不得不接受我们提供的服务。这个因果关系必须搞清楚。”

见常涛听得很认真，我继续趁热打铁，“一句话，我们只向顾客提供服务就行，当然，必须是最高标准、最高质量的服务，至于说能不能形成‘购买’这一结果，则不是我们要关心的事儿。顾客愿意买固然好，顾客不愿意买也没关系。不过，请绝对相信我，只要我们能提供高标准的服务，真正让顾客满意，真正把话说到顾客的心缝里，把事儿办到顾客的心坎里，最后的‘销售环节’也将不成问题。只要你能把事儿办到这份儿上，就能一举实现销售的最高境界，亦即我常说的那句话——有钱难买我乐意！”

常涛似乎有些明白了：“您的意思是说，满意的顾客带来满意的结果？”

我肯定地道：“对，我们负责关照顾客的心，顾客负责关照我们的钱。这就是销售这行的基本逻辑，基本宗旨。千百年来从来没变过，可是千百年来也很少被人真正践行过！”

常涛挠了挠脑袋，恍然大悟地道：“可不就是嘛。其实道理永远是那么几条，所有人也永远都懂，可就是这一到节骨眼上，肯定走样，肯定变形！而且还是不知不觉，身不由己！”

“你算开窍了，是这个意思。这才是真常识，经过千锤百炼，淬炼出来的常识。只可惜，这种常识永远都是做新人的时候门儿清，一旦成了老人，便忘得一干二净了！”

“就是就是，是这样。”常涛笑道，“每年新人培训的时候，我们这些做领导的都会夸夸其谈，给新人们讲一大堆大道理，可是这些大道理，我们自己却一个也做不到！”

我也乐了：“你能明白这点，我很高兴。其实别说你，我自己又何尝不是这样呢？”

说着两人都笑了，这一次是会心的笑。

过了一会儿，常涛又想起什么，问道：“那您说，怎么做才能解决您说的这第二个问题呢？”

我答：“简单。一句话，放弃卖车的念头，专念于为顾客提供服务。就像我刚才说的那样，有太多的顾客，太多的车迷对我们的新车感兴趣，却只能从网上、从杂志上，或者从其他一些渠道获得我们新产品的信息，我们这些搞经销店的主儿，难道不该感到脸红吗？这可是我们的专业，看家的本事啊！所以说，利用我们的特长，给顾客提供第一手的信息，提供那些从别的渠道不容易挖掘、不容易得到的信息，最后胜出的就会是我们！”

“那具体应该怎么做呢？”

“还记得我刚才问王斌的那些问题吗？就是如何判断预售重点客户的问题。从那些问题当中，你能得到什么灵感，什么启发？”

“您的意思是？……”

“没错，从这儿下手，也许能杀出一条血路来！”

“好的，明白了。我知道该怎么做了，您就请好吧！”

常涛抓起桌上的电话，拨通了销售部的号码：“喂，王斌吗？召集销售部全体人员，马上开会！”

**小结：我们负责关照顾客的心，顾客负责关照我们的钱。**

## 第二节 要想找到“生意”，首先要找到“价值”

每一个商品都有许多价值，这就是机会。要点在于，不必向顾客推销所有的价值，只需戳中痛点，帮助他们寻找真正有用的价值。其他一概省略。

“销售部的‘新品预售重点客户名单’，我已经否决了。整个推倒重来，我们再做一份！”

在紧急召开的临时业务会议上，常涛郑重地宣布。

“什么？推倒重来？”大家面面相觑，几乎不敢相信自己的耳朵。

“没错，推倒重来！”常涛的语气不容置疑。

“常总，这份名单可是我们花了一个多礼拜，费尽九牛二虎之力才搞定的啊！重新再弄一份，哪儿那么容易呀！再说了，现在离产品正式上市没几天了，时间方面也不允许啊！”

一向老实本分的王斌也忍不住发牢骚。

“没关系，来得及。只要方法对头，一切都来得及！”常涛胸有成竹地道。

大家依然将信将疑，脸上满是惶惑的表情。

常涛却不慌不忙，兀自问道：“谁能告诉我，当初挑选预售重点客户的时候，依据的是什么标准？”

“还能有什么标准？老规矩呗！”有人小声嘀咕。

顺着声音望去，说这个话的人是周晓宇，老资格的销售顾问。

“没错，老规矩。那你能跟我说说，都有哪些老规矩呢？”常涛再问。

“就是……就是以前接触的时候，曾经对咱们的新车型表示过兴趣的客户。”周晓宇支支吾吾地答。

“好的，我知道了。那你呢，吴冰？”常涛又问。这回被点名的是一位新员工，刚结束试用期没多久。

“我主要是从开过同款车的客户中找的。感觉这样的客户也许在换车的时候能优先考虑咱们的新车型。”吴冰老实地答。

……

常涛一连问了五六个人，每个人的回答都差不多，基本上都是“凭感觉、凭直觉”或者“找感兴趣的客户”。

“也是，其实好好想想，除了你们说的这些，好像也确实没什么更好的办法。”常涛总结道，“甭说你们，一个小时以前的我，基本上也是这么想。”

“但现在不同了，”他话锋一转，斩钉截铁地道，“现在我有了新主意，决定改弦更张了！”

言罢，他转过身走到白板前，写下一行字：到底什么样的客户，会对我们的新车型感兴趣?

“刚才你们的话中不止一次地出现了这个概念——‘感兴趣的客户’。可是你们想过没有，到底是什么样的客户，才会对我们的新产品感兴趣？或者换个问法，这些‘感兴趣’的客户，到底对我们新产品的哪些地方感兴趣？”

常涛的问题把大家问愣了，众人一时面面相觑，没人敢吭声。

“吴冰，你再说说看。”见无人回答，他只好再次点名。

“这个，不好说。实在是太多了，人和人不一样，感兴趣的地方也肯定不一样。”吴冰老实地答。

“这个回答好，我爱听！”常涛肯定地道，“所以现在我们不妨集思广益，大家都说说，看看这个世界上到底都有些什么人，喜欢我们产品的哪些优点！这样，我先来，你们跟上！”

常涛说罢，便转过身在白板上写下了一个他自己的想法：底盘高，动力大，通过性好，价格适中，外形动感，省油，内部空间中等偏上；喜欢美国文化，月薪5000元到8000元，年龄30到40岁，典型的中产小资阶级，家庭人口不超过四人，没有老人同住，喜欢自驾游和野外烧烤，身高不超过1.75米的男性客户。

“好了，我写完了。该你们了！”

常涛放下笔，转身对众人道。

见领导开了头，弟兄们也便无所顾忌，一气儿打开了话匣子，你一言我一语说了起来。他们说一个，常涛在白板上记录一个。不一会儿，整个白板上就写满了字。

常涛放下笔，满意地道："怎么样？这么一来，大家心里是不是就清楚了？知道什么叫'感兴趣的客户'了吧？"

"没错，觉得心里敞亮多了！这回算是真正知道到底应该怎么操作了！"有人高声应和，其他人也纷纷表示赞同。

"可是，这样弄的话，范围岂不是太窄了？"王斌提出异议，"按照您说的办法，确实针对性更强了，可是选择的余地也就变小了。这么一弄，我估摸着全销售部能收集上来的重点预售客户信息顶多不超过二十个，可老板给您压的任务是三十台车啊！这玩意儿……我们离目标可是越来越远了啊！"

"没关系，不用担心。"常涛依然是一副成竹在胸的样子，"名单上的人多一个少一个无所谓，关键是要得到一份不掺水分的，真正有意义的名单。而且，我有一种预感，只要咱们全心全意、真心真意地为顾客的价值着想，这份缩了水的名单，会自己长大。你信不信？"

"我懂您的意思。良好的客户口碑会带来波及效应。可问题是……这种情况毕竟是一种想象，想象和现实还是有差距的……"王斌还是显得有些不放心。

常涛安慰道："好啦，别担心啦！不瞒你说，我早就做好了最坏的心理准备。既然怎么也是死，不如横下一条心，杀出一条血路，或许还有一线生机呢？！"

两天后，一份新的名单被报了上来。名单上总共有三十五个名字，比最初那份名单少了近五十个。

常涛却很满意，在销售部的会上举着这份名单说："这才是我真正想要的东西。"然后话锋一转，又问大家，"现在我们有了一份靠谱的名单，那么下面的问题就是，我们应该怎么跟进这份名单上的客户呢？有没有什么好办法？"

屋子里再次鸦雀无声。

常涛只好点名："周晓宇，你是老员工，经验丰富，你有什么想法？"

"这个真不好说。每个客户都不一样，都有不同的情况，你不可能一刀切，都用相同的方法跟进呀！"周晓宇答。周围的人也纷纷表示赞同。

"是这样。晓宇说得对。"常涛肯定地道，"人和人不一样，每一个客户的需求点和兴趣点也不一样，可现在的问题是，迄今为止我们是怎么做的？我们是否在跟进不同的客户的时候，有针对性地使用了不同的跟进方法？”

大家面面相觑，屋子里再次没了声音。

常涛再次点名：“吴冰，你说说看？”

“我也说不上来，反正就是用一般的方法呗！”吴冰老实地答。

“我信你说的话。一般的方法。也就是说，想到哪儿算哪儿，随机应变。”常涛道，“这种方法固然没什么问题，但是目的性不强，太随意，太盲目，效率也太低。这次，咱们换个玩法，彻底强调一下目的性！”

话音未落，他已经拿起中性笔，在白板上飞快地写了四个字：信息告知。

然后用手中的中性笔指着这四个字道：“信息告知。如果我没猜错，你们平时在跟进客户的时候，基本上遵循的是这个套路。具体地说，就是单方面地，强行地向顾客灌输产品知识，拼命地跟顾客说我们的产品这么好那么好，如果他不买会后悔一辈子，对不对？”

说到这儿，常涛故意停了下来，目光扫过每一个员工的脸。他看见，有几个人已经红着脸，在不好意思地躲避他的视线。

“说白了，这就是‘强买强卖’。尽管我们自己不这么认为，但事实就是这样。”常涛继续道，“所以，现在我们要换一个方式，改变一下跟进客户的方式。”

说着，他又在白板上写了四个字：引起兴趣。

然后转过身对大家道：“引起兴趣。现在我们用这个套路！既然都是大家接触过的客户，甚至当中还有不少是熟人，仅仅止步于‘信息告知’的话就太可惜了。有这么好的条件，我们完全能做更多的事！具体来说，我们要勾起这些重点客户的兴趣，让他们成为我们即将上市的新产品的粉丝。”

顿了一下，他又接着道，“当然，就像刚才晓宇说的那样，人和人不一样，每一个人的爱好、痛点也不一样。我们没有必要把新产品身上所有的优点，向所有的客户推介一遍。恰恰相反，我们要大胆舍弃，抛开那些没必要的细枝末节，只向客户介绍最有针对性的，最能戳痛他们的，能够最大限度地满足他们特殊需求的产品信息。这样的信息甚至有可能只有一个，或者顶多不超过三个。总之，有用的信息不在多少，只在有用的程度。

屋子里鸦雀无声，每一个人都竖着耳朵，认真地听着。

“当然，为了做到这一点，我们必须拿出最认真，最有诚意的态度，和客户做最深入的沟通，扎扎实实地把客户的所思所想挖掘出来，把客户的真实需求挖掘出来，然后将我们产品的某些特点和优点严丝合缝地匹配上去。这就是我们要做的工作。”

接着，常涛又提醒了几个重点，示意大家要从既有车（客户使用中的自家用车）的车龄、使用状况、具体用途、家庭构成、个人兴趣等方面入手，挖掘客户的新车需求。

交代完毕，他再一次问大家：“怎么样？有什么感觉？是不是觉得心里清爽多了？”

这次没想到吴冰第一个发言：“确实明白了。您这么一说，我还真有同感。我觉得，迄今为止在跟进客户的时候好像确实有点‘剃头扁担一头热’的意思，好像只有自己在不停地说，客户那边儿却没什么反应。刚开始还有点儿丧气，觉得客户不好打交道，在故意敷衍自己；现在想想，可能情况刚好相反，我就是单方面地给顾客灌输产品知识，完全不管哪些知识对顾客有用，哪些知识对顾客没用。顾客听得一头雾水，自然也不会感兴趣，想不敷衍都难。”

周晓宇抢过话茬，附和道：“可不是嘛，我也有同感。我承认，因为自己是老员工，人都皮实了，有的时候确实会‘见人下菜碟’。跟客户提起一个话题，顾客感兴趣就接着聊，顾客不感兴趣就随便敷衍两句赶紧挂电话。很少做那种‘深度挖掘’的事儿。说得形象点儿，在跟进客户的时候，更常用的做法是‘钓鱼’，而不是启发和引导。”

顿了一下，他又感慨地道，“其实说起来，‘挖掘客户需求’也是老生常谈了，我们做新人的时候还真是没少一本正经地‘挖掘’，可是后来人越来越皮实，便开始嫌麻烦，抄近道，好歹有口饭吃就行。今天既然常总给咱们掏心窝子说实话，我也就来几句大实话，让大家见笑了！”

常涛笑了，赞道：“怎么会呢！没人笑话你。因为大家都一样，半斤八两，都是这么走过来的，包括我在内。今天哥儿几个能打开天窗说亮话，给我常某人交心，我真的很感激，心里觉得特有底气。谢谢大家了！”

然后，话锋一转，又问道，“好了，现在我们有了名单，也有了办法。下一步要做什么？”

大家以为要散会了，没想到常总又抛出新的议题，一时没反应过来。

还是王斌脑子快，第一个发声：“业务训练！”

常涛竖起了大拇指：“正解！没错，业务训练。不但要搞产品知识训练，还要搞客户跟进话术训练。总之，要把我们今天在会上总结的东西，在训练中体现出来，结结实实地提升我们的客户跟进效率！”

“然后呢，然后还有什么？”常涛又问。

大家被问懵了，一时不知该如何作答。

见大家不作声，常涛提醒道：“谁能告诉我五天后是什么日子？”

“五天后？……哦，对了！五天后是去厂家参加产品说明会的日子！”有人高声道。

“对了，产品说明会。这是下一个重点，而且是重中之重。胜败在此一举！”常涛也不禁提高了声调，“我们刚才不是总结了一大堆顾客有可能发生的痛点吗？就以这些痛点为依据，去找找灵感，找找我们的新产品还有哪些特点，哪些细节能戳中这些痛点，然后再拓展一下我们的思路，带着更多的灵感回来！”

“可是……我们不是有产品说明书吗？新产品的特点，产品说明书上不是说得很详细了吗？这还不够用？”有人问。

“当然不够用！”常涛肯定地道，“产品说明书，只是一个基础，不可能面面俱到，一定还有不少可以挖掘的东西。所谓‘百闻不如一见’，在厂家的说明会上能见到产品的实物，这是一个千载难逢的好机会。我们可以现场体验一下，看一看，摸一摸，坐一坐，找找感觉，一定能有新的灵感！”

顿了一下，他又调侃道，“再说了，产品说明书是大路货，家家都有，大家都在一个起跑线上，有什么意思？要玩就玩点邪的，玩点偏门的，别人没有的，这才能显出我们的高明来呀！当然，这些招数都是我们的独家知识产权，千万不能泄露出去，一定要注意保密啊！”

一席话，把大家都说乐了。

常涛又补充道：“等大家满载而归的时候，咱们还要把业务训练再升级，把你们从厂家得来的灵感和线索也加进去，结结实实地操练操练，一定要打个漂亮仗！

时间过得很快，转眼到了新车型上市的日子。

尽管店里只来了两台不同款式、不同配置的样车，整个店面依然贵客盈门，盛况空前。

销售顾问们也忙得不可开交，不但要和预约好的老客户谈，还要不停地抽时间接待闻风而来的新客户。无论是销售部的办公室，还是展厅里的客户洽谈区，抑或是展台上的样车周围，全部人满为患，一派热闹、繁忙的样子。

对常涛的店来说，甚至对于不景气的整个汽车圈来说，这样的荣景实在是久违了。

我也来到常涛的店里“观战”，顺便给他打打气、助助威。

“情况怎么样？”我问。

“到昨天为止，已经预售了十五台车。”常涛答。

“哦，这样……看来还要加把劲儿！”

显然，这个数字和老板的要求还相去甚远。不过，看常涛的样子，似乎并没有“在担心”的感觉。

我只好没话找话：“没关系，能做到这种程度已经相当不容易了！好家伙，三十几个重点客户，就能卖出十五台车，成交率快到五成了！”

常涛笑了：“您说什么呢！哪儿有那么夸张！怎么可能有五成的成交率？也就三成多！还有好几台的销量是‘捡’来的！”

“捡来的？你的意思是说，额外的惊喜？”

“对，额外的惊喜！只要你把工作做到位了，自然会有更多的客户买你的账！向来如此！”常涛自信地道。

“看你这胸有成竹的样子，你是不是认为今天还会有‘惊喜’？完成老板交代的任务不在话下？”我又问。

“不敢说有绝对的把握，但八九不离十。”

“这么自信？”

“不是我自信，是由不得我不自信！”常涛笑了笑，往展厅的方向努了努嘴，“看看眼前这幅场景，您有什么感想？”

放眼望去，展厅里人声鼎沸，热闹非凡。

我也会心地笑了："没错，换了是我也会这样。想不自信都难！"

果不出常涛所料，这一天可谓"惊喜不断"，从销售顾问那里"斩获订单"的捷报一个个传来，二十、二十五、二十八……老板定下的数字，在眼前越来越清晰了。

最终的结果，落到了"三十二"这个数字。算是险胜！

常涛找了一张椅子坐下，长长地吁了一口气。

我又给他补上一个好消息："刚接了一个电话，你们的竞争对手（同品牌同城竞争店）卖了十八台，只有你们的一半！"

"无所谓。"他淡淡地回道。

"无所谓？"我吃惊地问。

"对，无所谓。"他肯定地答，"跟您说实话，这次的新品预售我是认了真了，下了血本了。不夸张地说，这辈子我都没有这么认真过。所以，不怕您说我装洋蒜，这一次我的眼里真的只有我自己，没有别人。我是真的只想和自己竞争，和自己较劲，只想战胜自己一个人。别人的事儿真的没空操心！"

我信了。我知道这一阵子他付出了什么，经历了怎样的心路历程，所以能够理解他此时此刻的心情，也真心地为他高兴，为他骄傲。

**小结：销售就是—— 必须拿出最认真，最有诚意的态度，和客户做最深入的沟通，扎扎实实地把客户的所思所想挖掘出来，把客户的真实需求挖掘出来，然后将产品的某些特点和优点严丝合缝地匹配上去。**

## 第三节 跳出自我：这个问题还能怎么想？

“自己如何做，才能在神秘访客调查中脱颖而出”与“自己如何做，才能最大限度地让顾客满意”完全是两码事，有着本质上的不同。

最近，在许多服务行业的现场，“公司内部神秘访客”制度开始悄悄地流行了起来。

具体地说，就是为了调查销售现场的情况，掌握一线销售人员的工作状态，切实改进工作质量，提高顾客满意度和最终的成交率，全面改善销售店业绩，许多店家会责成公司的某个部门（一般来说客服部门或质监部门比较多见）专门负责到公司外部聘请专业或业余人士，乔装打扮成顾客的样子深入本公司销售一线做调查，并将调查结果及时反馈给公司管理层—— 这就是“公司内部神秘访客”制度的基本逻辑和大体上的操作流程。

不只如此。许多销售店还不满足，为了进一步改进工作流程，提升工作质量，他们还建立了“公司外部神秘访客”制度，也就是说，这些公司会定期安排自己的一线销售人员乔装打扮，深入竞争对手的店铺去搞“现场侦察”，希望通过横向对比找出差距，触发灵感，打破僵局与惯性，创造蜕变的机会。

从实践的角度看，以上两种神秘访客制度各有利弊。

先说“公司内部神秘访客制度”。由于“访客”来自公司外部，在许多情况下，甚至有可能是外行（如果公司没有聘请专业人士的话），这样一来，调查的公正性和客观性就会比较明显，不大可能发生“先入为主”“预设立场”的偏见。由于调查结果相对准确、及时，有利于公司管理层迅速采取有针对性的措施，及时解决销售现场存在的问题。与此同时，公司内部的业务培训也可以利用此类调查的具体成果，让培训工作切实做到有的放矢，确保成效。不过，这种做法的弊端也是比较突出的。最重要的一点是无法做到横向比较，只能在纵向比较的基础上进行自我完善。换言之，由于不知道别人表现怎么样，所以只能自己和自己比，尽量让今天的自己比昨天的自己表现更好些，让明天的自己比今天的自己表现更棒些。当然，即便只能做到这一点也算不错，毕竟有进步，而且这种进步真实可信，就可以基本认定制度本身还是成功的，是值得坚持下去的。不过，纵向比较的瓶颈效应确实比较大，如果有可能，尽量突破这个瓶颈，让“神秘访客制度”发挥更大的效力，是一件绝对值得尝试的事。

因而便有了“公司外部神秘访客制度”。只可惜，这一制度虽然弥补了纵向比较的不足，却依然在实践中呈现出许多不容忽视的弊端。最明显的弊端就是，在绝大多数现场，“外部神秘访客制度”都无法跳脱一个顽固的窠臼，那就是调查人员（本公司一线销售人员）始终无法摆脱自身的“卖方”立场，无法将自己彻底化身为“顾客”，真正站在顾客的“买方”立场观察事物，考虑问题。

在实践中，我们往往会发现这样的现象：当本公司销售人员乔装改扮，装扮成“顾客”的样子“潜入”竞争对手店做调查的时候，无论是对方的销售流程、接客话术，还是对方的待客质量，他们总是习惯于从“专业”的角度去观察，去判断。无论对方做得好还是不好，都是按照一介销售人员的视角做评价。当然，专业的人做专业的事，这种做法本也无可厚非。但是，“专业视角”未必总是等同于“顾客视角”，有的时候，甚至有可能与“顾客视角”完全抵触，这一点必须高度警惕。就像我在前面提到过的那样，“专业视角”最大的问题，在于容易把与顾客之间的矛盾和冲突“内部化”，容易将公司的“内部理由”强加给顾客，强迫顾客接受。比如，以“公司的规定”“公司的流程”“公司的制度”为由，为自己的某些招致顾客不快的行为做辩解，或为顾客的某些投诉做自我责任的开脱与推卸。所有这些表现，都是令顾客最为头痛，甚至深恶痛绝的行为。因此，“专业”的视角固然不可少，但将“专业”二字完全等同于“顾客”的需求与感受，或者强迫顾客无条件地接受则是极为僵化、极其无礼、极度危险的做法，这种做法本身就是一种非常“不专业”的表现。

还不只是这样。“外部神秘访客制度”的另一个重大弊端在于，你无法判断自己的竞争对手店到底处于一种什么样的经营状态，对方的经营质量到底是高是低。换言之，你只能凭借与自己相比，对方处于一种什么状态来对对方做判断，而这种判断只能是主观的、片面的，不可能是客观的、公正的。在这样的情况下，即便有些事情你做得远比对方好，远比对方到位，也未必意味着你的做法已经达标，已经可以充分满足顾客的需求，充分提高潜在的成交率。因为极有可能你和你的竞争对手在比“谁更烂”，而不是“谁更好”。

为了避免这些弊端，方法只有一个。那就是进一步开拓视野，把“神秘访客”的调查对象，从同业扩展到不同行业。

没错，如果你是卖车的，完全没必要拘泥于汽车销售业，完全可以去看看旅馆业、餐饮业是怎么干的，他们有什么妙招可以给你灵感，促使你进步；同样的道理，如果你是开旅馆的，也完全可以去看看卖名牌包的店或者电影院、游乐场、展览馆都有哪些做法令你惊艳，让你开眼；反之亦然。

古人云“三人行，必有我师”。做人如此，做事如此，做生意亦如此。

不同行业调查的一个最大好处，就在于能够轻易打破你的“专业”视角，让你彻底回归“顾客”的身份。无论你的职业病有多严重，职业惯性有多顽固、多离谱，只要你能多换几个业种，多逛几家与自家店性质完全不同的店面，你就会彻底转晕，彻底忘记自己的职业和身份，完全投身于“顾客”的角色。

这个时候，你得到的情报和灵感，一定最客观、最公正、最有参考价值。

还有一件事很重要。你一定要明白一个道理：“神秘访客”制度只是一个工具，而不是最终目的。因此，“神秘访客”的终极使命在于，而且只能在于满足顾客，而不是满足自己。不是说只要你在调查中得了高分，证明了自己是一个“合格的职业经理人”，你就可以满足了，可以万事大吉了。绝不是这样。这种观念完全是错误的，完全是本末倒置。

总之，“自己如何做，才能在神秘访客调查中脱颖而出”与“自己如何做，才能最大限度地让顾客满意”完全是两码事，有着本质上的不同。这是一个最基本的心态问题，最基本的职业素养问题。如果你真想做一个“专业的职业经理人”，这里面的奥秘务必要切实看破，切实掌握，切实贯彻落实。

除了“神秘访客”之外，锻炼“顾客视角”的方法还有很多。比如说“家庭成员的视点”或“女性的视点”。

先来说说第一条，亦即“家庭成员的视点”。

首先，绝对不可忽视的，是配偶，尤其是女性配偶的视点。

举几个例子。

“你们店那个新来的，叫什么来着？哦，对了，张小虎，那小伙子不错！见到谁都笑眯眯的，而且特有礼貌，为人特热情，特会来事儿，挺招人喜欢的！人长得也挺精神，浓眉大眼的，是个小帅哥！那次我和外甥女一起去你们店的时候，她还一个劲儿地偷瞄张小虎呢！回来后还跟我夸个没完！我猜呀，我外甥女一准儿是看上人家了！”

“你们店的那个保洁员，张阿姨，她最近辞职了是吗？这个消息是我从你们店员工那儿听来的，昨天才知道。说实在的，我挺吃惊的。张姨在你们店干了好多年了吧？一直都是尽职尽责的，辞了太可惜！我昨天到店里去，上厕所的时候发现，厕所里的花都枯萎了。张姨这一走，连花都没人照顾了，厕所里的味儿都不对劲了……哎，真是的……”

“你们店的那个维修工，小李，这两天是怎么回事儿？整个人没精打采的，是不是失恋了？今天我去你们店办事儿，他见到我也爱搭不理的，好像欠他钱似的，什么态度！”

……

以上，都是来自媳妇儿的“情报”。在这里，女人心细、敏感甚至好事的一面，全都体现得淋漓尽致。如果你仅仅把这些琐事当作一个妇人的唠叨，那你就不配做一个职业经理人。当然，无条件照单全收也不可取。你需要做的，就是去粗取精，把自己的夫人完全视作一位顾客，倾听她的牢骚，甚至倾听她的八卦，然后从这些牢骚和八卦里寻找蛛丝马迹，切实改进自家店的经营效率和质量。甭管夫人的话里是否夹杂了她的一面之词，掺和了她的主观念头，起码这些一面之词，这些主观念头来自一位顾客内心的真实感受。而这才是真正的重点。

说到这里，我不禁感到有些感慨，想起了许多事。

这些年来，作为一位“专业人士”，我曾经参加过许多针对创业青年的业务辅导活动。

我的一个切肤感受是，现在许多年轻人创业，致命地缺乏顾客视角，甚至是缺乏一个普通人的视角。他们往往容易过度自我欣赏，陷入所谓“技术控”的窠臼；

常常会因为一个念头或者因为发现、发明了某个技术而自我膨胀，自我陶醉，立马就会动“创业”之心，而完全不顾这些念头或技术是否有市场、有需求，能够支撑起一个完整的“商业模式”，能够作为一个真正意义上的生意长期存续下去。

其实，做到这一点并不难。只要这些年轻人恢复一个普通人的感知，重新找回一些普通人的理性就可以。如果他们由于“技术控”或“发烧友”情结过重而无法做到这一点，还有一个极其简单的方法，那就是回家问问自己的家人，问问自己的老婆，确认一下自己的想法，自己的技术，以及未来将基于这种技术的新产品，自己的家人和老婆是否会买账，会在多大程度上买账。也就是说，请自己的家人对产品的可行性以及潜在的使用黏度做一个基本的判断。相信我，只要你的家人在你的面前能够保持住一个普通人最起码的认知能力，他们的答案会成为极其珍贵的救命稻草，具有极强的参考价值。

换言之，老婆说行，十有八九这事儿就真能成；老婆说不行，你还真得重新考虑考虑。理由很简单，如果你将来鼓捣出来的东西，连自己的老婆都说服不了，连自己的老婆都不会用，不会买，你如何能指望别人会买，会用？你还鼓捣它干什么？

不单如此，对那些已经推出新产品，建立了比较成熟的商业模式，公司也初步走上正轨的企业，同样的现象也依然存在，依然严重。

比如说，在许多创业公司的现场，我经常会见到这样的场面，那就是这些公司每一天都会绞尽脑汁地升级产品，完善各种缺陷。为了达到这个目的，他们煞费苦心地设计了许多产品信息反馈软件，试图拼命地从顾客那里收集第一手信息，以便随时能对产品做出改进。可是，我总是沮丧地发现，如此煞费苦心改进升级的产品，却依然存在着许多显而易见的，极为严重的缺陷。每当这种时候，我总是很纳闷，不明白这些公司的“信息反馈机制”到底在干什么，到底收集了一些什么信息，解决了一些什么问题。

其实好好想想，这个事情真的是无比简单，本来完全没必要搞得这么教条，这么费劲。没错，“顾客心理和使用习惯的调研”以及“市场需求调研”无比重要，事关一家企业，尤其是初创企业的生死。但是，在你做所有这些调研之前，至少要在自己的家里搞一个小范围的调研，看一看家人的反应。家里的老人会怎么说，女性成员会怎么说，男性成员会怎么说，孩子会怎么说—— 要知道，家庭是这个社会最基础的构成单位，也是任何产品与服务最基本的市场单位。社会和市场，甚至一个国家乃至全世界，都是由无数家庭以及家庭中的个体构成的。而任何一个家庭，尤其是普通人的家庭，都将极具代表性，同时代表了千千万万个性质相同或相近的家庭。换言之，这件事完全可以以“窥一斑而知全豹”的心态来看待与处理，完全没必要把它想得过于复杂，过于高大上。只要你的产品与创新，乃至某种商业模式能够让自己的家人全员买单，理论上来说，你就有充分的理由把它付诸实施，乃至推向全地区、全中国、全世界。反之亦然。如果连你自己的家人都不能为这些创意买单，你就有必要全盘重新思考，彻底换一个思路了。当然，这并不意味着你要彻底放弃，但一定意味着这个世界上还有一个更好的、更全面的、更成熟的、风险更小的方法等着你去发掘，去尝试。

“不被嘲笑的理想不是有价值的理想”，这句话确实有些道理；排除干扰、百折不挠、坚持不懈也确实是创业者身上一个重要的特质。不过，坚持不等于愚蠢，不等于彻底放弃理性思考。如果你的梦想受到了嘲笑，即便你不为嘲笑所左右，不在嘲笑面前屈服，起码你也要正视嘲笑，从嘲笑中汲取营养和灵感，为未来的路扫清障碍，做好铺垫。这才是聪明人的做法。

所以，如果你是一个服务行业的职业经理人，那么请从现在开始，重新审视你的家庭成员吧！因为他们是这个世界上最基层、最标准、最典型乃至最伟大的“顾客”，从他们身上，你将获得无数灵感、无数养分以及无数改进工作、提升效率和业绩的线索。

放着现成的条件不使，实在是太浪费，太可惜了。

说完了“家庭成员视点”，我们再来聊聊“女性视点”。

其实，在前面的“家庭成员视点”中，我们已经提到了“女性视点”的重要性。既然女性的视点如此重要，那么显然不单是从业人员的妻子或其他女性家庭成员，所有女性顾客的视点都是不可欠缺的，全部具有极高的参考价值。

遗憾的是，这一点，至少在汽车销售行业中，完全没有体现出来。

我们知道，一般来说，女性对于机械知识是相对迟钝的。因此，即便喜欢汽车这种高档消费品的女性不在少数，但是在一线销售现场中，往往女性顾客会不怎么受销售人员的待见。销售人员通常会不自觉地与男性顾客起腻，而把同行的女性顾客晾在一边，不理不睬。

公平地说，销售人员这种有偏有向、厚此薄彼的接客方式并非完全没有道理——明摆着呢，女人不懂车，你跟她说了也没用。与其徒劳无功，浪费大量唾沫却没有什么效果，不如猛攻一点，专门给同行的男人做工作，也许还能杀出一条血路，看见一线生机。

尽管这种心情可以理解，这种做法却犯了一个兵家大忌，那就是让顾客不爽。而且重点在于，这种待客方式非但会得罪女性，甚至会得罪男性。

要知道，男人的钱包通常掌握在女人手里，最终的决策也通常由女人来做，因此，无论从哪个角度来说，女人都是家里真正的老大，是销售人员真正的财神爷，万万得罪不得。一旦你得罪了某个家庭的女主人，那么即便你能最终拿下那个家庭的男主人，你的生意也照样没戏。不只如此，得罪了男人的“老板”，罪过可是“大大的”，那个男人也不会轻饶了你。最终你是赔了夫人又折兵，得不偿失。

尤其要命的是，我们都知道相对男性而言，女性更敏感、更易怒、更难伺候。因此，即便女性是纯粹的外行，你也万万不能怠慢了她们。恰恰相反，正因为她们是外行，正因为她们只对汽车本身感兴趣，却对与车有关的专业知识不感兴趣，你反而需要拿出巨大的耐心，运用卓越的技巧，幽默犀利、轻松活泼地将有关知识传授给她们。说服了她们，你将事半功倍，手到擒来。

顺便说一句，“性别歧视”的心理和现象不仅仅在以男性为主宾的消费行业大量存在，在那些以女性为主宾的奢侈品消费行业中，也广泛存在。在那里，“男性视点”的欠缺，也是非常多见，非常致命的硬伤。

就拿我自己来说，每当陪媳妇儿逛商场时，我得到的待遇基本上都是直接无视，顶天儿了，能够得到一张椅子，一杯水，一本乱七八糟胡乱塞过来的杂志。然后呢？就没有然后了。或者说，所谓“然后”，就是漫长的、漫无目的的等待与煎熬。这样的经验多了，人也就变得有些不耐烦。甚至于，说句心术不正的话，有的时候我的心里会憋着一股无名火，总想着给店家找点什么麻烦，破坏他们的好事。

其实，店员的做法也无可厚非。毕竟店里卖的是女性用品，我一个大老爷们儿瞎掺和啥？再说了，女性用品店（或专柜）的销售人员往往也是女性，而且是年轻女性，既然“男女有别”，她们采取对男性顾客敬而远之的态度似乎也可以理解。这种情况，在一线销售现场算得上是一个“常识”，可谓屡见不鲜、俯拾皆是。可是销售人员犯了一个致命错误，那就是她们常常容易忽略女性顾客消费行为中的一个极其重要的环节：无论一个女人在一个专柜或一家专卖店滞留多长时间，哪怕是一下午甚至一整天，哪怕这个女人已经被销售人员彻底说服，已经下了“拿下”的决心，在最后的一刻，这个女人也要办一件至关重要的事情，办完这件事情才算得上正式“收官”。是什么事情呢？简单。她会穿着（或拿着）她看中的商品，来到自己心爱的男人身边，将商品展示给他看（当然，是以最佳的角度，最佳的 POSE 展示），然后问上一句“亲爱的，你觉得怎么样？”就是这简单的一句话，会活活要了店家的命。只要这个男人说出三个字“不喜欢”，销售人员长时间的辛苦就会瞬时付诸东流，彻底打了水漂，且完全没有挽回的可能。

在这里，显然“财政大权掌握在谁的手里”已经不是重点，“女为悦己者容”才是真正的重点。从这个意义上讲，其实别看商品是女性用品，别看钱包揣在女人身上，其实最后的终极决策权，反而掌握在男人的手里。

因此，在这种场合中忽略男人的感受，实在是愚蠢至极。

说起来，销售人员也是女性，同为女性，如此简单的女性消费心理却浑然不觉，真是令人扼腕叹息。可见，“角色置换”是一个多么简单，又多么艰难的事情。许多事，放在别人身上与放在自己身上完全是两码事，很难把它们联系在一起。可也唯因如此，作为一个职业销售人员，必须要想尽一切办法克服这一心理障碍，从中彻底走出来，让自己的销售工作有个焕然一新的面貌。

换位思考、顾客视点，永远是销售行业不二的法门。谁掌握了这个法门，谁就能笑到最后。

总之，无论你店里的商品是什么，哪怕就是女性内衣，也绝对不要忽略与女人同来的男人的感受，因为他们才是最终拍板的人，万万不能怠慢了他们。当然，他们不是主宾，他们是外行，对你的商品也许一窍不通，甚至完全不感兴趣，又或者，他们也许压根儿就对“陪媳妇儿（女朋友）逛街”这件事本身不感兴趣，甚至充满厌烦，更不要说“看着媳妇儿（女朋友）花钱”这件事儿了。因此，他们也许会故意挑剔，没事找事，通过给媳妇儿（女朋友）添堵，扰乱她的心情来阻止她乱花钱的行为，或阻止她没完没了地逛下去的动机。

毫无疑问，这种情况对于服务行业的销售人员而言是一个巨大的挑战。解决方法却并不难，主要有两个要点。第一，要把男人安顿好，并不时过来与他聊天，不要让他感到无聊。最好能让他对你产生好感，打消他给你的生意添乱的念头。第二，趁着女人逛个没完、试个没完，抓紧时间给男人多做工作。如果他是外行，就要用通俗易懂、深入浅出、犀利幽默，真正接地气的语言让他在最短的时间内进入状态，并接受你的观点。正因为他是外行，基本上什么都不懂，所以你就是他的启蒙老师，只要你的话术到位，逻辑缜密，无懈可击，做到这点反而会相对容易。俗话说“打蛇打七寸”“擒贼先擒王”，只要搞定了女人身边的男人，最终搞定那个女人也便事半功倍、易如反掌。

总之，“性别歧视”现象绝非个别现象，在服务行业的现场可谓司空见惯、比比皆是，它已经成为妨碍服务行业全面提升经营质素最为重大的阻力之一，必须严肃面对，切实改进。最怕的就是见多不怪，麻木不仁。谁先意识到这一点，谁就能从残酷的行业竞争中脱颖而出。

**小结：“专业”的视角固然不可少，但将“专业”二字完全等同于“顾客”的需求与感受，或者强迫顾客无条件地接受则是极为僵化、极其无礼、极度危险的做法，这种做法本身就是一种非常“不专业”的表现。**

# 第五章

# 下好项目的第一步棋——项目开局强调“一见钟情”

问你个问题，你会“打招呼”吗？

别急着回答，好好想一想。

如果我猜得不错，正解很有可能是否定的。

是的，不要小看“打招呼”这三个字，这里面的名堂可不少，也不小。

回归问题的原点。为什么人们要“打招呼”？

从广义上讲，最根本的原因，是为了融洽人际关系，让自己活得更加舒适；从狭义上讲，最直接的原因，是为了达到某个目的，而且是“有求于人”的目的。亦即这个目的必须假借他人之手（或属于他人的资源）才能实现，因此必须向潜在的资源提供方表达善意，以期对方能够按照自己预想的方式行事。

因此，从本质上讲，这是一件功利的事情，既有极强的目的性、极为明确的诉求，也有非常具体的手段。

不过，遗憾的是，如此重要的一件事，绝大多数人却没有真正意识到属于它的价值。在绝大多数时候，人们彼此之间“打招呼”都是下意识的，盲目的，既缺乏诉求也谈不上手段，稀里马虎、敷衍了事。说白了，就是“瞎蒙”。蒙对了算走运，蒙不对算倒霉。一切顺其自然，听天由命。

当然，这样做的后果也不小，有的时候甚至很严重。

具体地说，在日常生活以及职场人生中，我们总会产生某种说不上来的无力感，总会感觉自己的人际关系不太顺，人生境遇不太好；事情不好办、职场不好混、生意不好做。

说白了，就是承认自己“情商低”“运气差”。

既然低情商带来的霉运我们不喜欢，那么就要想方设法改变这种局面，让自己尽量“走运”。

改变情商，是唯一的办法。而办这个事儿，也许从“打招呼”这件小事做起，是一个不错的选择。

由于“情商”二字对于服务业而言实在太过重要，而我们在这方面的欠债也实在是太多、太久，所以，就让我们从服务业，亦即“生意场”的视角，来探讨一下这个问题。

## 第一节 不可不学的软技巧：开局就能赢得好分数

“问候”不是例行公事，而是一切商务行为的开始。

身着工装制服的员工在店门口一字排开，一个负责人站在队伍前面领头，大家一起高声练习“欢迎光临！”“请多多关照！”等顾客问候语，然后再跳一段莫名其妙的“健身励志醒脑舞”，做几个似是而非、不知所云的肢体动作，跟着经理喊两声“奋斗！”“必胜！”之类的口号，确认一下当天的注意事项和重点工作，最后宣布解散。

这个画面，想必大家都不陌生。

没错，这就是中国现代服务业最常见的一道风景—— 晨会（日本人称之为“朝礼”）时的样子。

在服务业当中，对顾客“打招呼”这个事儿被称为“致礼问候”。照理说它应该是一种常识，一件易如反掌的事儿，可事实却远非如此。

很难说老板们不重视。否则你便无法理解为什么几乎每家店每一天都要做这件事（亦即晨会时的练习）；也很难说员工们不配合，否则你也无法解释为什么这日复一日的练习，员工们基本上能够甘之若饴地坚持下来，至少不会表现出明显的不满或反感。

那么就奇怪了，既然如此，为什么依然有这么多人连“打招呼”、问候顾客这么点事儿都搞不定？

还是让我们回到晨会练习时的画面。

我们不妨一起回忆一下：

当别人大声练习的时候，是否有人低着头，嘴巴几乎都没张开？是否有人一副睡眼惺忪的样子，混在人群中有一搭没一搭地“滥竽充数”？

关键的是，即便把最投入、状态最好的积极分子也包括在内，在高声练习顾客问候语的时候，到底有几个人脸上挂着怡人的笑容？还是几乎所有人都绷着一张扑克脸?

更关键的是，即便是参加晨会的经理，领头的负责人，又是否能以身作则，给员工们做出真正高标准的示范呢?

对于这些细节，相信每一个人心里都有数。

为什么会这样?

简单，因为不理解“致礼问候”的真意。不理解，却还要做，而且是每天做，那么只能有一个结果：习惯与麻木。在晨会上，对于那些无精打采的人而言，这种练习只不过是“醒觉”和“醒脑”的工具；对于那些精力充沛的人而言，也仅仅是加油鼓劲的“号子”。总之，无论从哪个角度讲，这里面都没有“顾客”的影子，所谓的“问候顾客”，只不过是挂羊头卖狗肉的自欺欺人而已。

在这种情况下，要求员工掌握正确的问候技巧也确实有些难为他们。因为没有人可以把一件自己不理解的事情或理解不透彻的事情做对、做好。不明白这一点，一切免谈。

所以，要想解决这个问题，只有一个办法，那就是加深员工对两件事情的理解：一个是为什么要问候顾客；另一个是为什么每天都要做一遍这样的练习。

先说第一个问题。

为什么要问候顾客?

简单。因为“问候”是你与顾客接触过程中的第一个接点，也是一切销售行为的起点。它决定了顾客对你的第一印象，并由此对后面的整个商务谈判进程施以重大的，乃至决定性的影响。所谓“万事开头难”“良好的开始是成功的一半”，说的就是这个道理。

现在的问题是，“万事开头难”，这个“开头”，到底要从哪里开始算？这一点，恐怕大多数服务业从业人员都没能弄明白；也恰恰是这一点，决定了服务行业当中太多的酸甜苦辣、是非成败。

显然，这个“开头”，就是“问候”，也只能是“问候”。一切自“问候”二字始。遗憾的是，大多数业内人士好像不这么认为，他们觉得这两个字没有那么重要（尽管嘴上不会这样说）。在潜意识里，他们其实是这么想的—— 就算这个环节没有做好，只要和顾客正式“接上了头”，正式打开话匣子谈生意，挽回局面的机会有的是，且不费吹灰之力。

诚然，“第一印象”不好，依然有机会挽回；甚至完全没有问候环节，“第一印象”也未必会不好。这都是事实。可不知大家想过没有。生意是什么？生意就是机会。机会是什么？机会是一种概率。概率越大，机会越多，反之亦然。得不到的机会，或本来有可能得到却最终失去的机会，我们称之为“机会成本”。这就意味着，“第一印象”不好，也会有无法挽回的可能；问候环节彻底缺失，也有可能极大地拖累“第一印象”。这些都是机会成本，都会压低你成功的概率，拉升你失败的概率。

这就是商业的逻辑。

在商言商，如果你承认机会对于生意的重要性，那么显然，“问候”二字所蕴含的巨大能量和不菲价值，你需要彻头彻尾地重新认知。

其实，话又说回来。如果你能换位思考，站在顾客的角度想一想，这件事一点也不难理解。

事实是，当你的立场改变的瞬间，你的心态和感受就会立刻发生改变，而且还是彻底的、颠覆性的改变：几乎所有你认为不重要的事，所有你觉得顾客不会介意的事，对顾客而言都很重要，他们都很介意。

所谓“细节无小事”，这一点在服务行业当中体现得尤为明显。顾客的任何微小心理感受，都有可能慢慢发芽乃至无限膨胀，最后演变成一种极其剧烈、极为巨大的情感乃至情绪，而这样的情感和情绪直接决定了你的生意是成是败。

总之，一定要明白一个道理，那就是“以己之心度人之腹”是个坏毛病——自己替顾客拿主意，自己决定顾客的心情和感受，然后以此为据，来判断乃至决定自己的所思所想所行。这个毛病不改，你就不可能干好服务这一行。

再说第二个问题。

那么，我们为什么要费那么大劲，日复一日，年复一年，每天都做一遍问候顾客的练习呢？

显然，“鼓劲加油”和“清醒头脑”都是这样做的目的之一。这一点毋庸讳言。不过，这些都不是重点，真正的重点在于，通过这样一个仪式化的练习，我们每一天都要不停地提醒自己，每一天都要反复确认一件事，一件非常重要的事，亦即“我是做什么的，我要做什么，怎样才能做到”。具体地说，我是一个服务业从业人员，我要做生意，要挣钱；而做到这一点，只能通过顾客；只有顾客从我这里得到愉悦的感受，得到美好的第一印象，这一切才有戏；而我现在正在做的“问候练习”则与这一点息息相关。

就是这种逻辑链条，这一系列的因果关系，决定了我们每天晨会上的练习内容。深刻地理解这些逻辑和因果关系，你的声音自然会洪亮起来，你的表情自然会松弛下来，你的脸上也自然会挂满微笑。

就是这样。

那么，如何做才能完美地完成“问候顾客”这一环节呢？

说来简单，只要你能明白一个道理。那就是，你试图问候的对象，是顾客，而不是经理、同事或者空气。

不过，这件事看似简单，做起来却并不容易。

让我们把话从头说起。

假设你来到一家店，比如说某家高档饭店好了。门口站着两位身材高挑、打扮入时的迎宾小姐，冲着你微微鞠躬，对你说声“欢迎光临”！

我们现在假设这样两种情况：

第一种情况：迎宾小姐给了你个正脸儿，她看着你的眼睛，满脸堆笑地对你说“欢迎光临”，然后再微微欠身致意。

第二种情况：迎宾小姐对你说“欢迎光临”的同时欠身致意。由于她说话时低下了头，没有给你正脸儿，你无法确认她的脸上是否有笑容。

试想一下，这两种情况，哪一种给你的感觉更好，哪一种更有可能让你给对方的第一印象加分？

不出意料的话，你的回答将是第一种情况。因为只有第一种情况，让你同时收获了“问候”和“致礼”这两个环节的善意；而第二种情况，无论是“问候”还是“致礼”的效果，都等于在事实上打了个五折，让你的感觉不咸不淡、不痛不痒。

那位说了：你这话也太夸张了吧，哪儿至于啊！谁会计较这些小细节，在这么琐碎的地方花心思呢？！不就是打个招呼嘛，哪有那么复杂，那么严重？！

没错，是这个道理。一般来说，不会有人在这些细枝末节的地方较真儿，换言之，无论你采用上述哪种方式和顾客打招呼，既不会有人跟你说谢谢，也不会有人跟你急。可问题的关键不在这里，“不较真”、“不介意”、不会有任何具体的“反应”乃至“行动”不代表着“没感觉”。而“感觉”这两个字，正如我一再强调的那样，对于服务业而言，绝不是区区小事，而是生死大事。

因此，上述两种不同的“致礼问候”方式，你还真就至于好好研究研究。

我们姑且将第一种方式称为“分离式问候法”，将第二种方式称为“同时问候法”：前者的做法是将“问候”和“致礼”这两个环节分开；后者的做法，则是将这两个环节合并。

显然，在我们所熟悉的服务行业中，更为常见的是后者，而不是前者。说句不负责任的话，即便是前者，许多店（或公司）之所以能够做到，也不是因为真正参透了它的意义，而是凭借着某种下意识。也就是说，它们不是有意识地做到这一点的，而是瞎蒙的。至于瞎蒙的结果，也很明确—— 这些公司的表现时好时坏，业绩时高时低，往往不能持久。归根结底，还是等于没做到，至少也是没做好。

我们可以想象一下“同时问候法”的画面。首先，你在问候顾客的时候，声音是冲着地下去的；其次，你在问候顾客的时候，眼睛没有看着顾客，而是在看着地面。因此，你等于搞错了问候的对象—— 你是在问候地板，而不是问候顾客。不要小看这点区别，它将使你问候顾客的效果大打折扣；当然，同时被打了折扣的，还有顾客对你的第一印象。

遗憾的是，在现实世界中，即使能做到“同时问候”，已然算是不错。更多的案例恐怕是这样的，或者既没有对视和笑容，也没有那微微的一鞠躬，仅仅是一句不冷不热的“你好”或“欢迎光临”；或者是干脆连“你好”和“欢迎光临”也没有，更不要提对视和笑容，仅仅是象征性的微微一鞠躬乃至一点头，这一环节便告彻底结束，甚至都让顾客无法察觉。

当然，顾客被完全无视，进店老半天都没人搭理，被店内服务人员彻底当成空气的情况也比比皆是，至少绝不鲜见。这样的店，则完全是一副“作死”的节奏了，还是趁早关门歇业比较明智。

还有一种情况比较常见。那就是边忙手头的事儿边向顾客打招呼，问候顾客。比如说，眼睛一边盯着电脑或者桌子上的报表、文件一边打招呼；一边低着头打扫卫生，一边跟顾客打招呼；一边接着电话，一边跟顾客打招呼；一边在店内匆匆穿行，一边跟顾客打招呼，等等。这些打招呼的方式也是“同时问候法”的一种变形。这种做法看似两不耽误，其实祸害不小。甚至还不如不打招呼，彻底无视顾客，副作用也许还能小一些。

为什么会这样？

理由很简单：如果你没有看见我，没有意识到我的到来，那么你对我的无视，我还可以谅解（至少我可以做合理假设，认为你不搭理我，是由于埋头工作，注意力过于集中，没有意识到我进来）；但是，如果你明明知道我进来了，明明意识到了我的存在，还用这种敷衍了事的方式应付我的话，那只能说明你太不重视我、太不尊重我了。不夸张地说，你的这种行为对我而言几乎算得上是一种侮辱。

显然，羞辱顾客，不会让你有好果子吃。

可见，“问候”这件事是很严肃的，涉及人的尊严和人格。如果你不想好好做，或没有条件好好做，还不如不做。

那么，在现实世界中，是否存在服务人员或其他工作人员在见到顾客的时候，会忙到连好好打个招呼，好好问候一下顾客都做不到的程度呢？

答案显然是否定的。就像人们无论多忙、多累也能抽出时间吃饭、上厕所甚至滑滑手机一样，无论多忙，手头有多少十万火急的事务需要立刻处理，服务业的从业人员也有能力和条件抽出时间来跟他们的顾客好好打个招呼。这件事也许仅仅需要占用你几秒钟，而这几秒钟不可能耽误你的任何事。更准确地说，这几秒钟非但不会误你的事，相反还会极大地成就你。区区几秒钟便换取这么大的利益，也算得上极高的性价比了。

所以，“实在太忙，所以没时间正儿八经地问候”，其实就是一个蹩脚的借口，真正的原因是—— 你根本就没有理解“问候”的真谛，因此也便无从掌握正确的“问候”技巧。

也许有人会问：听你这么一说，我似乎了解了“分离式问候法”的意义和重要性，可万一我用这种方式问候顾客，顾客缠上了我，开始问东问西怎么办？毕竟我手头有一大堆需要马上处理的公务，根本抽不出身来，一旦让客户黏上，怎么可能不耽误事？

我的回答是：简单。如果是这样，问候完毕之后，礼貌地将实情向顾客和盘托出即可。只要你的态度诚恳、语言礼貌、情感真挚，尤为重要的是，只要你脸上挂着善意的微笑，一般来说，没有哪个顾客会继续为难你。那样做不符合人之常情。

当然，跟顾客解释清楚，不代表把顾客晾到一边。既然你也是公司的一名员工，也是店铺的一员，你就有义务把顾客安顿好。具体地说，你要迅速找到“接盘侠”，亦即其他能够抽出时间的员工接待这位顾客。如果每一个人都忙碌不堪，实在找不到这样的“接盘侠”，你必须这样做：告诉顾客实情，给他倒一杯茶，让他坐下来等一会儿或在店内随便逛逛，并向其保证很快就会有人过来关照，而这件事你会负责到底。而且，重点在于，你要说到做到。手头的事儿一旦告一段落，便要立刻前去看望一下这位顾客。千万不能发生那种顾客被彻底遗忘，苦等数小时也无人搭理的局面。

总之，对于任何你曾认真问候过的客户，你都自然而然地担负了某种责任，因此也必须尽责。这绝对是服务行业的常识。

不仅如此，从顾客的角度来看，这一点也非常重要。

我们可以想象这样一幅画面：

假设你头一次迈进某家店的大门，对于一个完全未知的世界，心中一定会充满不确定感。当然，这种不确定感未必是坏事，它会含有新鲜、刺激、想象、期盼等令人兴奋、愉悦、心跳加快的积极因素，同时也不可避免地会包含某些类似担忧和不安的消极成分。

显然，在你的潜意识里，你一定希望自己好运，能够碰上一堆好人、经历一堆好事、体验一堆好东西，总之，希望自己能够不虚此行，收获满满。

必须强调一点，所有这一切，只会发生在潜意识的世界里，绝不会太突兀，绝不会让你有明显的感觉，却绝对会真实地发生，绝对是真实的存在。如果你是一个顾客，对这一点可以无所谓，可如果你是一个业内人，就必须要清晰地认知这一点，深刻地理解这一点，因为这实在是一件太过重要的事情。要知道，搞服务业的人，必须精通心理学、行为学，不夸张地说，服务业几乎全靠这两门学问撑着了。

回到前面的例子。我们假设，当你迈进这家店的大门后，一个服务人员，我们假设是位帅哥，立马迎上前来，脸上挂满迷人的笑容亲切地问候你，然后礼貌地冲你躬身致意，你一定会对这位帅哥萌发好感，产生良好的第一印象。在一个完全陌生的环境里，这样的好感一定会让你萌生某种依赖心理，本能地想“赖”上这位帅哥，希望他能把你“承包”下来，全权负责你在这家店滞留期间的所有服务。

打一个也许不太恰当的比方。据说所有的小动物都有这样的本能，在它们出生的时候，第一眼看见谁，就会把谁当作妈妈，就会跟着它走，对它产生依赖心理。动物如此，其实人也一样。在一个完全陌生的环境里，第一个看见的人，尤其是看见之后还能留下好印象，萌生好感的人，人们会对他（或她）产生一种莫名的依赖感，希望跟着他（她）走，接受他（她）的安排。

这是动物的本能，也是人的本能。

所以我们才会说，如果你是第一个跟顾客打招呼的人，第一个礼貌地问候了顾客，让对方对你产生了良好第一印象的人，那么你就对这位顾客有了天然的责任，必须负责到底，绝不可半途而废。说句玩笑话，既然你已经“招惹”了他，就必须对他负责，绝不能“始乱终弃”。

那位说了：这不是倒霉催的吗？好心办坏事儿，我招谁惹谁了？早知道这样，还不如从一开始就不理他呢！省得染上一身腥！

这句话说得很精辟，一语道破了许多业内人士的心事。

简而言之，“嫌麻烦”是顾客受冷遇最常见的理由之一。“顾客满意度”这一指标上的所有污点，或多或少都与“嫌麻烦”这三个字有关。

没错，“麻烦”这两个字谁都不喜欢。谁都希望自己的身上能够利利索索、清清爽爽的，没有任何“腥膻”，没有任何麻烦。此乃人之常情，完全可以理解。不过，不知你想过没有，如果把这件事反过来理解，也许情况就会截然不同。一言以蔽之，对服务行业而言，“麻烦”这两个字，非但不是坏事，相反却是大大的好事。理由很简单。归根结底，服务行业售卖的是“心情”。而任何“麻烦”的发生、发展与终结（未必意味着解决）都与“心情”有着莫大的关系，都会使“心情”发生波动乃至产生巨大的震动。对服务业而言，获得一个影响顾客“心情”的机会，是多么的难得！不怕你有心情，有感觉，就怕你没心情，没感觉。搞服务业的人，如果混到让顾客没心情、没感觉的田地，那也就离死不远了。所以，得到一个剧烈影响顾客“心情”的机会，对于搞服务业的人来说，绝对是老天爷开眼，“占了大便宜”，而不可能是“倒了血霉”。正因如此，“麻烦”才是一个好东西，应该得到业内人士的欢迎，而不是反感、不是躲避。当然，这样说并不是鼓励大家主动制造麻烦，并不是鼓吹麻烦越多越好，而是说大家应该正确地认识麻烦，巧妙地利用麻烦，想方设法变废为宝，让“麻烦”为己所用。要知道，中国自古就有“不打不成交”的说法，越是麻烦的事情，只要认真面对，巧妙解决，圆满处理，事过之后人们之间的感情纽带只会更紧密，而不是相反。

这一点，对于服务行业而言，便显得尤为重要。

因此，因为“嫌麻烦”，惧怕顾客“缠”上自己，让自己无法脱身而拒绝与顾客接触的想法，是不折不扣的外行人的想法，是典型的“败家子”的思维方式。如果你有这种想法，还是趁早改行，别再吃服务业这碗饭了。

**小结：生意是什么？生意就是机会。机会是什么？机会是一种概率。概率越大，机会越多，反之亦然。**

## 第二节 如何避免一开始就“自树敌人”

“问候”的关键是“到达”，不是动静的大小。如果无法“到达”，无论你搞出多大的动静来，其效果也只能是一个硕大的零。

现在，让我们抽丝剥茧，一层层解开“分离式问候法”的玄机。

我们会发现，这一问候方式的每一个环节、每一个细节都是有讲究的，可谓“环环相扣”、互为因果，各有各的妙处。

第一，正面问候，把自己的正脸给顾客。

这样一来，你的声音将直奔顾客而去，通透而响亮。你所要表达的信息和情感，也将准确无误地传递给对方，令对方心领神会。

与之相反，“同时问候法”（我们姑且以最典型的“同时问候法”为例）则无法做到这一点。因为你在问候顾客的时候，声音是冲着地面去的，不但声音的通透性会打折扣，信息与情感的传递效果也会打折扣。具体地说，顾客将不会有“这个声音是给我的，这个问候是冲着我来的”的实感，会本能地认为你是在向别人打招呼，与他无关。

这真是一个莫大的讽刺。

我们经常会在各类店铺中听到铺天盖地甚至震耳欲聋的问候声，听到无数个“你好”“欢迎光临”或“谢谢光临”“欢迎下次再来”，却几乎从未真正有过“我正在被问候”的感觉。顶天儿了，我们会觉得这些店挺乱、挺热闹，闹哄哄的好像生意不错，却绝无可能萌发任何“宾至如归”的心情。

这就意味着，即便店员们已经喊破了喉咙，自以为正在卖力地问候顾客，可是这种问候除了加深顾客“乱哄哄”的印象之外，几乎没有收到任何实际效果。可见，问候声铺天盖地、震耳欲聋没有任何意义，扯着脖子一通狂喊也纯属白费力气。“问候”的关键是“到达”，不是动静的大小。如果无法“到达”，无论你搞出多大的动静来，其效果也只能是一个硕大的零。

因此，与其冲着空气漫无目的地喊破喉咙，不如瞄准、锁定一个具体目标，把你的声音、你的信息、你的情感结结实实地传递给他。

这才是问候的真谛和终极目的。

第二，与顾客四目相对。

除非是有意识地无视、故意地冷落，一般情况下，人们会本能地对飘向自己的声音做出反应，本能地将目光投向声音飘来的方向。换言之，只要你的声音确定无疑是奔着顾客去的，顾客一定会本能地将视线投到你的脸上。这个时候，会发生一件事——你们将四目相对。俗话说“眼睛是心灵的窗户”，你与顾客的第一次对视，会对你自己乃至你的公司在“第一印象”上面的得分带来重大影响。如果说“问候”是你与顾客之间的第一个节点，那么“对视”就是“问候”这一环节的第一个节点，其作用绝不可小觑。

与之相反，“同时问候法”则做不到这一点。由于你在问候的同时眼睛看着地面，你将会完美地错过与顾客对视的机会。这会带来什么样的机会成本，前面已经提到过，这里不再赘述。

第三，看着顾客的眼睛，发出迷人的微笑，冲顾客躬身致意。

一旦四目相对，这后面的几个动作也便一气呵成了。不出意料的话，十有八九你会得到顾客的回报—— 他们也会向你微笑，点头示意，甚至会回应你的问候，反过来问候你。

这些反馈，也可以说是顾客的一种本能反应。前提是你的动作必须要绝对做到位，不能走样。换言之，你如何对顾客，决定了顾客如何对你。明白这一点很重要，有利于你“向内看”，把注意力集中到自己身上，冲自己使劲儿，而不是动不动就抱怨顾客，向顾客撒气。

其实，顾客是很可爱的，也很容易满足，很容易搞定，远没你想的那么难伺候。归根结底，他们要的无非是尊重、重视、面子这些东西，换言之，无非是个好心情而已。只要你给他们一句好听的话、一张好看的脸、一个好意的笑，他们的心就会立马化掉。所以，还是那句话，问题的关键不在顾客，还是在你自己。看你能不能越过自己心中那道坎，克服自己心中那些无形的障碍。

第四，躬身致意完毕，抬起头再一次与顾客对视。

这是又一个机会，要尽量把握住。争取锦上添花的效果。

第五，走向顾客，询问来意。

由于有了前面的铺垫，这样的接触，也便成了水到渠成的事情。顾客不会有突兀之感，你的感觉也会非常舒服。有了这样的开头，下面的商务谈判也便一马平川了。

特别需要强调的一点是，不要认为“问候顾客”是一件随时都能做的事情，也不要觉得只要足够热情、足够真挚、足够礼貌，声音足够响亮、笑容足够迷人，顾客就一定会买你的账，事情远没有那么简单。

这里面有一个“时机”的问题。

我们都有过这样的经验。当我们进入一家店，已经开始认真地挑选商品的时候，如果旁边忽然有一个声音插进来问候我们，常常会使我们感到很突然，很不舒服。当然，这种不快感我们不会在口头上表现出来，但心理上的阴影一定会留下。因此，一般情况下，我们会随意应付一下这个问候，然后选择尽快离开。也就是说，逃离，而不是走向这个问候的声音。

这实在是个莫大的讽刺。工作人员问候顾客，本意是想“迎客”，却在事实上起了“逐客”的反作用。这到哪儿说理去啊！真是比窦娥还冤！

所以，“问候”的时机很重要。最好的时机，就是顾客进门的瞬间，一旦错过这个时机，事情就不太好办了。

那么，万一你就是不走运，由于种种原因错过了最佳时机，应该怎么办呢?

这就要看顾客的状态了。一般情况下，如果顾客已经处于某种专注状态，比如说已经在仔细地观看商品，或者正在认真地思考着什么，与身边的朋友交谈着什么，你不要贸然上前，这种时候任何的善意都是粗暴的打扰，都是不被欢迎的恶意，有百害而无一利。你唯一需要做的事情，就是远远地盯住顾客，用视线跟踪顾客，仔细观察他（们）的一举一动，认真寻找并迅速捕捉与顾客接触的任何契机。

举个例子。如果顾客的某种专注状态持续一段时间之后，忽然终止，然后顾客开始左顾右盼、东张西望，好像在寻找着什么，这就说明他们遇到了某些问题，需要有人过来帮帮自己，这个时候，你就可以大方地走向前去，向顾客致以真诚的问候，并顺势询问顾客的具体需求了。

事实上，这个做法许多人都明白，在实际工作中也能够用得上。只不过，他们之所以能够做到这一点，往往是由于工作经验使然，抑或仅仅是凭借现场的直觉做的判断，而不是因为彻底参透了个中的道理。道理不明白，行动就会掉链子，就会缺乏可持续性。这也是为什么那种自以为是、莽撞无谓的“问候”在现实世界中屡见不鲜的原因。

所以，无论如何要把道理弄明白，再付诸行动。这才是真正事半功倍、一劳永逸的做法。

接下来，再和大家探讨一下与“致礼问候”有关的一些细节。

其一，与问候的“公开性”相比，问候的“私密性”更有利于给顾客留下深刻印象。

前面说到，在问候顾客的时候，不把自己的正脸给顾客没有意义，一群人冲着空气乱喊一通也没有意义，只有面对顾客，一个一个地问候才有意义。因为只有这样做，你才能给顾客留下“这个人的问候是给我一个人的，针对的是我一个人”的印象，也唯因如此，你的问候以及你这个人本身也才能给顾客留下扎扎实实的印象。因此，那种顾客走进店门后，一群人冲着他打招呼的做法未必是好办法，反而会流于形式，不会给顾客留下什么感觉和印象，相反有可能成为一种噪音，引起顾客的不适和反感。一定要记住，“问候”在某种意义上是一件特别私人的事情，一定要通过“一对一”的方式解决，不适合采用“多对一”的方式。因为顾客到你的店里来，有百分之九十九的可能是为了办“私事”，不是为了办“公事”。他们不喜欢大张旗鼓，更适应私密一些的方式，这样才能让他们更舒适、更自在。当然，如果是办公事，情况则另当别论。比如上级领导到店里视察或老师给学生上课、部队首长阅兵等，这些场合的问候必须“多对一”，要精神抖擞，扯着脖子喊，甚至喊声震耳欲聋才有那个派，那个范儿，但是，这样的手法用在顾客身上就未必灵，闹不好还会吓着顾客，至少会让顾客觉得吵得慌、闹得慌，实在难称上策。

总之，“全体员工列队欢迎”的问候方式未必总能赢得顾客的心，相反有可能招致顾客反感，不值得提倡。不仅顾客反感，员工其实也不情愿，心怀抵制情绪，最后搞得场面尴尬，极不自然，可谓“一举双失”、事倍功半。所以，“门迎”环节两个人足够，一个人更佳。人越少越好，越少越能确保“私密性”，越能给顾客留下深刻印象。对“人”留下印象，也就等于对“店”留下了印象。这才是“事半功倍”的做法。

有时想起来实在难免感慨。在现实生活中，许多服务行业的店铺总是容易走极端，非黑即白，没有中间。不是对顾客完全置之不理，就是恨不得动员全体员工都站在店门口欢迎顾客，直把顾客搞得一头雾水、懵懵懂懂、七荤八素。这样的干法，不活活吓死几个算顾客命大。

所以，服务品质不是靠搞突击活动获得的，这种事儿急不得，需要极大的耐心，需要细水长流。平时不下功夫，急了眼就搞运动，这不是做服务业应有的姿态。

一定要记住，基本功是在日常工作中打下的，临阵抱佛脚没有任何意义。

其二，“展示士气”不等于“问候”。

那位说了：我能理解问候具有“私密性”这一点，也能理解这种私密性对于给顾客留下良好的第一印象所具有的影响力，可现在的问题是，如果进店的顾客很少，这种“一对一”的问候实现起来不成问题，可如果顾客很多，同时进店、鱼贯而入，这种私密性的确保也便毫无意义。因为你根本就不可能做到！许多店家之所以会“全体员工一字排开欢迎顾客”，之所以会“冲着空气一通狂喊”就是因为这个。其实他们这么做基本上也就是在上午开店的时候，因为那个时候进店的人多，大家蜂拥而入，哪会给你“私密问候”的机会！这种情况下，不“一字排开，冲着空气喊”，你还能怎么办？

诚然，这样的说法有其一定的道理。不过，也存在着一个小小的概念误区。开店时的“列队欢迎”，从某种意义上讲，并不能起到“问候”的作用。顶天儿了，是一种士气的展示。让顾客见识一下自己的店是如何的“兵强马壮”，迫使其产生“来我这儿，算您来着了！”的印象。

仅此而已。

重复一遍，“问候”是一件私密的事儿，除非你是部队领导或学校老师，而且你到某个地方去是为了办公事儿，这种情况下，“多对一”的问候是有效的，会让你产生一种“这个问候与我有关，是冲着我来的”的感觉，否则，在私人场合遇到“多对一”的问候，你一定不会有什么“被问候”的实感，更多的感觉一定是“与我无关”、无动于衷。当然，如果你是一位名人，情况另当别论。不过，如果是那样的话，其实你出现在任何公共场合，都已经失去了“私密”的意义，已经成为某种“公众事件”了。这种情况显然不在我们的讨论范围之内。

当然，这不是说“多对一”的问候绝对不可以有，“士气的展示”绝对是必要的，只不过，不能把“展示士气”与“问候顾客”相提并论。这是两码事，不能混为一谈。打一个也许不太恰当的比方，前者有向顾客“示威”，至少是“示强”的意思，是在顾客面前“抖威风”的做法，几乎没有向顾客表达私人敬意的成分。即便有，这种成分也微乎其微，可以忽略不计；而后者则不同，后者没有那么高亢激昂，咄咄逼人，而是平和的、温馨的、私密的，是纯粹的私人敬意的表达。显然，“士气的展示”可以有，但不宜多、更不宜滥；而“私人的敬意”则必须有，而且还要多，甚至滥一些也无所谓。常言道“礼多人不怪”，顾客不会对“敬意泛滥”产生明显的反感，却一定会对“示强（展示士气）的泛滥”产生明显不适。

许多店家往往最容易搞混这两点，他们平常很少问候顾客，很少向顾客展示私人的敬意，甚至完全不做这样的敬意展示，他们喜欢霸王硬上弓，一上来就“示强”，就是咄咄逼人，而且以此为傲，一厢情愿地认为顾客会对这种“示强”行为无条件买单。这真是一种黑白颠倒，是非不分的认知方式，实在令人遗憾。

就拿那些上午开店时“全体员工一字排开欢迎顾客”的店家来说，它们中的许多店在一整天中基本上问候顾客也就这一次，列队欢迎的员工一旦解散，店门口便再也见不到一个“门迎”，一整天的时间都不会再有人搭理进店的顾客。这样的“问候”，着实让人无语。骗别人姑且不论，骗自己到底是为哪般呢？实在是想破脑袋也想不明白。

其三，如何确保问候时把自己的正脸给顾客？

不过，必须承认一个问题，一个很现实的问题。那就是当顾客比较多，“门迎”比较少时，不容易确保问候的私密性。这个问题又应该如何解决呢？

简单，尽量确保把自己的正脸给顾客，就能相对容易地做到这一点。

正脸给顾客，声音也会直接奔向顾客，顾客也便自然而然地认为这张脸和这个声音是“冲着自己来的”，这就等于在事实上做到了“一对一”。

那么，下面的问题就是，人少的时候做到这一点很容易，人多的时候又应该如何做到这一点呢？

告诉大家一个小窍门。

你的面部要冲着外面，而不能冲着里面。

在顾客蜂拥而入的时候，“门迎”最容易犯的一个错误，就是面部冲里，几乎都是冲着顾客的侧脸打招呼，这样的问候没有任何意义。本来进店的顾客就很多，你又向着人家的侧脸打招呼，声音直奔人家的侧脸而去，如何能让顾客产生“这个声音只为我一个人而来”的感觉？这样的招呼，打了也白打，完全是冲空气去的，纯属白费功夫。因此，为了避免这种局面，减少这样的尴尬，唯一的办法就是坚持将你的正脸冲着外面，冲着顾客过来的方向。只要你这样做，无论进来多少顾客，他们都会产生你的问候只属于他们一个人的感觉，至少产生这种感觉的概率极大，远比向顾客的侧脸狂呼滥叫的概率大得多。

这个办法看似简单，做起来却不易。当顾客鱼贯而入的时候，“门迎”的脸会很自然地扭过来，不自觉地面向顾客的侧脸。这就需要“门迎”有一定的定力，要管得住自己。已经走过去的顾客，不要管他，因为管他也没用，你的问候已经不起作用了。要坚持将自己的正脸冲着那些还没有走过来的顾客，能多问候一个是一个，起码，那将是一个个货真价实的问候。

其四，给问候语加点“料”。

一般的店家问候语，都显得过于单调，基本上就是“欢迎光临”，顶多再加个“请多多关照”，千篇一律，缺乏变化。

这样的问候，往好听里说，叫作“规范化”；往难听里说，叫作“缺乏诚意”。由于顾客走到哪里都能听得到，天长日久，就会变成程式化的东西，纯属例行公事，顾客听多了也就没有感觉了，极难给他们留下印象，更不用说深刻印象了。

所以，我们要改变这种做法，想方设法给问候语加点料，让问候变得更人性化一些，更私人化一些，更有针对性一些。充分激发问候应有的活力和效用。一句话，我们要为不同的顾客，“私人定制”个性化的问候语。

有人也许会说：问候就是一瞬间的事儿，有必要搞得这么复杂吗？等顾客进店之后，有的是为其提供“私人定制”服务的时间和空间，有必要在顾客还没跨进店门的时候就动这方面的心思吗？

答案是“有必要”。我在前面已经说过，“致礼问候”是服务业一切流程的开始，有了好的开始，整个服务流程也便成功了一半。其意义不可小觑。当然，时间短暂是个问题，这就要求“加料内容”不宜过长、过多，同时必须分量够重、诚意够足，以便在极短的时间里，也能充分打动顾客，给顾客留下深刻印象。

这样的加料操作，分“生客”（散客）与“熟客”（常连客、老客、回头客）两种不同的类型。

先说生客。

由于不熟悉，可以针对顾客的“外在表现”加料。基本逻辑是，通过说讨喜的话，祝福的话和顾客套近乎，以博取顾客的好感，加深顾客的印象。

举几个例子。

“二位（帅哥美女）真是般配！”——当你看到手挽手进店的情人。

“这个小宝贝实在是太可爱了！”——当你看到带小孩进店的家族。

“嗬，帅哥真精神！”—— 当你见到一位单独进店的男士。

“喔，美女真时尚！”—— 当你见到一位单独进店的女士。

诸如此类。

不要怕“套近乎”的举动会引发顾客反感。还是那句话，“礼多人不怪”，没人不喜欢听好听的，不喜欢听祝福的话、奉承的话。

退一万步讲，即便有个别人会反感，认为你的这一举动显得过分亲密，侵犯了他的“私人舒适空间”，这种情况也将是绝对的小概率事件。以小概率搏大概率，算得上是一笔好买卖。更何况，前面也提到过，这种初次见面的致意问候，也就是几秒钟的时间，一两句话的事情，你不可能在这种事情上过于磨叽，过于露骨，过分挑战对方的底线，因此，即便有顾客不感冒，不买你的账，这种情绪也将非常有限，完全在可控范围之内。

不过，即便如此，还是有几个要点需要注意：

第一，一定要由衷，有诚意，不能敷衍。

否则你的加料行为有可能适得其反，甚至会激怒对方。

不过，一般来说，这种事情发生的概率并不大，至少给顾客留下这样的印象并不容易。道理很简单，只要你能说出顾客身上的某个或某些具体特点（当然，前提是这些特点一定要说得很准确，不能信口胡说），比如说“孩子很可爱”“气质很高雅”“穿着很时尚”“小两口很般配”等，由于这些特征只属于被称赞的对象，而且内容属实，因此客户不太容易产生“这个人在说瞎话，在敷衍我，因此是在侮辱我”的感觉。

第二，一定要察言观色，判断准确。

察言观色很重要。只有学会察言观色，才能做出准确的判断；只有判断准确，加料才会有作用，否则也会适得其反，甚至得罪顾客。

举个例子。

比如一个妙龄少女挽着一个中老年男人的胳膊进来，你夸他们“很般配”就有可能是“作死的举动”。同理，冲着那个老男人说“您女儿真漂亮！”也可能是死路一条。因此，在无法确认进店顾客彼此之间的关系之前，尤其是这种相互关系有可能比较敏感的时候，一定要竭力避免加料内容牵扯到顾客之间的关系。

这种时候，你可以任选一位顾客下手，比如说，只夸那位少女“很漂亮，气质高雅”；或者只夸那位男士“很有派头，风度翩翩”就可以了。这样做，既能达到讨喜的效果，也没有捅娄子的风险，可谓万无一失。

这样的例子还有很多。

比如说，明明一个女孩长得很丑，气质也不怎么样，你却偏要夸她“漂亮”“有气质”，不会有好果子吃；

明明对方是一个胖子或秃子，你非要说他“帅气逼人”，张口闭口就叫“帅哥”也有些牵强。

这种时候，你可以随机应变，及时调整。比如，如果某位女士长得不好看，穿着却不错，可以夸她很时尚，着装品位很好；如果一对情侣显得不那么般配，可以夸他们“二位（或先生小姐）真是一脸福相！”等。

总之，一求保险，二求变通。天底下没有浑身毛病，一点长处都没有的人；正如天下没有浑身优点，一点毛病都没有的人一样。只要你切实做到认真观察、迅速决策、充满诚意，下手稳、准、狠，这个“料”，你就一定能加得得心应手、恰到好处。

当然，千万别忘了那条永恒不变的铁则，微笑，一定要微笑。每天都要成千上万遍地提醒自己这个词汇，一定会有好事发生。

第三，没有必要全覆盖。

虽说“加料”的对象要尽可能多一些，却没有必要全覆盖，即便有个别客户错过也没关系。如果是老客户，他们已经习惯了店里的风格，不会太介意；如果是新客户，他们会觉得被你打招呼（当然是加过料的“招呼”）的那些人都是老客户、都是你的熟人（其实未必有多熟，顶多是一面之交，甚至完全是头回见面），会产生一种“这家店的生意还挺兴旺，这么多回头客！”的感觉（其实是错觉）。这种情况对你们的店来说绝对是好事，是加分，等于无形中给你们店做了广告，拉升了店面形象，有利于把这些新客和散客也变成回头客和常连客。

当然，前提是后面的服务也要跟上，不能掉链子，否则前面的一切努力都会付诸东流。不过，一般来说，能把“打招呼”这样一个小细节都做到如此极致的店，整体服务素质也差不到哪里去。这就是“魔鬼藏在细节里”的道理。

说完了生客，再来说熟客。

这里面的操作空间可就更大了。

与生客不同，既然你们之间的关系已经很熟悉，那么除了夸赞他们的“外在表现”之外，还可以加入许多“内在内容”，亦即只有你们之间才知道的内容，这样的内容，非常有利于你们的关系进一步靠近，进一步增加顾客对你们店以及你这个人的信赖感、忠诚度和“使用黏性”。

举个例子。

你可以夸一位女士“今天发型不错，比上次还要时尚”！—— 这是一箭双雕的做法，同时兼备了“外在”和“内在”两方面的因素。对顾客而言，一来自己的外表被夸赞，会心情舒畅；二来对方居然记得自己上一次是什么发型，说明对方很看重自己，很在意自己，会有一种莫名的感动。毫无疑问，这是大大的加分表现。

这样的例子还有很多。

比如说，当你见到一位男士独自进店，你可以这样对他说：“今天一个人？您夫人和孩子没一起来？”—— 记得顾客上次来店时的状态。加分。

见到一位女士独自来店：“您有一段时间没过来了，是出差了吗？”—— 既记住了顾客的状态，又表现出对顾客的关心。加分。

“您的身体好点了吗？上次您来的时候好像胃不太舒服，我记得您说过好像有些胃溃疡！”—— 问候做到这个份上，顾客得到的除了感动之外，还会有一份惊喜，甚至是受宠若惊的感觉。加分。

“呵呵，今天您带了四位朋友来，比上次还要多两位，多谢您关照我们的生意呀！”—— 既知恩图报，又巧妙地施压对方“继续关照生意”。加分。

当然，如果时间比较紧张，加不了那么些料，也可以把重点置于夸赞对方的“外在表现”上面，比如说夸外形，夸穿着或夸精神状态，等等。这方面的具体做法以及需要注意的事项，在“生客”环节已经介绍过，这里不再赘述。

顺便说一句，进门后的问候和进门前的问候，绝对是两码事，不可混为一谈。顾客进门之后，除非有明示或较明显的暗示，不要过分接近顾客，再三询问顾客有什么需求，或再三向顾客做出这样或那样的提案。这些作为很有可能画蛇添足，甚至成为一种骚扰，平添顾客的反感。这方面的话题，前面也曾提到过，这里便一带而过了。

总之，得来不易、稍纵即逝的问候机会，千万要格外珍惜，断断不能靠公式化的三言两语稀里糊涂地打发过去。我一再强调，服务行业没什么窍门，大家的做法总体来说都差不多，可之所以经营业绩有天壤之别，最关键的要素只能有一个，那就是“加减法”。说白了，服务行业拼到最后，拼的都是“加减法”。只要你持之以恒，不放过任何机会，尽可能地多做一些加法，笑到最后的那个人就一定会是你。

**小结：你如何对顾客，决定了顾客如何对你。**

第六章

# 优秀的团队往往“有迹可循”——把握程序

这是发生在上周日的事情。

我和老婆孩子逛商场，兴之所至决定看场电影，于是在该商场的六楼影城选择了一部热映中的迪士尼动画片，买了三张影票。由于距开映时间还早，我们决定继续四处逛逛，等时间快到了再过来。

可是，那天运气不好，当我们在电影放映前试图进场时，发现丢了一张票。

我赶忙向负责检票的女工作人员说明了情况，希望得到她的协助，而得到的则是这个女孩礼貌却冷淡的回复："不好意思先生，我们这里购票不是实名制，因此无法为你（免费）补票。如果您确实丢失了，只能再补买一张。"

我赶忙回道："我知道，你误会我的意思了。我不是说让你给我补票，而是希望你能帮我查一查，比如说问问你们影城的前台，看看是否有人捡到了我的票。"

"这样做恐怕意义不大吧？"女孩的态度依然礼貌而冷淡，"商场这么大，有这么多楼层和商业设施，谁知道您把票丢在哪里了？单问我们影城的前台有什么意义？"

坦白说，我不能说这个女孩的话没有道理，但她的这种推卸态度让我很不悦。于是再一次向她提出我的恳求，或者说要求："你说得对，我的票未必丢在你们这儿，没准儿丢哪儿了。但总不妨碍你打个电话帮我问问吧？万一丢在你们这儿了呢？这种可能性你总不能彻底否认吧？再说了，给前台打一个电话能耽误你多长时间？不就是件举手之劳的事儿吗？"

由于这家影城规模极大，我们所在的放映厅距离前台至少有两百米的距离，而且还要拐好几道弯儿，再加上开映时间马上就要到了，所以我还是执意要求她替我打个电话，想碰碰运气。

"不好意思，我这里没有业务电话（机），只有私人手机。"

又是一个礼貌而冷淡的回复。

"没关系，你用我的！"我的不悦感更深了，固执地将自己的手机塞进她手里。

女孩思忖片刻，带着一脸的不情愿拨通了一个号码。

老天有眼，我的运气不错。影城的前台还真有一张被送来的遗失影票，说是一个在餐厅用餐的客人捡到的。

女孩在电话中核对了这张影票的座位号，确认这张被捡到的影票正是我们丢失的那张（因为我们买的三张票座位是连在一起的），然后把手机还给我，对我说：“既然找到了票，你们可以进去了。我说的吧，这张票不是在我们影城丢的，是在一家餐厅的地上找到的！”

她刻意强调“丢失地点”的举动，显然有两个目的。第一，为了证明她所言不虚；第二，为了证明这件事的责任应该由我自己来负，与她无关。

坦白说，她的这两个动机都没有什么问题。可我的心里却像吃了苍蝇一样，要多别扭有多别扭，要多恶心有多恶心。

照理说，奇迹般地迅速摆平这件事是我的幸运（我的心里其实已经做好了补买一张票的准备—— 正如这个女孩所说，在这么大一家商场、这么多的商业设施、这么熙熙攘攘、密密麻麻的人群中寻找一枚小小的电影票，无异于大海捞针，成功找到的概率无限接近于零。所以，从一开始我便没抱多大希望，不指望奇迹的发生，而奇迹竟然就真的发生了），我应该感到高兴才对，可是，这个女孩的区区几句话，尤其是最后刻意确定“出事地点”的举动，极大地败坏了我的好心情。以至于整场电影看下来，我几乎都没有弄明白电影里到底演了点什么。

这个案例虽小，却很经典。对所有服务行业从业人员都具有极大的启发意义。

顾客难伺候。没错，这是事实。很多时候，顾客都会显得不可理喻、不近人情。他们会无理取闹、任性妄为，肆无忌惮地折腾你、折磨你，令你头痛不已、身心俱疲。总之，那是一种遭遇“恶魔”般的感觉，令人深恶痛绝，甚至心生恐惧。

顾客好伺候。没错，这也是事实。很多时候，顾客会显得善解人意、通情达理。他们会主动为你排忧解难，甚至会主动帮你推卸责任，想尽一切办法让你轻松一些、舒服一些、好过一些，表现得就像一位“天使”。

极具戏剧性的是，“恶魔”与“天使”往往会同时出现在一个顾客身上，甚至在同一个场景中轮次出现，自由转换，令人咋舌不已。

不过，这两种情况看似极端，看似互相矛盾，其实最基本的逻辑却一脉相通。

还是那句话，对顾客而言，重要的不是“道理”，而是“感受”；不是“正确”与否，而是“愉悦”与否；不是“结果”如何，而是“态度”如何。

这就意味着，即便你掌握着“道理”，做了“正确”的事，也为顾客争取到最好的“结果”，只要你的态度不端，行为不正，你也极有可能破坏顾客的“感受”，挫伤顾客的“愉悦”，反转最终的“结果”。因此，你将面对这样一种尴尬的局面，亦即赢了战役，却输了战争；赢了道理，却输了人心；赢了面子，却输了里子（人民币）；赢了结果，却输了态度。

归根结底，你是输家，而不是赢家。因为你赢得的，是对你而言最不重要的东西；输掉的，却是对你而言最重要的东西。

是为“顾客很难”。

同样的道理，把这个逻辑反过来说也成立：即便你不得理不饶人，不刻意强调自己的正确性，也没有为顾客争取到最好的结果，只要你拥有良好而端正的态度，采取妥当而及时的行动，你也很有可能赢得顾客的感受、愉悦顾客的心情，从而反转最终的结果，彻底赢得这个顾客。

换言之，你会输了战役，却赢了战争；输了道理，却赢了人心；输了面子，却赢了里子；输了结果，却赢了态度。

最终，你会是真正的赢家，而不是输家。因为你输掉的，是对你而言最不重要的东西；赢得的，却是对你而言最重要的东西。

所谓“态度决定一切”“心情决定一切”，一定要记住，顾客真正介意的，是你的“态度”和他自己的“心情”，而不是你为他争取到的“结果”。

这一点，对服务行业而言尤为重要。

是为“顾客很简单”。

显然，顾客的“难”与“简单”，“难伺候”与“好伺候”，全在你的一念之间。决定这种事的主导权在你自己手里，与顾客无关。

## 第一节 程序即正义：“先苦后甜”才能“一马平川”

“流程”之所以重要，不仅仅是因为“效率”问题，也因为它与顾客的“感受”直接相关。

去年春节长假期间，我们一家五口开车去南方自驾游。旅途中遇到这样一件事。

在一座举世闻名的旅游名城，我们发现，找个地方吃午餐成了一个大问题。

在一个繁华的商业区，尽管饭店林立，可我们费了九牛二虎之力，折腾了一个多小时也没能找到停车位，于是只好将车开进一个商业区边儿上的小胡同，在一个逼仄的角落找到一家饭店，勉强停好了车。

这家饭店坐落在一个朴素的院落里，从外观看还不错：两层楼，空间不小、装潢也算精致。

迈步走进这家店，里面是一派热腾腾、忙慌慌、乱哄哄的场面。客人极多，一楼已经满员，只有二楼还有一些空位。我们便拾级而上，来到二楼，找了一张空桌，坐下、点餐。

点好餐，四处寻望，却不见服务员的踪影。难怪，春节期间，客人多、人手少，没人上前招呼自己也能理解。于是，我只好起身，拿着点菜单亲自去找服务员。从楼上追到楼下，又从楼下追到楼上，追了几个回合，我终于递出了这份菜单，于是又重新回到桌旁，坐下、等待。

这一等，就是溜溜的一个小时！我们始终没能等来自己的午饭，哪怕是一道菜，一碗汤！实在等得不耐烦，我们数次动了“换家店”的念头，可是转念一想，现在是春节，哪里都应该差不多，即便换别家情况也不会好到哪里去。再者，一想到“停车”这个大难题就立刻头大，所以彼此商量了一阵，还是决定留下来，不动窝了。起码，能等到一口热乎饭吃，这就足够了。

不知等了多久，终于等来了饭菜。可我们非但没有任何兴奋的感觉，反而头更大了。我们发现，服务员送来的菜里，几乎有一半都不是我们点的；而且，几乎所有的饭菜都没有多少热乎气，有两盘菜甚至冰凉；不只如此，菜里和汤里居然还有沙子，吃口菜喝口汤能牙碜半天！

我们立刻提出交涉。服务员承认自己忙乱之下搞错了，把别的桌点的菜送到了我们这儿，而且承诺将冰凉的饭菜收回，重新热一下再给我们送过来。可是，当她再次回来时，拿来的菜里依然有别桌的菜，于是再道歉，再端走，再调换……，当然，每一次调换，都意味着新的等待、新的追逐、新的交涉、新的混乱。无奈之下，我们只好随意扒拉了两口冰冷的米饭，吃了几片牙碜的菜叶子，喝了两口同样牙碜的汤，然后起身下楼，来到前台结账。

眼前的一幕再次震撼了我们：款台居然没 —— 有—— 人！

足足等了近二十分钟，依然没有等来工作人员。结账的顾客开始纷纷离开，我们也憋了一肚子气，索性扭头便走，离开了那家饭店。

这是我生平第一次吃“霸王餐”，如果那顿饭称得上是“霸王餐”的话。

最后，我们一家人驾车回到宾馆，随便泡了几碗方便面了事。

这件事留给我极为深刻的印象，也引发了我的许多思考。

我认为，这家店的问题，可以归纳为两点：第一，人手太少。第二，流程太乱。

如果人手太少、客人太多，员工应付不来，唯一的解决办法就是减少客人，甚至闭门谢客也行。这样做，钱虽然少挣一些，可起码不会砸了招牌。

当然，老板的想法也许不一样。春节期间的饭菜可以卖出高价甚至天价，利润极为可观；再加上春节期间外地客多，即便得罪了客人也没关系，反正你吃完饭后拍屁股走人，从此之后咱们谁也不认识谁。换言之，宰一个算一个，宰一个赚一个。

这种心态，在今天中国的旅游区餐饮业，甚至旅游区的其他服务业中，不可谓不普遍，不可谓不典型。

不过，不知这些老板想过没有。如果他们换一种思维和行为方式，把哪怕外地客或过路客都伺候好，让这些顾客也能获得满意的服务，也能享受愉悦的心理体验，也许他们未必挣不到钱，甚至能挣更多的钱呢？

同样是挣钱，到底用哪种方式更好，更可持续呢？

我们知道，在今天的中国，旅游已经成为家常便饭、日常消费品，而不再是可望而不可即的奢侈品。这就意味着，对旅游区的餐饮业而言，口碑效应常常会比非旅游区的餐饮业还要明显，还要厉害。如果旅游区的每家饭店都不爱惜自己的羽毛，不在乎自己的声誉，其实最后受害的还是自己，是“景区餐饮业”这个大品牌。现如今，“景点饭店”“假期饭店”在游客心中几乎已经成了“宰客”“受虐”的代名词，许多游客来到景区，无论店家如何百般劝诱，就是不愿意进饭店用餐，宁可吃自己带来的方便面或其他自制食物，就是一个明证，足以给景区餐饮业以及其他服务业敲响警钟。

说句题外话，之所以有许多海外的中国游客，把自己喜欢吃自带食品以及超市购买食品的习惯带到了国外，而不愿到当地饭店就餐，至少有部分原因要归咎于国内的景区餐饮业。正是因为在国内的不愉快体验太多，许多游客已经失去了对“景区餐饮业”这一品牌的整体信心，产生了本能的提防心理，所以才会给国外的餐饮业带去许多困扰。因此，推己及彼，如果想要提升海外国人的素质，首先要练好我们自己的内功，练好自己家里的内功。毕竟家里什么样，走出家门也会是什么样。不可能家里家外判若两人。这个道理，走遍天下都说得通。

总之，顾客不可欺。即便你不能把他们当上帝，最低限度，你也不可以把他们当傻瓜，当冤大头。否则，最后倒霉的一定是你自己。

再把话说回那家南方城市的饭店。

其实，在当时的情况下，老板完全可以这样做：不用二楼，只用一楼营业即可。

这样一来，既能挣到钱，也能确保最起码的服务品质。

当然，春节长假一年只有一次，是难得的挣钱的好机会，既然开门营业，就要尽可能赚他个盆满钵满—— 有这种想法，也是人之常情，无可非议。

那么，如何才能在人手缺、顾客多、情况复杂的情况下，做到既能扎扎实实地赚到钱，又能确保最起码的服务品质呢?

简单。只要你切实做到一件事就行，那就是“确保服务流程完美无缺，得到最严格的执行”。

要知道，在服务行业，“程序即正义”是一个铁则。流程的确保无比的重要。完美而严格地执行流程，对服务业而言既是最高境界，也是最低要求；既是撒手锏，也是基本功。

就拿那家南方城市的饭店而言。人手少、顾客多固然是一个理由，不过这个理由却未必是决定性的，至少未必是唯一具有决定性的理由。我们可以设想一下，只要服务人员在顾客点菜时稍微认真一点，仔细确认一遍菜单，当然，是当着顾客的面这样做，那么，至少“弄错菜品”（更不用说一再弄错菜品）这种低级失误完全可以做到百分之百的避免；同理，厨房里的厨子只要稍微按照流程办事，冰冷的饭菜以及饭菜中的泥沙，这些细节上的问题，至少可以减少八九成；最后，只要传菜流程稍微得到遵守，现场绝无可能如此混乱不堪。

可见，只要上述每一个环节都能够严格按照流程来，即便人手少一些，顾客多一些，做到最起码的应付应该是没有问题的，至少局面不会恶劣到那种程度。

遗憾的是，在那家店，所有这些环节几乎都不同程度地存在问题，都没有得到严格的执行，甚至是最起码的执行。

比如说，由于点菜环节的疏忽，没有当着顾客的面确认菜单，导致一再送错菜品，一再把相同的程序打回重来，这就极大地耽误了服务人员的时间和精力，极大地影响了他们的工作效率。本来人就不够使，又一再犯错，人就更不够使了。这就推倒了第一块多米诺骨牌，造成后面流程的一连串故障—— 人手不够用，传菜程序便会乱掉；传菜程序乱掉，就会引发更多失误和顾客的投诉；处理投诉，纠正失误，会占用更多的人手和时间，人手就会更不够用；人手更不够用，传菜程序就会更乱，失误和投诉就会更多……这就是一个典型的恶性循环。一来二去，整个店必然会乱成一锅粥。到最后，连款台收银员都要亲自上阵，或者充当跑堂店小二帮忙传菜，或者处理一大堆餐单和款项不匹配的矛盾，帮助服务员解决这样那样的客户投诉……到头来，最最重要的收银环节却被抛在一边，忙活半天也等于白忙活。

有人也许会说：当时的场面那么混乱，情况那么复杂，你知道会发生什么事儿，碰到什么人，遇到什么意外情况？你就敢保证所有的事情都能处理得井井有条？按流程办事，废话，我能不知道这个？！可问题是当你置身那样一种环境的时候，你想按流程办事都办不到！说风凉话谁不会？有本事你自己试试！真是站着说话不腰疼！

必须承认，这样的质疑有一定道理。当人身处一种混乱复杂的环境时，确实有可能产生“身不由己”的感觉，会觉得有些事情自己无法控制。此乃人之常情，本身没有问题。不过，也正因如此，你才更加需要把自己能够做好的事情做好，能够控制的局面控制住。只要你这样做了，复杂的局面就会相对变简单，混乱的场面也会相对恢复秩序。从本质上讲，这也是一种多米诺骨牌效应。"把自己分内的事情，能够控制的事情做到极致"是第一张牌，推倒这张牌，那些"自己无法控制的事情"也会逐渐变得可控，"自己无法做好的事情"也会慢慢变得可以做好，一来二去，局面就会慢慢明朗、慢慢清晰、慢慢步入轨道。这就是典型的良性循环。

因此，归根结底还是那句话，对服务行业而言，程序即正义。只要你严格执行程序，总会有好事发生。

举一个我在日本亲身经历过的案例。

那是 1990 年的春天，我和当时的老板去日本出差谈一个项目。

某天中午，我们慕名来到位于东京繁华区的一家粤菜馆用餐。

这也是一家两层楼结构，装潢精美，具有中国古典建筑风格的店。专做传统的广式"茶点"生意。我们知道，广东人的"茶"或"点心"这些概念与北方不同，就是各种各样的餐点（正餐），比如说广式的包子、烧麦、馄饨，种类繁多的粥等等，内容极其丰富且色香味俱全，令人一见之下便会垂涎欲滴。

那天中午，店内高朋满座、宾客如云。

我们费了九牛二虎之力才在二楼一个逼仄的角落里找到位子坐下。正在发愁是否会有人过来关照我们的时候（显然，我们的这种本能反应，是从国内带过来的），一张亲切的笑脸已经出现在我们面前："欢迎光临，请多多关照！两位客人需要点儿什么？"

听到这热情的问候，我居然有了一点小小的感动。

本来，得到问候是一件很正常的事情，但是，考虑到当时特殊的情况，对于已经做好某种心理准备的自己来说，如此小小不言的细节，如此理所应当的"正常"，却有了某种不同的意义，显得格外可贵，格外令人心动；换言之，本来挺正常的事却有了一些莫名的"不那么正常"的色彩。

我们点了餐，目送服务员离去。然后两个人都本能地掏出手机，开始低头滑屏。显然，"惯性"再次让我们做了瞬间判断，觉得服务员这一走且回不来呢，我们且得等上老半天呢！因此，很自然地拿出手机消磨时间，做好了"漫长等待"的心理准备。

可是，没过五分钟，我们的所有餐点便被准确无误地送了过来，令我俩大吃一惊！要知道，在当时那种情况下，即便让我们等上半个小时、四十分钟，我们也会心安理得地接受，不会觉得受到了怠慢，所以，等待时间只有区区五分钟的现实，着实令人不可思议！

我不禁好奇地观察起店内的情况。一边吃一边左顾右盼、东张西望。

我发现了一个奇特的现象。那天店内的跑堂，只有两男一女三个人。是的，你没有听错，只有三个人！三个人负责整整两层楼！尽管楼层面积都不大，但楼上楼下加起来，一两百个食客还是有的。这么大的负担量，只有区区三个跑堂，其难度可想而知。可有意思的是，你会发现，这家店似乎并不缺人手，到处都有跑堂服务员的身影，好像他们无所不在。几乎每分每秒，只要你抬起头，你总能见到他们中某一个人的身影，甚至两个人、三个人同时出现的场面也绝不鲜见。

眼前的一幕让我颇为惊诧。要知道，如果是国内，情况很可能反过来。在我们这里，更有可能发生的事情是，明明服务人员不少，你却极难见到他们的影子。有点什么情况的时候，还需要你亲自起身满世界去找人。而此时此刻，我所亲眼见到的场景，则完全颠覆了自己对餐饮行业的认知。

他们是怎样做到这一点的？我的心中充满了好奇。

经过一番仔细观察，我认为自己找到了答案。还是那句话：程序即正义。

我发现，这三个人的动作极快，准确率极高。所有流程执行得完美无缺，彼此之间的配合与衔接也如行云流水一般顺畅自如。总之，没有任何多余的话，不做任何多余的动作，一切干脆利索、刚刚好。可以想象，如此高强度的作业，他们一定很疲劳，可三个人的脸上都看不出任何疲惫的样子，全都显得精神焕发、意气洋洋。显然，他们非常享受这种状态，因为这种状态几乎接近于一件完美的工艺品，以臻“艺术”的境界，给人一种帅气、爽利、精致的美感。

把活儿干到这个份儿上，你就会瞬间理解自己的眼睛看到的一切，瞬间明白为什么这家店虽然熙熙攘攘、人满为患，却丝毫没有混乱、复杂的感觉，一切显得那样的井井有条，那样的自然顺畅，整个店都呈现出一派热闹而和谐的样子。

可见，“混乱”也好，“复杂”也罢，这些都不是必然的，更不会是天然的。

工作环境的“乱”与“复杂”往往是我们的工作人员自己造成的。只要我们严格按照流程办事，尽量避免失误，“乱”与“复杂”本来是不该发生的；抑或即便由于不小心、不走运发生了这样的情况，我们也能顺利地将负面影响降低到最小限度，甚至有可能掌握主动权，迅速消灭所有的负面影响。

其实，话说回来，熟练、准确地掌握流程，正确、严格地执行程序反而是最好的“偷懒”办法。正如那三个日本店员所展现的那样，当你做到这一点的时候，你会找到一种难以名状的神奇感觉，你的身体会不由主地动起来，踏着一种无与伦比的流畅节奏，顺利、完美地搞定一切。而且整个过程轻松无比，几乎闭着眼睛都能完成，根本不用你动多少脑子；反之，做不到这一点，你的麻烦就大了。你会遇到太多的意外、太多的问题、太多的不确定性，反而需要你动更多的脑子，甚至让你焦头烂额。

之所以说“程序（流程）是基本功”，根本原因就在这里。这是“先苦后甜”的做法。刚开始费点劲，后面的事一马平川；反之，基本功不打好，后面的日子总希望靠小聪明混过去，是最笨的方法，“先甜后苦”的做法。舒服一时，辛苦一世。

所谓“打拳不练功，到老一场空”，说的就是这个事儿。

总之，基本功这个东西，具有极强的“边际递增效应”。解决得越早，成本越低、难度越小；解决得越晚，成本越高、难度越大。甚至有可能完全无法解决。因此，基本功一定要在最初的阶段搞定，要在新人阶段搞定，绝不能拖，一拖准出事儿，且极难事后弥补，即便能弥补也会代价高昂。牢记这一点，你将事半功倍。

那位说了：即便你这样说，我还是不太懂。服务业是灵活性极强的行业，情况瞬息万变，需要工作人员具备高度的随机应变能力，根据不同情况随时采取不同的应对措施。说得通俗点儿，这叫“按人下菜碟儿”。如果僵硬地执行流程，无论遇到什么情况都一刀切，完全按照流程办事，那岂不是无法满足顾客变化多端的需求？岂不是更有可能得罪顾客？连你自己也说，顾客在乎的不是“正确”，而是“心情”，但你大肆鼓吹流程的做法，岂不是与这个观点背道而驰？大肆强调“正确”，忽略“心情”？这不是自相矛盾吗？

对于这个问题，我要解释一下：

首先，我们必须要澄清一件事：现场情况的“变化多端”，到底哪些是合理的，哪些是不合理的。这一点要弄明白。显然，从服务业的现状来看，“不合理的变化”在任何一个现场都不会是一个小概率事件。因此，只有严格执行流程，不出或尽量少出失误，才是避免这种“不合理”变化的唯一途径。我在前面已经说了，只要我们能做到这一点，做到在我们自己的可控范围内让局面尽量井井有条起来，我们不但有可能消灭“不合理”的变化，那些“合理”的变化也会相应地大幅减少，最终带来整体基本和谐，有条不紊的结果。

事实上，尽管不多见，我们每个人都或多或少见识过这样的场面，亦即明明应该混乱的场景，或至少即便混乱也不会让我们感到意外的场景，却“意外”地显得井井有条，毫发不乱。

之所以会这样，除了“程序正确”之外，不可能有第二个原因。

比如说，我在日本见到的那种场景，在中国其实也能见到。相信任何去过“海底捞”这家火锅店用餐的人，都会秒懂我在说什么。“海底捞”之所以能做到这一点，相对完美地遵守了“程序即正义”的原则，一定是最重要的原因之一。

总之，现场的“变化多端”往往来自顾客，而顾客之所以会“变化多端”往往源自程序没有得到严格的执行。这就意味着，只要你完美地执行了程序，其实顾客根本不会有那么多“变化”。他们会显得很乖、很顺从，就像流水线上的产品（具有极强的趋同性或同质性），任由你随意摆布。说到底，毕竟顾客也不喜欢“变化多端”，因为这意味着不确定性，而顾客讨厌不确定。他们渴望确定，渴望一种可预期的过程和结果。他们只想简单地来，简单地走。有惊喜固然好，没有惊喜也无所谓，只要“确定”“可预期”就行。

就这么简单。

不过，必须承认，在服务业的现场，除了“不合理”的变化外，还会有“合理”的变化；除了“可预期”“可控”的变化外，还会有“不可预期”“不可控”的变化。

这种情况，我们应该怎么理解，又应该怎样应对呢？

向大家介绍一个新概念，叫“程序（或流程）的补完”。

如果说“程序即正义”“严格执行程序”是一种原则性的体现，那么“程序的补完”就是一种灵活性的体现。

必须强调的是，“补完程序”不代表“违反程序”，这是不同的两个概念，一定要注意区分。

程序之所以需要补完，理由很简单。因为程序不是万能的。所谓“计划不如变化快”（当然，这里的变化指的是“合理变化”，亦即单靠程序本身无法控制的变化），无论多么完善、多么强大的程序，都不可能应付所有的场面，解决所有的问题，适应所有的变化，也没有必要做到这些，因此，只有依靠“补完”，才能给程序的完美抑或完善画上真正的句号。而这个“补完”，则需要我们具有高度的灵活性。当然，灵活是有限度的，也要遵循一个最基本的原则，那就是顾客和公司利益的双赢。失去了这一条，灵活性也便没有意义了。

说回本章开头时的那个案例。显然，影城的检票人员坚持程序正确性的行为本身没有问题，问题在于她试图利用程序的正确性否定顾客诉求的合理性，这里就有问题了，这就会造成顾客的不爽以及潜在的利益损失。因此是一种错误的行为。

具体地说，“由于不是实名制，影票一旦丢失不可以无偿补票，必须重新购买”，坚持这一点是没有问题的，却与我的诉求没有一毛钱关系。因为我并不是希望她“违反程序，替我免费补票”，只是希望她“能够给前台打一个电话，确认一下票是否被找到了”。但是，如果她认为“打这个电话不是程序里规定的内容，因此我没有这个义务”，则是她滥用了程序。理由很简单，影城的工作程序不可能也没必要包罗万象，把所有未知事物全部囊括在内，因此，只要顾客的诉求具有一定的合理性，工作人员必须无条件配合，无条件满足，这也是工作人员应尽的义务。当然，如果顾客胡搅蛮缠，提出完全不合理的要求，情况则另当别论（注意，这里指顾客的这些要求与“程序正义”的贯彻没有任何关系的情况下。反之，如果顾客的“不合理要求”源于“程序正义”贯彻上的失误，并且这样的失误给顾客造成了可以辨认的利益损失，则处理方式还是应该有所不同）。

事实上，任何服务行业的工作程序，都会有相应的“补完条款”。类似于“主动积极地应对顾客提出的合理诉求，竭尽全力地为顾客创造价值，确保顾客利益最大化的实现”之类的内容，就是这样的条款。这样的语言表现并非画蛇添足，恰恰是顾及到了不确定性的存在给服务行业带来的深刻影响，因此具有极端重要的现实指导意义。

**小结：在服务行业，“程序即正义”是一个铁则。流程的确保无比的重要。完美而严格地执行流程，对服务业而言既是最高境界，也是最低要求；既是撒手锏，也是基本功。**

## 第二节　把握加分题：为顾客做“多余”的事

服务业的“附加值”乃至核心竞争力，不是靠“做分内的事”决定的，而是靠“做分外的事”决定的。谁做的“分外事”多，谁就能轻易胜出。

几个月前的一天，我的电脑坏了。由于已经过了质保期，只好打电话向一家有上门服务业务的私人电脑维修公司求助。

几个小时后，家里来了一个背着工具包，人高马大、非常帅气的小伙子。

那天外面下着雨，这位帅哥只穿了工装，没带任何雨具便跑了过来，身上满是水点子，头发也湿漉漉的，着实令人感动。我心里不由得对他产生了好感。

但见这位帅哥半跪在地上，三下五除二拆开主机壳，仔细检查一遍，很快便确认故障来自电源，于是给我换了个新电源，顺利地解决了问题，整个过程不超过十分钟。如此利索的手腕，让我对他刮目相看，进一步增加了对他的好感。

可是，下一分钟情况却有了变化。

帅哥拆开机壳后，我看到主机内部肮脏无比，于是便求他替我清理一下。帅哥面露难色，稍微迟疑了片刻，便从包里掏出一块布，随便呼啦了两下，就要拧螺丝、合机盖。我赶忙说道：“这么两下怎么行？您看主机多脏啊，再给清理清理好吗？”

帅哥没有停下手中的动作，边拧螺丝边回道：“不好意思，其实我们的维修流程里没有清理主机这一项，而且我也没收您清理的钱。照理说，清理主机是要收费的。”

我马上表示可以交费，他却以下面还有客户等着他上门为由拒绝了我。

最后，他还是只收了维修的钱，推门离去。

送走了他，我才发现屋子里的地面上有许多泥脚印。是那位帅哥留下的。

我心里涌上一股莫名的不悦，就跟吃了苍蝇一样别扭。适才对那位帅哥的全部好感，不知何时已然消失得无影无踪。

我不禁想起了小刘。也是一个修电脑的小伙，给一家私人维修店的老板打工。不过，与刚才那位帅哥不同，小刘身材矮小、其貌不扬，由于小儿麻痹后遗症，走路还有些跛。说实话，我第一次见到他时，还有些不悦的感觉，觉得老板骗了自己，派来一个二把刀、应付差事的主儿。可是，当小刘蹲在地上，开始干活的时候，我却立马对他刮目相看—— 他的表现，绝对堪称完美无缺。大大地出乎了我的意料，令我对他心悦诚服。

从那以后，我删掉了手机里所有维修店的号码，只保留了小刘一个人的联系方式。从某种意义上讲，我已经把他当成了自己的“御用维修专员”。因为我是个天生的电脑盲，却偏偏以码字为生，因此，“修电脑”三个字，对我而言既是最重要的事，也是最头痛的事。万幸，我遇到了小刘，觉得自己找到了依靠。说得露骨一点，我已经离不开他了。

正所谓“人不可貌相”，我发现，这个其貌不扬的小伙子身上，蕴藏着一股神奇的魔力，那是一种巨大的能量和无尽的潜力。

不夸张地说，小刘的手腕堪称专家级，不仅活儿利索，还能给你说出一大堆名堂，让你心服口服。不止如此，他在维修机器、解决故障的时候，还会捎带着把别的环节，其他地方的零件给你检修一下。而且重点在于，他的工具包里永远放着一大堆旧零件，只要不是那种特别关键、特别昂贵的零件，一律免费为你更换（既不收零件费，也不收手工费）。即便你提出更换新零件的要求，只要他认为自己随身携带的旧零件也能起到相同的作用，并且也能维持一定的使用期限，便会力荐你不要买新的，用旧的就行。他将这样做的理由称为“环保”，但是你心里清楚，他是想为你省钱。而你也一定会对此心存一份感激，念一份他的好。

不止如此，每次干完活，他都会下意识地为你做许多事，许多你并没有拜托他做的事，而且还做得得心应手，不留痕迹。

比如说，修理完毕，他会帮你把主机内外清洁得干干净净，然后蹲在地上，把杂乱无章的各种接线板、各种线、各种电信设备（比如调制解调器什么的）一一捋好，排整齐，并用抹布擦拭得一干二净（你可以想象一下，这些东西上面会落了多厚的灰尘，会有多脏）；擦完这些，还要再把地板擦得一尘不染，哪怕地板上的许多污渍和他完全没有关系；最后，他会借着收拾散落在桌面上的工具的机会，把你的桌子也清洁一遍，并整理得井井有条。

总之，只要小刘离开，你会觉得屋子（我的小书房，只有书架、电脑桌和一个长沙发）被家政人员清理过一遍一样，整个小房间焕然一新。

要知道，写作的人大多不拘小节，我也不例外，书房长期乱糟糟的，而一个修电脑的人来过之后，居然能有“旧貌换新颜”的效果，不能不说是个小小的奇迹。

我们经常会听到“为顾客着想”这句话，也经常会听到“顾客的利益就是我们的利益”这句话，可鲜少真正相信过这些话，心里明白这些漂亮话都只不过是说说而已，完全不用当真。所谓“会买的不如会卖的”，卖家无论嘴上说得多漂亮，归根结底他们心里惦记着的，还是你兜里的钱。毕竟谁也不傻。大家彼此心照不宣，谁也不说破而已。

但是，至少在小刘身上，“为顾客着想”这句话绝对是真实可信的。相信任何一个接受过小刘服务的顾客，都会把他当成“自己人”，觉得他是真为自己着想，真为自己办事，真的一心想维护自己的利益。总之，找他修电脑，没有那种找“商家”办事儿的感觉，而是一种找熟人、亲友、同学帮忙的感觉，心里特踏实，特放心，丝毫没有由于立场相左而互相防范、明争暗斗的紧张感，可以将自己的信任彻头彻尾地交给他，他说什么是什么。

把活儿干到这份儿上，绝对是一种境界。

毫无疑问，小刘不是活雷锋，他也是为了挣钱。但是，他的钱挣得非常巧妙，手段非常高明。之所以高明，就是因为他极其善于为顾客做“多余”的事。

比如说，你拜托他做的仅仅是 A，他却会主动地把 B 也给你做了；在做 B 的过程中，他还会发现做 C 和 D 的机会，于是把这两件事也捎带着给你搞定……以此类推，他为做 A 这一件事而来，离去的时候却会给你留下 A、B、C、D……等一大堆收获；而且想方设法替你省钱，想方设法减少你的麻烦和负担。总之，一定要让你通过这些“多余”的事情“赚到”，而不是“倒赔”。

尤为重要的是，所有这些事尽管“多余”，却绝不“过分”，不会逾越一定的边线，让顾客产生难堪或不快的感觉。一切都如行云流水一般，自然流畅、恰到好处甚至不露痕迹。

一般来说，做买卖的人最怕的就是“事儿多”，都会信奉“多一事不如少一事”的信条，而小刘却恰恰相反，他的座右铭显然是“少一事不如多一事”。对他而言，能尽量多出一两件事儿来，非但不是倒了大霉，而是占了大便宜。因为只有这样，他才有了区分自己和他人的机会，才有了给顾客留下特殊印象的机会，而这一点，显然是他的撒手锏，核心竞争力。

套用一个时髦点的名词，这玩意儿就叫“差别化竞争优势”—— 人无我有，人有我优。

想必小刘没有学过管理学，也没有学过商学，但是这两门学问的精髓，他却无师自通。

后来，小刘去了另外一个城市发展，我遗憾了好一阵子。因为他的离开使我顿失依靠，再也难找到一个像他这么称职的“御用电脑专员”。

再后来，我听说他在那座城市创业成功，自己当了老板，开电脑维修连锁店，而且区区两三年的工夫便拥有了十几家店面，成为那座城市同行业中响当当的品牌。这一切并不出乎我的意料。我甚至想，如果有一天他的品牌垄断了那座城市的市场，甚至垄断了全国的市场，我也会觉得理所应当，公平至极。

小刘的案例让我想起一个人，一位已经过世的商界巨擘。

这个人就是台湾经济的奠基人之一，著名企业家王永庆老先生。

据说王老先生年轻的时候，家境非常贫穷。为了养家糊口，他中途辍学跑去一家米店打工。他的工作，就是每天早起晚归，走街串巷，挨家挨户给顾客送米。

照理说，这么一份简单的体力工作，不可能做出什么名堂来，就是纯粹靠力气吃饭，而聪明的王永庆则不然，他想到一个极其简单的招数，生生地把“送米”这个行当做出了名堂。

他是这样做的。每当把米送到顾客家的院落里，他都会做两件事：第一件，把米缸里里外外擦得干干净净再倒米；第二件，把整个院落打扫一遍。有时，遇到住家老人行动不便，家里又缺人手的情况，他还会主动为老人挑水，将院子里的水缸灌满。一来二去，王永庆在“送米”行业闯出了名堂，每个人都愿意去他打工的店买米，让老板赚了个盆满钵满。这样过了一段时间，他觉得时机到了，便离开那家米店自立门户，有了自己的生意，并顺利地赚到人生第一桶金。

从此以后，王永庆的人生像开了挂一样，在从商的路上一路狂飙，终于达致人生的巅峰，将自己打造成一段佳话、一个传说。

不过，无论他的人生多么辉煌，这所有辉煌的起点，也只能是那家小小的米店以及他的那个小小招数—— 为顾客擦了米缸、扫了院落、挑了水。而这些事，只有年轻的王永庆一个人做到了，其他的“送米工”都没有做到，甚至没有想到。我们不妨联想一下，如果当时有人在王永庆之前想到并做到了这件事，那么后来的台湾经济史会发生一些什么样的变化。当然，王永庆也许依然会是“王永庆”，早一点晚一点而已，“东边不亮西边亮”而已，只不过，也许台湾经济史上，会再多出一个“王永庆”也说不定。那样的话，台湾的经济史还真有被改写的可能。

可见，“多余”是一个多么神奇的词汇。把它看成是“麻烦”，它就会成为麻烦；而把它看成“财富”，它就会变成财富。何去何从，仅在一念之间；成败胜负，只悬一线之间。

对于服务行业的从业人员而言，深刻地思考这个问题，很有助于工作。

当然，为顾客做“多余”的事不能完全凭感觉，甚至不能完全凭热情，也需要掌握一定的技巧，需要了解一些注意事项。

总体上来说，大的原则有这样两个。

第一，“多余”不等于“过分”。当你为顾客做“多余”的事情的时候，一定要注意掌握必要的分寸，不能过界从而招致顾客的反感。

这种分寸感并不好把握，毕竟人与人之间的差别极大，不同的顾客会有不同的价值观和判断事物的标准。因此，你一定要小心谨慎，切不要天真地认为只要有一腔热情便能轻松搞定一切。

不过，也许“察言观色”是一个好办法。顾客的哪些表现是跟你“客气”，而哪些表现则是真正的“不情愿”，一定要分清楚。做到这一点需要极高的情商，而情商需要在日常生活中有意识地磨炼。这样的付出，是必须的。要知道，情商是服务业的命根子。没有情商，很难在服务业立足。

第二，“多余”不代表“违规”。

我在前面说过，任何程序都是需要补完的。为顾客做“多余”的事，也是一种对程序的“补完”。如果你以程序中没有这些“多余”为借口，对“多余”采取拒绝的态度，从本质上讲也就等于拒绝为程序“补完”，其实还是一种失职的表现。不过，还是那句话，“补完程序”与“违背程序”是两码事，不能混为一谈。前者体现了灵活性，而后者则违反了原则性，是不同性质的两种状况。而你要做的，是在不违反原则的情况下体现灵活性，在不违背程序的情况下补完程序。

这其实还是一种分寸感，也是一种专业能力的体现。需要你在纪律性与情商之间穿梭自如、游刃有余。做到这一点，固然需要天分，但更多的还是要靠后天努力。

**小结：“多余”是一个神奇的词汇。把它看成是“麻烦”，它就会成为麻烦；而把它看成“财富”，它就会变成财富。何去何从，仅在一念之间；成败胜负，只悬一线之间。**

## 第三节　不变之变：适时调整才能海阔天空

程序的修正，从本质上来说，不是对程序的“违反”，而是对程序的“补完”。

也许有人会提出这样的疑问：迄今为止，你论述了“程序的遵守（程序即正义）”以及“程序的补完”，并刻意强调了“补完程序”和“违背程序”是两码事，不能混为一谈。不过，这就产生了一个新的问题，亦即程序是否可以被“修正”的问题。如果程序可以被“修正”，是不是意味着在某些特殊情况下程序也是可以被“违反”的呢？

这是一个好问题。

常言道，“将在外君命有所不受”。既然无论多完美的程序也不可能是万能的，那么程序就一定存在被“修正”的可能，甚至是必要性。只不过，这种修正必须是合理的，有建设性的；而任何合理、有建设性的修正，从本质上讲，其实也是对程序进行“补完”的一种表现，而不是所谓的“违反程序”。

程序的修正，主要有两种表现方式。一种是“临时性修正”，一种是“永久性修正”。

先说“临时性修正”。

这种修正方式有两个前提：其一，程序本身没有问题，至少没有重大的原则性、系统性问题。其二，针对某些特殊的、局部的、短期的环境或条件，程序体现出一时的排斥性与不适应性。

这个时候，可以对程序进行修正，但这种修正必须是局部的、暂时的，换言之，一旦经过修正的程序解决了现场问题，必须立刻恢复程序的原本面貌并继续确保程序的完整性和严肃性不被挑战。

再说说“永久性修正”。这种修正方式比“临时性修正”要复杂一些、严肃一些，需要全面、完整、准确地掌握操作原则和操作方法。

先说前提。

“永久性修正”也有两个前提：其一，程序本身存在问题，甚至是重大的原则性、系统性问题。其二，无论是外部环境还是内部环境，程序都已经体现出永久性的排斥性与不适应性。而且这种排斥和不适应随着时间的流逝变得愈发明显，愈发不可逆。

必须强调一点，程序的问题，有些是先天的，有些是后天的。前者从一开始便需要被不断修正，而后者则不然。事实上，许多程序的问题，程序的短板，都曾经是程序的长处，程序最大的生产力之所在。说白了，就是现在的缺点，恰恰是从前的优点。只不过时过境迁，优点渐渐变得不合时宜，从而一点点退化成缺点。因此，对于这样的问题和短板，一定要辩证地看。不能简单粗暴地采取“一棍子打死”的态度对待。相反，只有实事求是，具体问题具体分析，采用抽丝剥茧，层层攻破的态度，才能正确理解问题的本质，更全面、更立体、更有效地解决问题。这种程度的解决，才是一劳永逸的解决，才能让更新后的程序步入一个可持续的良性循环轨道。否则，简单粗暴的解决方式，将会导致相同的问题反复发生，同级别的失误连绵不绝，总是“从终点回到起点”，最后让整个程序濒临崩溃的边缘。这样的教训，可谓俯拾皆是，应该很好地吸取。

那么，无论是后天的问题，还是先天的不足，“永久性地修正”程序，应该遵循什么样的原则，采取什么样的操作手法呢?

让我们来看一下。

其一，要局部实验，及时调整。

一句话，程序的修正，需要一个不断“试错”的过程。也就是我们常说的“摸着石头过河”。这就意味着，程序的修正，一定要从局部进行，要小心试验，小心试错，频繁调整，绝不可从一开始便大面积推开，让自己失去任何调整的空间和方向，直接把自己逼到悬崖边上。

在这方面，中国改革开放初期建立“特区”的做法，可以充分借鉴。

其二，要耐心，不要急躁。

试错的过程，一定会相对漫长。切不可心浮气躁，急于求成。有时候即便眼前一时看不到效果，甚至会有反效果，也要咬紧牙关挺住，将试验进行下去。当然，在副作用较明显的情况下，暂停试验或者缩小试验的规模和范围是没有问题的，完全放弃则绝不可取。只要切实遵循胆大心细、循序渐进、局部试验、及时调整的原则，就不必担心会出大问题。

其三，宜自下而上，不宜自上而下。

程序的修正，最好遵循“自下而上”的原则，而不是相反。具体地说，就是尽量通过底层员工的工作实践去修正程序，而不要靠上级领导的判断或灵感做这件事。当然，这样说并不是彻底否认上级领导的判断力和灵感，也不是说“自上而下”地修正程序的做法绝对不可行。没有那回事，当然可以。上级领导的丰富经验和卓越的洞察力是企业至可宝贵的财富，当然不能彻底否定。只不过，作为上级领导，如果可能的话要尽量把这件事委托给下属去做，委托给基层员工去做，而不是自己越俎代庖。理由很简单，程序的使用主体主要是基层员工，发现问题的机会以基层员工为多，解决问题的动机也以基层员工为大。因此，程序的修正，一般来说理应以基层员工为主，去发起、推动以及完成。只有这样的路径，才是相对靠谱的，发生偏差的概率较小，获得的成果较扎实也相对可持续。与此同时，在这个过程中，上级领导所起的作用也不可小觑，不过这种作用主要体现在观察、调整、推波助澜或及时阻止上面，体现在为程序的修正创造良好的环境，以及监督修正过程的进展，确保修正成果的实现上面。换言之，上级领导的角色应该是导演而不是演员，舞台主要在幕后而不是幕前。

不过，还是那句话，如果基层员工表现得过于麻木不仁或按部就班，对程序的落后性及非生产性毫无意识甚至甘之若饴，而上级领导却凭借旁观者清的立场优势或多年累积的丰富经验及时察觉到了这种情况，那么，上级领导直接扮演“演员”的角色也是可以的，甚至是必须的。但这种扮演必须维持“客串”的性质，亦即只许偶尔为之，不可长期如此。理由也很简单，如果程序修正的契机始终来自上级领导而不是基层员工，那么这家企业肯定存在某种严重的管理问题，已经接近“机能失调”的边缘。作为企业的管理者，尤其是高层管理者，对这一点必须要高度警惕，不可懈怠。

在这方面，改革开放的总设计师邓小平的例子值得我们研究、学习。

邓小平的改革开放策略，基本上遵循了“自上而下”与“自下而上”相结合的原则。而且，前期以“自上而下”为主，持续时间较短；后期以“自下而上”为主，持续时间较长。

之所以会这样，是有其深刻的内在原因的。我们知道，在改革开放初期，国家百废待兴，社会经济疲惫不堪，人们的思想也受到了极大的束缚。一言以蔽之，那时候的社会机能，甚至是某些国家机能，已在很大程度上处于麻痹状态，依靠基层的力量很难进行必要的自我调整，更不用说大刀阔斧的改革了。因此，在形势迫人的情况下，急需一位高瞻远瞩、胆识过人、经验丰富的智者和伟人掌舵，让中国这艘濒临抛锚的巨轮能够重新获得能量、找准方向、乘风破浪，驶离浅滩、驶向大海、驶向光明的彼岸。而扮演这个角色的智者和伟人，就是邓小平。

这就是典型的“自上而下”的变革过程。而程序的原则性、系统性问题长期得不到有效纠正所导致的组织机构整体的机能失调，是这种性质的变革之所以会发生的重要原因之一。

不过，在最初的“自上而下”之后，邓小平马上改变了他的策略，开始鼓励“自下而上”的变革。按照他本人的话说，他之所以能够成为“总设计师”，不是他无中生有，从零开始“规划”了许多东西，而是他汲取了许多民间的经验、基层的经验，然后挑选这些经验中的精华，推波助澜、大力普及，使其在中国大地上遍地开花。也就是说，他的作用不是“发明”和“操作”，而是“选择”和“推广”。

之所以邓小平能够做到这一点，是由于他“自上而下”的变革重新激发了社会的活力，让整个社会乃至整个国家重新具备了自我发现、自我调整和自我完善的能力，亦即恢复了所有环节的正常机能。在这种情况下，“自上而下”的必要性便会大幅降低，反之，“自下而上”的必要性与可行性则会大幅提升。

就是这个道理。

当然，既然是变革，免不了犯错。仅有推波助澜不行，必要的监督与喝止也不可或缺。不过，即便是喝止，也分两种情况，一种是全停、立刻停，一种是局部停、慢慢停。可以留点小尾巴，再多观察一段时间，看看有没有翻盘的机会。这就是典型的“摸着石头过河”的做法，按照这种思路操作，小错也许不会少，大错却绝对不会犯。

其四，要暗战，不要明战。

程序的修正与变革，最忌讳的是“明战”的方式，最有效的则是“暗战”的方式。因此，作为上级领导，在程序修正（当然，是“自下而上”的修正）的过程中，一定要恪守“战略模糊”和“战术敷衍”的原则，给事物的发生、发展创造一个良好的外部环境。

举一个具体的例子。

比如说你是一位上级领导，张三、李四是你的下属，是基层员工。有一天，李四前来告状，说张三在业务操作中违反了程序，要求你予以处理。

我们假设你对张三的该行为了如指掌，并且认为张三的行为有其合理性，对程序的修正（这里指永久性修正）具有潜在的益处。这个时候，你应该怎么办？

显然，你有三种选择。

第一，大张旗鼓地处理张三，以杀鸡儆猴，维护程序的纯洁性与权威性。

第二，驳回李四的请求，公开维护张三，替张三撑腰，以便在企业内部鼓励“合理修正程序”的风气。

第三，接受李四的请求，处理张三。但处理过程尽量不公开，处理手段尽量隐蔽、敷衍、模糊，高举低放，从轻处理，不给张三的积极性造成实质性挫伤。

哪一个更好？

让我们一一分析一下。

先说第一种。按照这种做法办事，好处是可以维持程序的严肃性和完整性，坏处是会极大地伤害基层员工合理修正程序的动机和行为。

再说第二种。按照这种做法办事，好处是可以维护基层员工合理修正程序的动机，坏处是会伤害到程序的严肃性和完整性。这种做法一旦落地，基层员工将有可能群起效仿，这样一来，固然程序的合理修正有可能得到鼓励，程序的不合理修正也会泛滥成灾。那时局面将一发不可收拾，你将捉襟见肘，后悔莫及。

因此，无论是试图修正程序的人，还是试图告发这种行为的人，都会被上述两种处理方式所伤害，从而为企业带来不可估量的严重后果，所以，这两种方式都不可取。

那么，在上述两种人都需要得到保护的情况下，应该怎么办才好呢？

只有第三种方法，才能相对完美地做到这一点。

采用这种方法，告发的人会得到某种程度的鼓励，这就能有效避免“乱修正”行为的泛滥，切实维护程序的严肃性和完整性；与此同时，采用这种方法，“合理修正”的人也会得到某种程度的保护，能够继续保留修正程序的动机和行为。不只如此，如果其后的事实证明试图合理修正程序的人行为有误，其修正行为对企业而言有弊无利或弊大于利，上级领导还能保持及时调整的空间和灵活性，不至于被自己的言行和举措彻底拴死。正是进可攻退可守，可谓三全其美。

只要严格按照这样的思路做事，大的错误便能够尽量避免，小的成果则可以不断积累。这才是真正具有建设性的策略。

其五，追求不变而变。

程序的任何变化，尤其是较大的变化，往往会给程序的使用者造成不适感，从而引发他们的抵触情绪以及自觉不自觉的抵触行为，使变化（变革）充满波折，事倍功半甚至终致夭折。因此，除非到了积重难返，必须下猛药，痛下杀手的地步，程序的修正不宜过快、过急、过激。要尽量采取“不变而变”的手法，让变化在一种极其隐蔽，不易察觉的情况下不知不觉地发生。最后的结果就是，一年之后，所有的员工已经能够熟练掌握“新程序”，而他们却对这一点浑然不觉，依然一厢情愿地认为自己在操作“旧程序”。

这才是修正程序的终极思路和极致手法。

当然，这样的手法依然需要耐心、需要智慧、需要操作技巧。作为管理者，这是必须掌握的基本功。

遗憾的是，现实世界中，拥有这种基本功的管理者实在是凤毛麟角。我们可以看到，在许多企业的管理现场，多数管理者会动辄修改程序，而且动静极大、花样极多、要求极高，恨不得敲锣打鼓，让全世界人都知道他要干什么，让所有员工都能在一夜之间便学会新程序、记住新程序、遵守新程序、操作新程序。

这种操之过急的态度和做法，其后果是极为严重的，甚至极具讽刺性。

最典型的后果，就是员工惊慌失措、企业一团混乱，领导焦头烂额、左支右绌，却始终无法掌控局面。无论怎么折腾，问题还是那些问题，短板还是那些短板，它们会反复发生，长期存在，永远得不到根本纠正。只有程序本身越改越复杂，越做越多，越积越厚，最后统统被束之高阁，成为老鼠和蜘蛛的最爱。

前车之鉴，殷鉴不远，值得我们的管理者三思再三思。

小结：如果程序修正的契机始终来自上级领导而不是基层员工，那么这家企业肯定存在某种严重的管理问题，已经接近“机能失调”的边缘。作为企业的管理者，尤其是高层管理者，对这一点必须要高度警惕，不可懈怠。

第七章

# 高效的团队都这样搞定项目

让我们再一次回到商业的原点。

当我们殚精竭虑，搞定了顾客信息，并通过一系列的跟进电话一而再再而三地将顾客约到店里，我们需要做什么？

需要与顾客进行一对一，面对面的商务谈判。

那么，在商务谈判中，最需要的是什么？

是强大的沟通能力。

从某种意义上讲，所谓的“谈判力”说白了就是“沟通力”。这种能力并不一定那么特殊，那么“专业”，理论上任何一个人都会与生俱来，或多或少具备着这样的能力。不夸张地说，跨国公司的谈判桌上，那些口若悬河的“职业谈判者”，他们的谈判力未必会比任何一个菜市场里，为了每斤菜多卖（或少花）上几毛钱使出浑身解数的大妈大婶们。至少在内在逻辑、外在技巧（包括具体的话术运用、场面的掌控艺术、气氛的调节手段、情绪的调动能力等两者之间不会有任何区别。唯一的区别仅仅在于大家的专业不同、战场不同而已）。

推而广之。在生活中的任何一个角落，理论上只要有沟通的地方，就会有谈判。我们的生活无时无刻不在沟通之中，因而也无时无刻不与谈判接触。

所以，没必要把商务谈判过分特殊化，甚至过分神圣化，好像这是一件多么了不得的事情，没有两把刷子的人根本无法沾身。这样的情结最大的弊害在于，它会让商务谈判变得生硬、矫情，不招人待见，从而使谈判的参与者（买卖双方）从一开始便会绷紧神经，彼此充满敌意，形成鲜明的攻守之势。

这就坏了。本来“买卖”这码事儿的本质属性是“你情我愿”，是“双赢”；换言之，买卖双方本应是一个战壕里的战友，应该共同瞄准“互利双赢”“皆大欢喜”的目标才对，可是一旦买卖双方变成敌人，一个攻，一个守，角色清楚、立场鲜明，大家彼此心事重重、步步为营，买卖进行的过程就将变得无比煎熬、无比痛苦，在这种情况下，即便最终能够成交，双方也很难化干戈为玉帛，迎来“不打不成交”的局面。毕竟对方留给自己的心理创伤太大、太痛苦，就算勉强装装样子与对方握手言和，这表面的“和谐”之下，依然掩盖了太多的不信任、不情愿和不高兴。

这就是一线销售现场大多数商务谈判最真实的一面，也是无数一线销售人员心中永远的痛 —— 不夸张地说，许多销售人员之所以干不长久、频繁跳槽换工作，或者变得神经质，染上条件反射的毛病，一提到“谈判”二字便头皮发紧、浑身打战，被巨大的心理压力压得喘不过气来，长此以往甚至会罹患各种身心疾病，归根结底，原因只有一个，那就是他们对“商务谈判”这件事所持有的态度太过僵化、太过负面、太过保守，也太过沉重了。

说一千道一万，商务谈判也是“谈判”，也是“沟通”，与你到菜市场买菜，和卖菜大妈讨价还价没有任何不同。你完全可以让这件事变得更轻松一些，更接地气一些，甚至于更随意一些，更生活化一些。许多人把在菜市场或者商场里的讨价还价当作一种休闲乃至一种享受生活的方式，你又为何非要给“商务谈判”披上一层厚厚的盔甲，非要把谈判双方整得要死要活呢?

一念之差，天壤之别。

把“商务谈判”请下神坛，恢复它的生活本色，让自己的双脚重新踩在地面上。你会有许多惊人的发现。你会发现，许多生活中的常识，许多生活中司空见惯的行为和画面，在你的“商务谈判”进程中或者严重缺位，或者被严重扭曲，而你却浑然不觉。你之所以会毫无察觉，最大的原因就在于你把“商务谈判”与日常生活做了彻底的切割。

明白这一点很重要。所有的变化，将从这一刻开始。

## 第一节　激活耳朵，管住嘴：革新你的“沟通力”！

遏制炫技的冲动，管住自己的嘴，激活自己的耳朵，对所有销售人员而言，都是一个极为重要、极为现实也极为迫切的课题。

“沟通”无比重要。所有沟通的智慧都来自生活，来自生活中的常识、生活中的细节。

不只是与顾客之间的商务谈判，即便是在职场中打拼，与同事们相处，沟通力不过关的人也很难讨到便宜。

“沟通”既容易，也艰难。遗憾的是，对大多数人而言，似乎后者是真正的常态。

买方和卖方、上司和部下、内部人与外部人……立场和价值观不同，双方的“常识”也会有所不同，不计其数的沟通障碍也便由此而生。

因此，在这里，有必要重新梳理一下沟通的基本特征，看一看对“沟通”这件事而言，有没有什么不被立场和价值观所左右的共通的“常识”存在。

我能够想到的，大概有如下五条：

其一，你会倾听吗？

问一个问题，你会点头吗？

如果你的答案是肯定的，那么十有八九，你是一个懂得倾听的人。

常言道“摇头不算点头算”。点头这个动作，意味着对他人意见的同意或赞许。换言之，它是你释放给对方的一个信号，让对方知道他说的话你“听进去了”，而且“没有异议”。这个看似简单的动作细节在沟通中无比重要。没有人喜欢“剃头扁担一头热”的沟通方式，所有人在沟通过程中最介意的事情就是对方的反应以及反馈。有反馈，人们就会情绪高涨，对沟通本身充满热情；反之，没有反馈，人们便会意兴阑珊，令沟通形同虚设、顿失价值。

不信的话，我们可以一起回忆一下。当你滔滔不绝地给某个人叙述一件事情或讲述一个道理的时候，如果他时不时地点点头，并发出附和的声音，你是什么感觉？是不是像打了鸡血一样越说越兴奋？反之，如果当你吐沫星子横飞，正说得兴高采烈的时候，忽然发现对方完全没反应，注意力完全不在你的身上—— 他或者侧着头看别处，或者即便视线依然停留在你的脸上，却眼中无神、目光呆滞，脖子就像僵住了一样一动不动，你又是什么感觉？是不是瞬间泄了气，再也没有将话题进行下去的兴致？

对了，如果你有这样的感觉，那就充分证明了一个道理，在人与人的沟通中，反馈很重要，“被认同”很重要，哪怕仅仅是一个小小的点头动作，哪怕仅仅是一个“嗯”或“对”这样简单的字，对沟通中的某一方乃至双方来说，都是一个无比美妙的图腾，具有无比重要的价值，其效用无异于“鸡血”。

所以，我们生活中所见过的所有沟通达人，无一不是“点头”高手，无一不是“附和”高手。他们几乎可以不发一言（这里指不说一句有实质内容的话），便让沟通顺利进行，并能取得圆满的结果。

我曾经不止一次地在生活中见到过这样的有趣场面：两个老人聊天。其中一位老人占据绝对的话语权，滔滔不绝地说，另一位老人只是静静地听，不时地点头，并不时发出类似“嗯”“对”“是”“是吗”“啊”“哦”“啧啧”这样的声音，基本上没有一句有实际内容的话，而这样的对话，居然可以持续数个钟头之久！不只如此，对话双方居然都可以尽兴，都能得到最大化的心理满足！实在是不可思议！

显然，如果没有后者的附和，这样的对话只能成为前者的“自说自话”失去“沟通”的意义。因此，在这场沟通中，看似前者掌握了绝对的主动权和话语权，其实真正的主宰者反而是后者，是那位低调的“倾听高手”。

这个场面，对于一线销售现场的商务谈判而言，具有极大的参考意义。

我们的销售人员常常会犯一个错误，那就是在与顾客的沟通过程中过分执迷于话语权，过分剥夺顾客说话的权利，忽略倾听的价值。

不客气地说，这个毛病是致命的。

理由很简单。你是卖方，顾客是买方。这就意味着顾客的意志必须凌驾于你的意志之上。你自己说痛快没有任何意义，让顾客说痛快才是正经事。不只如此，顾客的购买欲由需求决定，而顾客的需求是什么，你不让顾客说，学不会倾听，便永远不会明白。

这实在是常识中的常识。而之所以大多数销售人员不懂这个常识，一个很大的原因在于他们管控不了自己的“炫技”冲动，控制不了自己作为一个“专业人士”，在“非专业”的顾客面前显摆一下专业知识的强烈动机。尤为要命的是，许多销售人员对这种心理和行为要不就是浑然不觉，要不就是即便有所察觉也会下意识地为其寻找一个“合理”的借口开脱。最常见的借口是这样的：专业的人做专业的事。既然我是专业人士，就要为顾客提供专业的服务。此乃天经地义，无可厚非。

没错，“专业”二字确实不应受到非议。可现在的问题是，如果你的“专业”情结压制了顾客的表现欲，妨碍了顾客需求的挖掘和满足，那么这种“专业”行为的强调，恰恰是“不专业”的表现。

炫技，是要命的毛病。遏制炫技的冲动，管住自己的嘴，激活自己的耳朵，对所有销售人员而言，都是一个极为重要、极为现实也极为迫切的课题。

解决这个课题，要从职场做起。

我们知道，一般的职场都会对一线销售人员进行业务培训，当然，商务谈判的技巧是其中最重要的内容之一。不过，在谈判技巧的培训中，关于“嘴巴（话术）”的内容不少，关于“耳朵（倾听）”的内容却极为罕见甚至完全缺失。

这几乎是职场中的一个常态。没有人会觉得奇怪，也没有人会提出质疑。之所以会这样，一个很大的原因在于，绝大多数公司在日常经营过程中没有形成一种“倾听”文化，每个人在意的都是“如何说”，很少有人发自内心地重视“如何听”。久而久之，一种“重说轻听”乃至“只说不听”的企业文化便会在公司内部悄然萌生、逐渐蔓延并最终成型，一旦成型，它将极其顽固，极难纠正，甚至极难被意识到。

在这里，管理层的示范作用难辞其咎。如果领导都没有倾听的意思，员工自然会有样学样，在同事乃至顾客面前充分暴露自身“一匹狼”的特质，只顾自己说个痛快，完全不理会对方的感受。

举几个例子。

如果你是一位公司老总，对这样的场面是否会感到很熟悉？

当你主持公司的管理层会议时，你是否做到了每当一个部下开腔，你都能直视对方的眼睛，一边点头，一边随口附和他的发言？又或者，当你的部下说话时，你只是低着头，手指摆弄着圆珠笔，让对方无法确定你是否在听以及是否听得进去？

如果你是一位销售经理，是否这样的场面不会令你陌生？

当你每天上午主持销售部全体人员的晨会，向全体销售人员发表讲话时，你的部下们是否在认真倾听？还是个个耷拉着脑袋，一副心不在焉的样子？

即便是一对一沟通的场面，也大致如此。

假设你是一位正在办公室处理公务的经理，当你的部下敲门进屋向你汇报工作时，你的眼睛是否依然紧盯电脑屏幕，甚至懒得抬头看一眼你的下属，只是有一搭没一搭地随口应和他的汇报？

……

正因为这样的沟通文化在你的公司里成为一种常态，一种常识，所以那些战斗在一线的销售人员在顾客面前完全不懂“倾听”为何物，也便可以理解了。

让我们从“倾听”开始，从“点头附和”这个小小的动作细节开始，从企业的内部开始，一点一滴地付出扎实的努力，去改变这种文化吧！当公司里的每一个员工在别人说话的时候都能够抬起脸，扬起头，正视对方的眼睛，给予对方反馈，一个新的企业文化，一个关于“倾听”的企业文化，将会在你的企业里生根、萌芽。

其二，你是否知道“倾听的陷阱”？

关于倾听，还有一个话题要说。那就是“倾听的陷阱”。

我在前面的文字中提到，学会“点头附和”，是掌握倾听技巧的第一步。不过，仅仅会“点头附和”，却未必意味着你全然理解了“倾听”的真谛，未必意味着你已经成为一个真正的“倾听高手”。

因为“点头附和”这个动作细节里，还藏着一个小小的陷阱。它极为隐蔽，不易察觉，却非常普遍地存在于一线销售现场，其危害不可小觑。

这一次，问题出在底层员工身上。

如果你是一位部门经理，那么在职场中，这样的场面恐怕你不会陌生。

当你向下属布置工作或讲解一件事情时，你会发现这样的现象：你的每一句话，下属似乎都在认真地听。他会不时点头，不时发出附和的声音，一口一个“明白了”“是的”“您说得对”，好像你的每一句话都说到了他的心缝儿里，让他心悦诚服，没有任何置喙的余地。可是，当你心怀疑虑，要求他“把我刚才说过的话复述一遍”的时候，他往往会表现得惊慌失措、方寸大乱，说出的话结结巴巴，驴唇不对马嘴。

之所以会这样，有两种可能。

第一种可能：你说了什么，他根本就没有听进去，脑子完全在想其他的事。

第二种可能：你说了什么，他确实听进去了，却完全没能理解，也完全没有记住。

因此，当你提出“复述”的要求时，他才会有那样的表现。

不过，这些都不是重点。真正的重点在于，他明明没有听进去，或至少明明没有真正理解你的话，却依然做出了异常真实、异常虔诚的“倾听”的姿态。这样，问题就严重了。从客观上来说，他的表现极不诚实，在事实上欺骗了你，属于一种“背信”行为。可公平地讲，他的这种反应似乎也有一定的道理——因为你是上司，他不敢得罪你，抑或他希望能讨好你，所以才会做出如此逼真乃至略微夸张的“倾听”表现。换言之，在这种情况下，对于你的下属而言，“倾听”的内容已经不再重要，他们真正在乎的，是“倾听”的形式。

类似的案例还有很多。最经典的一例，就是著名的“记笔记”现象。在公司的各级会议上，只要有上司发言，下层员工总会一本正经地拿出一个本子，在上司发言的全过程中似模似样地记录着什么—— 这一幕，恐怕任何一个职场中人都不会感到陌生。不过，认真记录上司说的话，就意味着把上司的话真正听进去了吗？恐怕未必。更大的可能是，下属“做记录”的表现更多地是一种“表态”的反应，甚至是一种“效忠”的反应，他们希望借助这个动作取悦上司，告诉上司“我是你的粉丝，我无条件服从你”。又或者，下属“做记录”的行为是对上司“不屑”的反应，意味着他们的心里根本就没有上司，他们只不过是通过这样的行为忽悠自己的上司，让上司误以为自己很“忠心”，很“虔诚”。不过，无论是哪种情况，有一点是肯定的，那就是对上司而言，他的沟通努力是完全无效的，等于白费工夫瞎操心。

这实在是一种讽刺，一个遗憾。尤其是考虑到，职场中的许多管理者，特别是高层管理者在主持会议的时候常常会主动要求下属做笔记，这种场面的讽刺意味也便更为浓郁，更加令人不胜感慨。

当然，“一竿子打翻一船人”是不对的。不是说所有“记录上司发言”的举动全都是“装洋蒜”，在“记笔记”的下层员工中，确实存在着心怀虔诚，认真记录，努力理解的人。这一点不容否认。只不过，这种人到底占多大比重，实在是值得质疑。只要我们有勇气承认现实，恐怕我们顶多能咬咬牙、跺跺脚，勉强说出“五成”这个数字。

在对方发言的时候，仅仅做出“倾听”的样子不难。真正听进去，然后真正理解，在这个基础上，再做出“倾听”的样子，这件事则很难。

不错，即便是仅仅做个样子，只要能让对方“以为”你在倾听，已然颇为难得。因为至少这样的姿态能够给对方带来心理上的舒适。尤其对于销售而言，这一点至为重要。但是，如果你想让商务谈判能够顺利进行下去，并且富有成效的话，显然仅仅做到这一点是不够的。你必须要同时做到“倾听”的表和里，不仅要搞定“倾听”的姿态，还要搞定“倾听”的内涵。

一般来说，在“倾听”方面，只能做到“表”，无法做到“里”的往往是那些经验丰富、技艺高超的“老人”，特别是那些脑子反应快，点子多的人。

正因为脑子的反应超快，所以这些人无法等待顾客把话全部说完。他们总是试图抢在顾客的前面，准确地判断出顾客没来得及表述的内容，以此表现自己的能耐，满足自己的虚荣，似乎只要这样做便能令顾客高看自己一眼。

所以，当顾客只把话说到一半的时候，他们就会迅速地从自己的既存数据库（迄今为止的职场经验）中寻找相应数据，然后对顾客尚未完成的叙述进行判断，比如说“他（顾客）接下来肯定想说这个话”“估计他下面十有八九要提这个问题”等，一旦开始这么想，他们的注意力便会立刻分散。即便顾客依然继续着自己的发言，销售人员的心却早就飞到了别处，开始考虑如何回答顾客的下一个问题或如何应付顾客的下一段叙述，尽管这些“问题”和“叙述”尚未发生。而且，重点在于，尽管因为“人在心不在”，顾客到底说了点什么销售人员完全不清楚，可是在顾客发言的过程中，他们却依然会频繁地做出反馈，依然会不断地点头附和，装作一副认真倾听的样子。这就麻烦了。顾客以为你在听，而且听得很认真，他们就会受到无声的鼓励，会一直滔滔不绝地说下去；而事实上你完全没有听，没有掌握顾客话中的信息，因此也不可能做出准确的反馈。这就会带来一个尴尬的结果：当顾客好不容易诉说完毕时，销售人员会简单地以“好的，明白了”做过渡，然后迅速将话题扯向别处，扯向他自己在顾客发言时默默准备了半天的话题。这时，顾客会有一种强烈的失落感，会猛然意识到自己说了半天都白说了，自己说的话对方根本就没听进去，抑或即便听进去了也没有真正当成一回事。这种感觉无异于受骗（感情你刚才一副认真倾听的样子都是装出来糊弄我的呀！），会让顾客很不舒服。而一旦让顾客不爽，后果会是什么，想必大家心知肚明。

当然，还会有一种情况，那就是正如销售人员所愿，他抢在顾客前面预先做出的判断恰恰就是顾客想说未说的话，想表达未表达的意思，而顾客也确实会对这种高超的“读心”本领感佩不已，对销售人员迅速的反应能力赞赏有加。这种结果，堪称皆大欢喜。不过，这样的概率到底会有多高呢？恐怕连一半都不到。更大的可能是，销售人员会读错了心，表错了情，说出来的话完全抓不住重点，令顾客无比失望。在这种情况下，任何一个具有起码理性的顾客都会瞬间做出这样的结论：此人不可深谈。不是一个合格的沟通对象、谈判对手。一旦顾客动了这个念头，商务谈判基本上也就黄了。因为在接下来的时间里，顾客会开始应付你，糊弄你，不再对你敞开心扉说真话—— 这真是一个莫大的讽刺。对话的前半段，是销售人员敷衍顾客；而对话的后半段，则是顾客敷衍销售人员。

俗话说“真心换真情”。你对人家玩真的，人家也会对你来真的；你跟人家来假的，人家自然也会跟你玩假的。

因此，还是让我们回到沟通的原点，扎扎实实地放低身段，在商务谈判时务必将顾客的话耐心地从头到尾听完。

“有空的话一定去”“再容我好好想想，和家人商量商量”……这些令销售人员无比头疼的敷衍之词，背后一定掩藏着顾客心中某种深深的不信任感。而这些不信任感的来源之一，就是销售人员对顾客的敷衍。

将心比心，当你渴望对方的真诚时，你是否也对对方付出了同等的真诚？

在埋怨别人之前，请先好好地反省一下自己。

其三，你会奉承吗？

坦白说，“奉承”这个词毁誉参半，在多数情况下甚至贬多于褒。

这似乎是一个“常识”，是多数人的某种“共识”，而我却对此不以为然。我认为，“奉承”是一个不折不扣的褒义词，不夸张地说，它是一种美德，应该得到大力提倡，而不是刻意贬损。

我固执地认为，如果人人都能掌握“奉承”这项至关重要的生活技巧，我们这个世界将变得无比和谐，无比美好。

人们对于“奉承”一词的偏见，主要源于两点：其一，下对上。其二，无原则。是非混淆。

先说第一条：下对上。

一般来说，“奉承”这件事，似乎只能由后辈对前辈做、下属对上司做、小辈对长辈做、小人物对大人物做……这其实是一个天大的误解。“奉承”的本意是什么？是说好听的话，让听的人获得巨大的心理愉悦。既然如此，这件事便对所有人都适用，对所有人都能做。不应该存在一个天然的鸿沟或天生的框架去约束它、规范它。换言之，谁都可以奉承，也应该奉承。既然“想听好听的”是人类的本能，能够给人们带来美好的心情，给社会带来宝贵的和谐，那我们就应该大张旗鼓地让“奉承”之光普照全人类，而不能把它仅仅看作是某些“上人”或“大人物”的特权。

再说第二条：无原则。是非混淆。

人们对于“奉承”的偏见，还有一个重要来源。那就是人们普遍认为“奉承”是一件没有原则的事情，极易混淆是非。对这一点，我有很大的异议。我觉得人们对“奉承”这件事表现得过于严肃了，把它的意义捧得太高，想得太深。其实，“奉承”的本质很简单，就是为了取悦别人，给他一个好心情。没有必要赋予它太多、太沉重的含义；也没有必要过分低估人们对于是非美丑的判断力和自控力。让人奉承一下就找不到北了？让人奉承一下就会失去起码的判断力了？想什么呢！人类有那么不堪，有那么脆弱，有那么天真，有那么笨吗？！所以，归根结底，是你想多了，事情远没有那么严重、那么离谱、那么不可救药。放轻松，一切都很正常，不要让自己那么紧张，一副如临大敌的样子。“奉承”很简单，它仅能代表一个好心情，无法也不应承担更多的义务。

对于“奉承”，我本人深有感悟。我自认自己是一个极其善于也极其勇于奉承的人。奉承起人来从来都是信手拈来且脸不红心不跳。奉承上司，我从来没有过负罪感，从来不觉得自己很猥琐、很卑劣；奉承下属，我也是张口就来，从不觉得难为情。在我眼里，上司也好，下属也罢，都是人，是人就有人性，是人就喜欢听好听的。满足一下人性，娱人娱己、利人利己，举手之劳、效果不小，何乐而不为呢？为什么要让自己活得那么憋屈，那么窝囊呢？

“奉承”很难。之所以“难”，源于发自内心的不理解、不情愿。既然心不甘情不愿，人们只能装。而装出来的“奉承”，由于少了一份真诚，往往会让效果大打折扣，甚至会有反效果。

如果你在职场中，面对自己的同事时都无法做到真诚的奉承，那么在一线销售现场，当你面对顾客时，恐怕也很难做到这一点。

“您的发型真好看！”

“您的闺女真漂亮！”

“您二位看起来真般配！”

……

对于许多销售人员，尤其是那些职场新人而言，这些话很难说出口。也难怪，即便是熟人、同事之间，说这样“肉麻”的话都会显得“怪怪的”，何况对于几乎完全陌生的顾客？所以，当看到那些销售老手在各种献给顾客的溢美之词当中自如穿梭的时候，许多销售新手会惊讶得直吐舌头也便不足为奇了。

不过，在奉承顾客方面，销售老手也绝非尽善尽美，他们也会有致命死穴。

在这方面，最经典的表现，就是“否定顾客”。具体地说，就是否定顾客的见解，否定顾客的价值观。

这实在是一件有趣且矛盾的事情：一方面，销售老手极其善于让顾客开心；另一方面，销售老手又极其热衷于让顾客不爽。前者，往往是通过对顾客的“外在特征”给予绝对的肯定来实现；而后者，则常常是由于对顾客的“内在素养”给予绝对的否定所造成。

这样的“否定”，主要表现在两个方面。

第一，否定顾客本身。

当顾客对某件事情发表评论时，销售老手极难做到肯定顾客的发言，更不要说“奉承”顾客的表现了。他们常常倾向于对顾客的见解断然否定，然后再端出一个自己所认可的，与顾客截然不同的观点。归根结底，这依然是一种“炫技”的本能。越是老手，越是经验丰富、知识渊博，这样的本能便越强烈、越顽固。当然，顾客错，销售人员对，这种情况在一线销售现场绝不鲜见。毕竟销售人员是专家，而顾客不是。因此顾客的见解被否定这件事至少从逻辑上来讲，似乎并没有什么问题。但是，对销售这件事而言，“对错”往往不重要，“结果”才真正重要。带不来“成交”的结果，销售人员无论多“正确”也无济于事。而否定顾客，就等于间接地否定了结果。因为没有人喜欢被否定，被否定的感觉是苦涩的，会令人沮丧。在销售的现场，被否定，尤其是不断地被否定的顾客甚至有可能恼羞成怒，从而和销售人员彻底翻脸。惹恼了你的顾客，“成交”又从何谈起呢？

也许有人会说：那我应该怎么办？总不能明知顾客的见解是错误的，还要肯定他，甚至奉承他吧？那岂不是错上加错，最后反而是害了他？！

答案是肯定的。即便明知顾客的见解是错的，作为一个职业销售人员，你也要坚决地肯定他，毫不吝惜地奉承他。这是第一步，也是至关重要的一步，绝不可等闲视之。这样做的目的也很简单—— 无论如何，你要先给他一个好心情，让他整个人放松下来，不再对你抱有任何戒心。然后，你要这么做：在他对你产生初步的好感，不再对你剑拔弩张的时候，一点一点地将他的思路往你的“正路”上带，在不知不觉中让他掉进你的坑里，最终全盘接受你的观点。当然，这个过程不会一帆风顺，肯定会碰到一些小波折、小麻烦，比如说，在你试图把顾客的注意力往自己预先设定好的方向引导的时候，对方有可能忽然意识到你的意图，从而瞬间警觉，开始有所防范，这个时候，一定不要慌乱，你只需将相同的流程多重复几遍即可。只要你坚持这样做，最后十有八九能够达到你的目的。这就是“欲擒故纵”“明修栈道，暗度陈仓”的逻辑。

还有一点很重要。正如我在前面所说，顾客的见解无论对错，往往蕴含着丰富的信息，这些信息会帮助你挖掘他们的潜在需求。因此，除非万不得已，还是尽量不要否定顾客的见解，你最需要做的事情，依然是倾听，而不是辩解，更不是反驳。

第二，否定竞争对手。

否定竞争对手以及竞争对手的商品，是一线销售现场的陋习沉疴。这个毛病无论在销售新手还是销售老手中间都广泛存在，其中尤以销售老手为甚。正因为是老手，经验丰富、知识渊博，所以在商务谈判中更容易表现得咄咄逼人甚至盛气凌人。他们不但极容易否定顾客，也极容易在商谈中对竞争对手的一切表现出骨子里的不屑。这就麻烦了。一般来说，顾客的一个经典消费习惯是“货比三家”，这就意味着顾客在来到你的店，看到你的产品之前或之后，心里始终都会揣着某家乃至某些其他的店以及他们的产品。不止如此，你不是顾客肚子里的蛔虫，无法知道你的店以及竞争对手的店到底哪一个才是顾客心中的首选和最爱，因此，轻易地否定甚至抨击你的竞争对手，很有可能从根本上触及顾客的敏感神经，从而招致顾客对你的反感。换言之，否定竞争对手，其本质与否定顾客无异，往往代表着对顾客的“双重否定”，后果异常严重。

换一个角度说，即便否定竞争对手本身不会得罪顾客，这样的行为也不会博得顾客的好感。理由很简单，顾客不傻，知道你为什么会狂踩自己的竞争对手。这种通过贬低别人来抬高自己的行为，其目的过于露骨，手段过于卑劣，容易招致顾客的反感。

因此，对于自己的竞争对手，也要像对待顾客那样，要尽量多用“抬”和“褒”的方式，少用或不用“压”和“贬”的方式。不用担心你的产品会被竞争对手比下去，只要你对自己的产品具有起码的信心，发自内心地认为自己的产品比对手强，至少在某些方面完胜竞争对手，那么这种比较只能更有利于你的产品脱颖而出，而不是相反。而且重点在于，因为你没有采用“踩对手”的做法，在横向比较的过程中真正做到了客观公正、诚意满满，所以一旦比较结果出炉，这一结果对顾客来说将极具说服力，容易让顾客彻底信服，从而坚定他购买你的产品的决心。

总之，与“否定”相比，往往“肯定”的力量更大；与“肯定”相比，往往“奉承”的力量更大。一切源于“心情”。从本质上来说，销售就是“卖心情”。真正领会了这一点，你将海阔天空。

以上，我们可以将其视为来自顾客的忠告。

必须强调的是，这一忠告的适用对象不只是一线员工，还有公司管理层，尤其是高阶管理层。

我们知道,顾客的好心情来自一线员工,那么一线员工的好心情又来自哪里呢?

答案是上司。

做过下属的人都明白，在职场中打拼，对自己的心情影响最大的因素就是来自上司的评价。

不夸张地说，上司不经意的一句话，在下属心里都有可能变成一颗原子弹，引发巨大的核裂变效应。上司一句好听的话，可以轻松地让下属美上一个礼拜；反之，上司一句难听的话，也能轻易地让下属郁闷一个星期。

可见，影响下属的心情很容易，只要上司多给他们几句好听的话就行。

说白了，就是上司也有必要学会奉承下属。下属的心情好，他们就会善待顾客；顾客的心情好，他们就会善待你的钱包。就是这样一个简单的逻辑。因此，从这个意义上讲，善待下属，也就等于善待了顾客，反之亦然。奇怪的是，许多上司对这件事持有完全相反，甚至自相矛盾的观点：他们常常会恶言恶语，声色俱厉地严令下属善待顾客，或者用同样的态度严厉斥责下属对顾客不友善的行为。可他们却从未花心思认真地考虑过一个根本性的问题，那就是他们对下属的不友善与下属对顾客的不友善之间，是否存在着某种深刻的因果关系。

举一个例子。近些年来保姆虐待幼童的新闻频繁被报道，一时间“保姆猛如虎”“防火、防盗、防保姆”的舆论在坊间广为流传。可是，鲜少有人考虑过这样一个问题：保姆为什么会虐待幼童？如果每一个聘用保姆的住家以及整个社会舆论从头至尾都能善待保姆，尊重和爱护保姆，她们又为何要铤而走险，做出这样丧尽天良的事情呢？显然，天底下没有天生的坏人。好人办坏事的唯一原因只能是源于欺凌的报复。因此，如果你希望自家的保姆能够善待你的孩子，显然，竭尽全力地善待保姆才是最聪明的办法。在房间内安放监视器、窃听器的父母，其实从一开始就败在了起跑线上—— 正因为他们无法信任保姆，从一开始便对保姆持有某种敌意，所以在他们布下“天罗地网”的那一刻，其实祸根已经埋下。

保姆如此，员工也如此。正因为你的所有顾客以及所有潜在收益都掌握在一线员工手里，因此善待员工乃至奉承员工，让他们有个好心情，就是天下上司必须要掌握的功课，甚至是必须要尽的义务。

对于“奉承”员工，许多上司可能会有顾虑，他们怕下属员工“翘尾巴”，更怕下属员工小富即满、不思进取。这样的顾虑其实纯属多余，原因很简单，第一，正如我在前面所说，“奉承”仅仅意味着“好心情”，无法也不应承担太多、太深的含义。不要低估人的智商和自控力，让人奉承两句就找不到北的主儿很少，少到可以忽略不计。没有人是真正的傻子，会轻易混淆“真相”与“好心情”之间的界限。即便如此，想要一个简单的“好心情”也是人之常情，无可厚非。第二，人性是贪欲的，这就意味着“小富即满”这种事从根本上而言是个伪命题，完全违背人性，理论上并不存在。换言之，如果在日常工作中确实发生了“小富即满”的现象，那一定是因为公司在管理方面存在着巨大的问题，而这类问题一定与“上司嘴很甜，喜欢奉承下属”关联性不大。所以，与其把过错推给“奉承”，不如花点功夫，去寻找存在于公司内部的，其他方面的管理问题。

总之，奉承上司的意义其实并不大，唯一的价值仅仅是让上司本人获得一个好心情；而奉承下属的意义则很大，那将意味着下属和顾客都会获得好心情。两相对比，哪一个更合算，做上司的人不妨好好在心里掂量一下。

其四，你会寻找共同话题吗？

如果你是一位销售人员，你是否懂得、是否擅长寻找与顾客之间的共同话题？

让我们想象一下这样的图景：你在与某位顾客进行商务谈判。你们之间有说不完的共同话题，颇有点相见恨晚的感觉，对话现场的氛围分外热烈。无论是你还是顾客脸上都挂着自然的笑容，彼此的心中没有丝毫的距离感；顾客会向你彻底敞开心扉，源源不断地将他的心事说给你听。在这样的气氛里，商谈也似乎成了一件无比轻松、顺理成章的事情，在不知不觉中便会开花结果、顺利搞定。

怎么样？你的心中是否对这样的画面充满了无限向往？

没错，这是一幅商务谈判现场的理想图景，每一个销售人员都会心向往之；不过很遗憾，在我们的销售一线，鲜少有销售人员能够真正实现这个理想。

共同话题，是商务谈判的润滑油。这是销售的常识，没有人能够否定。可奇怪的是，尽管每一个人都懂得这个常识，能将其付诸实践，尤其是熟练地付诸实践的人却永远是极少数。

“寻找共同话题，首先你得有与顾客相同的爱好。这件事儿哪有那么容易啊！别忘了，我们接待的顾客可不是一个人两个人，而是成百上千人。这么多人，你怎么去寻找共同爱好啊？那不是天方夜谭吗？！把你切成八瓣儿也不够使啊！何况我们又不是孙猴子，可以七十二变！”

显然，“共同话题”与“共同爱好”或“共同经历”不能完全画等号，可不知为何，不善沟通的销售人员却总喜欢为自己找借口，给“共同话题”套上一个笼子，把它框起来。

我这个人比较宅，平时没有什么特别的爱好……

我还没结婚，现在还是单身……

虽说我也结了婚，但是还没小孩……

……

所以，我与顾客之间没有什么共同点，寻找所谓的“共同话题”，对我而言根本不现实。

从结论上讲，这样的思维方式，也是一种先入为主、自我设障的表现。因此，寻找共同话题，必须先从彻底排除自我心理障碍开始做起。

没错，天下顾客千千万，而你只有一个人。这是事实。不过，也正因如此，千千万万个顾客与你之间，也必然会存在无数潜在的交点，等待你去挖掘。

比如说，也许你没有结婚，无法和顾客在有关家庭生活的话题方面产生共鸣，但是也许顾客居住的小区你曾经去过，了解那里的地况地貌，而这方面的话题足以引起顾客的兴趣；再比如说，也许你比较宅，基本上没有什么拿得出手的爱好，可至少你会有一部智能手机，而顾客的手机也很有可能是同一个品牌，因此，仅仅手机这一个话题，就足够你们聊上大半天。

以此类推，只要你是有心人，有着极强的洞察力和极高的情商，在千千万万个顾客身上寻找对方与你之间的交点，其实是一件易如反掌的事情，本不应该变成一桩沉重的心事。

另外，即便没有交点，无关兴趣，也没有关系。

你可以强行制造交点和兴趣，而且这种做法的效果常常出奇地好。前提是，你要允许乃至鼓励顾客说话，千万不要自己说个没完。让顾客说话，说出他们的爱好，然后你只需接一个话茬儿就行：您的这个爱好真不错！让您这么一说，我都有点跃跃欲试了，您能教教我吗？

放心，任何一个人，当他听到有人对自己的爱好“感兴趣”时，心情一定是愉悦的。此乃人之常情。而且，由于对方是外行，顶多是初学者，自己处于一种绝对优势的立场，因此内心的满足感与成就感也会更大，更强烈。

所以，用这样的方法取悦顾客，往往立竿见影、事半功倍。一旦销售人员提出“教教我”的要求时，顾客几乎没有拒绝的可能。

总之，驱除心魔很重要。千万不要自我设限，把你与顾客之间一扇至关重要的沟通之门彻底封死。只要你能找到交点，彻底打开顾客的话匣子，对方一定会把无数的灵感和线索回报给你，为你的商谈之旅助上一臂之力。

其五，你敢向顾客透露隐私吗？

迄今为止，我一再强调了掌握顾客信息对服务行业的重要性。不过，这里面也有个天然的矛盾。顾客信息，十有八九涉及顾客的隐私。将自己的隐私透露给别人，尤其是初次见面的陌生人，是个人都会不同程度地抱有抵触感，这也是人之常情。

一般来说，明知销售人员是陌生人，顾客也会勉强奉上自己的私人信息，其原因在于“公司”的存在。换言之，对顾客而言，他们不是将自己的信息交给了销售人员，而是将它们交给了销售人员背后的“公司”。

这一点本无可厚非。可问题是，顾客进行商务谈判的对象，是销售人员，而不是整间公司。如果顾客与销售人员无法建立真正的“人与人”之间的信任感，无法成立“一对一”的亲密关系，那么商务谈判将会进行得无比艰难，谈判之路将充满坎坷。

与顾客亲密起来，建立某种“私密”关系，你的生意将事半功倍。这也是一个商业的常识。

那么，如何做才能和顾客之间建立起这种亲密关系呢？

简单，“以隐私换隐私”就行。常言道“来而不往非礼也”，既然人家顾客都把自己的隐私透露给了你，你又为何不能把自己的隐私也透露给顾客？

对销售而言，最忌讳的事情就是：一方面，销售人员以“私事”为切入点，强调获取顾客隐私的正当性（你不告诉我你的信息，我怎么向你推介商品？）；可另一方面，销售人员又会以“公事”为借口，拒绝向顾客透露自己的隐私（我只是一个卖商品的人，只是在做自己的工作，你了解我的信息没有任何意义）。显然，对顾客而言这是一种极其不公平的待遇。一般来说，鲜少有顾客会对这种不公平提出异议，可他们的心里必然会对这种不公平产生隐隐的不悦感。我一再强调，不可忽视顾客任何细微的感觉。无论多么细小的感觉，积累得多了也会爆发出惊人的能量，彻底成全或毁掉你的生意。因此，任何容易激发顾客潜在不悦的细节，都必须认真地一一清除，否则后患无穷。

总之，把自己的隐私透露给顾客，首先是一种尊重的表现，意味着你与顾客之间进行了公平的信息交换。顾客一定会对这样的表现示以好感。

不只如此，向顾客透露销售人员的隐私还有一个妙处，那就是能迅速消弭销售人员与顾客之间的心理距离，令双方的关系立马亲密起来。

理由很简单。一般情况下，什么人才能掌握你的隐私？一定是家人、亲戚、朋友、同学、邻居、战友……，总之，是与你之间存在亲密关系的人。顾客也不例外。当他们掌握你的隐私的瞬间，你们之间的关系也将立刻发生质变。

如果说顾客向销售人员提供隐私带有某种强制性，不太容易营造亲密氛围的话，那么反向操作，亦即销售人员向顾客提供隐私则完全是自发自愿的，极易创造私密气氛。不止如此，一般来说，人们对于他人的隐私有着某种天生的好奇心，这种心理俗称“八卦”。因此，只要你主动提供隐私，上赶着给顾客创造“八卦”的机会，遭到顾客拒绝的概率极低。这是一个绝妙的招数，可谓一试就灵。

商业的秘诀在于，销售人员要懂得、要擅长把自己的立场从“陌生人”变成“熟人”甚至是“亲人”。所以，从今天开始，放弃你那“炫技”的冲动吧！因为无论你的技艺多么高超，也无论你的专业知识多么丰富，如果在顾客心里你依然是一个“陌生人”，那么你的一切技艺和知识都将一钱不值。

其六，你是否懂得“沉默是金”的道理？

说起“炫技”，我又想起一个词，叫作“沉默是金”。

显然，与“炫技”相比，“沉默”往往才是真正高超的销售技巧。

让我们想象这样一个画面：

一位销售人员与他的顾客分坐谈判桌两旁。顾客正在滔滔不绝地讲述着什么，销售人员则不发一言，默默地倾听，并时不时地点头附和，一脸认真的表情。不知过了多久，顾客终于结束自己的发言，安静了下来。而销售人员却并不急于接话茬儿，并不急于将对话进行下去，而是选择中断对话，和顾客一起沉默，给人留下一种“陷入沉思”的印象。约莫过了半分钟左右，销售人员终于缓缓地开了腔：“哦，您是这么想的。明白了……也就是说，您认为产品的某某功能对您很重要，只要这方面的表现达标，且价格不会太高的话，您就会认真考虑对吗？”

显然，销售人员的话并没有什么新意，他仅仅是对顾客方才那通长篇大论进行了一番总结概括，然后试图向顾客本人再次确认自己的总结结果是否正确。

顾客深深地点头，认同了销售人员的总结，并急于知道对方接下来有什么话要说。而销售人员的反应却有些出乎意料，他只是用手指轻抚下巴，做若有所思状，然后轻轻地说一句“请稍等一下……”，便又一次陷入沉默，不吱声了。

怎么样？有什么感觉？如果你是一位一线销售人员，这样的场面是否陌生？

只要你有足够的勇气和足够的诚实，相信你的回答一定是肯定的。

没错，这样的场面对大多数销售人员而言，绝对会有陌生感。因为他们做不到，甚至不可能做到。对于他们来说，与顾客对谈过程中的任何沉默都是无法忍受的。除了填写表格、查看资料等可以被视作“例外”的时间之外，只要谈判双方打开了话匣子，这一对话便不可以中止，不可以有任何停歇，更不要说沉默的时间了。否则，任何的停歇与沉默，都会让销售人员如坐针毡、尴尬至极。对他们而言，停顿的时间每延长一秒，自身的价值就会流失一寸。因此，无论如何也不能让场面冷却下来，无论如何也要迅速接上话茬儿，哪怕这些话没有灵魂、没有内容，对商务谈判的进展毫无价值也在所不惜。这就是典型的“没话找话”现象，在一线销售现场可谓屡见不鲜。

不过，真正的高手不会这么干。他们非但不会“没话找话说”，甚至有可能“有话也不说”。换言之，他们是“沉默”的高手，懂得运用“沉默”的技巧。因为他们明白“沉默是金”的道理，知道在顾客面前，有的时候“话很多”意味着“一钱不值”，“话很少”才意味着“一字千金”。

“看来我的话他真是认真地听进去了。”

“看来他是在认真地思考应该如何回复我的问题。”

……

对于“沉默”的销售人员，顾客往往会这么想。而对于销售高手而言，让顾客这么想恰恰是他们的终极目的。只要顾客能这么想，销售人员与顾客之间的信赖关系，便可初步建立。这种信赖会转为期待。看着销售人员认真思考的样子，顾客会满怀期待，略带焦急地等待销售人员接下来的反应。

事情一旦发展到这种地步，商务谈判的主导权，便会牢牢地掌握在销售人员的手里。剩下的时间，在很大程度上就是销售人员说了算了。

明白这点很重要。一般来说，对任何商务谈判而言，主导权之争都是不可避免的，也是极为关键的。谁掌握了主导权，最终的结果就会对谁有利，反之亦然。可遗憾的是，在我们的一线销售现场，业务谈判的主导权却常常会轻易地落到顾客一方的手里，而销售人员则往往只有被动挨打的份儿，动辄便会着顾客的道儿，让顾客牵着鼻子走。

之所以会这样，一个很大的理由就是销售人员话太多，而且都说不到点子上。所以越说越跑题，越说越费劲，越说越被动，最后想不掉进人家的坑里都不行。这个毛病不改，主导权从何而来？

掌握主导权很难，也很容易。只要你做到一件事就行，那就是牢牢控制商务谈判的节奏，让顾客按照你的节奏来，而不是相反。

巧妙的、适时的、恰如其分的“沉默”，就是一个绝佳的制造与控制节奏的手段。它能为你创造一个时间与空间，甚至是想象空间的“绝妙间隔”，让对话主导权轻而易举地落到你的手里。

当然，这不是说只要你“沉默”，就能轻松地搞定一切。“沉默”也有一定的技巧，单纯的、一味的沉默对控制节奏毫无帮助，甚至会有反作用。会让顾客觉得莫名其妙，完全无法理解你的节奏，更不要说主动跟上你的节奏了。如果是那样的话，恐怕“沉默”带来的，也只能是如坐针毡和无尽的尴尬。

那么，如何做才能让“尴尬的沉默”变成“绝妙的间隔”呢？

简单。只要你学会一件事：复述。

通过复述顾客的需求，复述顾客的疑问，复述顾客说过的话的核心意思，你可以成功地向顾客传递这样的信息，亦即“您的话我正在认真考虑”“您的需求我正在系统地整理”……这样一来，复述之后的沉默，你便可以与顾客“共享”，而不会让顾客不明就里，如坐针毡了。

常言道：雄辩是银，沉默是金。

过分害怕沉默，过于急切地寻找话题填补空白，预防“冷场”，容易将毫无价值、逻辑混乱乃至完全错误的信息传递给顾客。这样的做法看似“雄辩”，其实却连“银”的价值都没有。

所以，如果你是个聪明人，还是换一个思路，学会“复述”，学会“沉默”，养成先动脑、后动嘴的习惯为好。

是为“沉默是金”。

**小结：商业的秘诀在于，销售人员要懂得、要擅长把自己相对于顾客的立场从“陌生人”变成“熟人”，甚至是“亲人”。**

## 第二节 如何做一个“有用之才”：“战友”和“客户”都是自己人

销售这码事最后拼的还是“概率”这两个字。努力，就会有概率，不努力，概率就是零。

在服务业的现场，什么样的员工才是一个真正的“有用之才”？

这个问题，恐怕要从两个方面来回答。

第一，必须能够“独自”完成工作。

第二，必须能够灵活借助他人的力量。

两者相辅相成，缺一不可。

先来说说第一条。

在服务行业行走多年，有一个现象让我异常头痛，那就是有太多的一线工作人员无法独自完成一个完整的服务或销售流程。对他们而言，如果不借助他人，尤其是上司之手，搞定顾客似乎是一个“不可能的任务”。

这就麻烦了。对公司而言，这种现象的普遍存在意味着巨大的成本负担、机会负担和效率负担。

理由很简单。如果你是一位服务行业的公司老板，这笔账一定能算得清：如果每一个销售人员都无法单独搞定顾客，都必须在商谈过程中一而再再而三地借助上司的力量和资源，消耗上司大量的时间和精力，那你雇这些人有什么用？不是白白浪费大量的真金白银吗？

同理，如果你是一位销售经理，也一定能算清这笔账：既然你的手下无法单独搞定商谈，完成买卖，每一次都需要你出头露面才能解决问题，摆平顾客，那他们的工作又有什么价值？既然他们的活都让你干了，那他们的存在又有什么必要？

尤为令人发指的是，我曾在不同的销售现场，不止一次地见过这样的场面：一线销售人员需要做的，仅仅是给业务谈判开个头儿，剩下的时间就是舒舒服服地做一个旁观者，一个“甩手掌柜的”。只要他们把顾客迎进展厅，请顾客落座，然后再给顾客倒杯茶或其他的什么饮料，简单地询问一下顾客的来意，便会立刻起身去请销售经理。只要销售经理一出面儿，这次商谈便没有那位销售人员什么事儿了，他只需坐等上司的谈判结果即可。如此周而复始，销售人员的小日子过得那叫一个滋润！

对于这种情况，我除了“寄生虫”三个字之外，实在想不到一个更好的形容方式。

尤为不可思议的是，一般来说，销售经理极少拒绝下属这种无理的请求，他们几乎是有求必应，个别人甚至会在顾客进场后，主动走到顾客面前，示意自己的下属把顾客“让”给自己。

销售经理之所以会这么做，无非有两个原因：第一，“成交率”的压迫。随着市场竞争日趋激烈，顾客的选择余地日益增多，“成交”便成了一件极为艰难的事情。可与此同时，老板的硬指标却高悬头上且极少能有通融的余地，常常会压得业务部门喘不过气来。在这种情况下，不顾一切搞定顾客，确保成交，也可谓形势所迫，是“没有办法的办法”。显然，与基层员工相比，销售经理手里掌握的资源更为优厚，个人的职业经验也更为丰富，因此，把至关重要的客户交到经理手里，也便成为一个相对“合理”的选择。第二，“炫技”的冲动。这种情况也很常见。一般来说，销售经理都是由业绩突出的基层销售人员提拔上来的，他们往往并不具备一个“管理者”的素质，充其量只能算一个相对高级的“业务者”。因此，对他们而言，长期在一线做业务时养成的习惯根深蒂固、极难纠正。“炫技”冲动就是一个典型的例子。大多数销售经理都极难遏制这种冲动，一看到自己的部下有任何业务上的瑕疵，他们总是习惯于冲上前去，把销售人员拉到身后，自己粉墨登场，亲自面对客户。当然，“白捡的买卖”销售人员也不会错过，他们乐得领情，心甘情愿地把顾客扔给自己的上司，自己则舒舒服服地当一个“吃白食”的人。

这就是销售现场的实情，这就是一线销售人员以及他们的上司最真实的心态写照。

这样的心态尽管可以理解，其弊端却不可小觑。

首先，正因为“成交率”的压迫很大，老板的压力很真实也很可怕，所以对于销售经理而言，一线现场的工作效率才至关重要。俗话说“浑身是铁也碾不了几根钉”，销售经理即便有再大的能耐，再多的资源，以其一人之力，又能应付几个顾客，能摆平几段商谈？别忘了，每一段商谈动辄要花费一两个小时的时间，基本上接待完两个客户，半天的时间就没了。这么搞下去，商谈的效率何在？就算销售经理亲自出马，成交率可以达到百分之百，一个月下来，又能搞定几个买卖？何况销售经理也不是神仙，不可能确保成交。因此，为了大幅改善效率，大面积促进成交，提升销量，想方设法让每一个销售人员独立起来，放弃对上司的依赖，独自完成一个完整的销售流程，对一线管理者而言是刻不容缓的任务。

当然，这样做会冒风险，会遭遇暂时的损失。由于销售人员的不成熟，可能会错失一些顾客，浪费一些商机。不过，即便如此，也要咬牙坚持住。让部下独自行走，就像给小孩子断奶一样，需要一点耐心，也需要一点狠心。非如此部下无法成才，非如此问题不会得到根本性的解决。所谓“长痛不如短痛”，正因为市场竞争无比激烈，正因为业绩的维持无比艰难，所以才要拿出壮士断腕的魄力，彻底重塑你的销售现场。因为有些成本，有些代价，是必须要付的。

另外，“炫技心理”也可休矣。“一花独放不是春，百花齐放春满园”。作为一个上司，总是剥夺下属成长的机会，是彻头彻尾的失职表现。在下属面前露脸，固然可以增加自己的威信，可是也会背上许多不必要的包袱。

在一线销售现场，我见过太多这样的场面：销售经理就像一个消防队员一样，不断地奔赴各个现场灭火，可即便他忙得屁股上直冒烟，连喝口水的功夫都没有，各个现场却依然不断地传来新的火情，令他焦头烂额、疲于奔命。

和这样的部门经理谈工作，你会感到无比痛苦。因为他们的手机铃声几乎无时无刻不在响，这就意味着他们的部下几乎无时无刻不在向他们求援，甚至是求救。大到产品的价格应该怎么谈，小到一张表应该怎么填，他们需要处理的问题包罗万象、烦琐至极。不客气地说，这种上司已经在事实上成了自己部下的“保姆”，连部下擦屁股的琐事儿也得放在心上。与此同时，部下对他们也形成了极强的依赖心理，似乎大小琐事只要交给上司便万事大吉。长此以往，部下非但不可能成才，不可能独当一面，相反还会染上“不敢承担责任”或“喜欢推卸责任”的坏毛病，可谓“一举多失”，愚蠢至极。

更为愚蠢的是，工作一塌糊涂到这种程度，这些上司还往往不以为耻，反以为荣。他们常常会莫名其妙地把这种“焦头烂额”的局面当作“敬业”的表现，一旦受到上级的批评便会万分委屈，觉得上级不近人情、恩将仇报。这样的认知方式，实在是令人哭笑不得、喟叹不已。

可见，“忙”和“效率”是两码事，和“敬业”更加风马牛不相及，绝不可混为一谈。

总之，在让部下“断奶”这件事上，必须要狠一点，要舍得下血本。即便把事情搞砸也在所不惜，即便挨上级批评也要甘之如饴。这些都是你必须付出的成本，也必将给你带来丰厚的回报。风雨过后见彩虹。大胆放手，咬牙忍住，只要你能挺过最初的混乱，度过最初的艰难，便一定能迎来海阔天空的那一天。

再来说说第二条。

当你的部下终于学会自立，能够一个人独自完成完整的服务或销售流程时，是不是意味着他们从此便没有必要，抑或不再应该从同事或上司那里得到任何协助了呢？

答案依然是否定的。

别忘了，在职场中“一匹狼”的做法是行不通的，至少不是总能行得通。

任何现场，永远是“团体战”吃香。“个人战”当然也重要，但没有“团体战”做依托，“个人战”鲜有成功的可能。

尽管不太多见，但是一线销售现场也能偶尔见到这样的情况：

明摆着一位销售人员已经呈现出极大的疲态，在顾客猛烈的炮火面前只有招架之功，全无还手之力，已经处于勉力维持的状态，销售经理依然会无视这一情况，没有丝毫出手相助的意思。即便销售人员一次又一次地向自己发出求援的信号，销售经理依然会不断地鼓励自己的部下孤身奋战，争取靠自己的力量搞定顾客。

顶天儿了，销售经理会让部下找个借口暂时离席，来到自己的办公室，和他一起商量具体对策。然后，这位经理会再一次将部下推到门外去，让他独自面对那位难缠的顾客。

公平地说，如果部下是个新人，抑或是个好吃懒做的“惯犯”，上司的这种做法无可厚非，甚至值得鼓励。不过，如果情况不是这样，这位上司的做法则显得有些过于偏执，等于走了另一个极端。从结论上讲，前者是“培养”，后者则是“迂腐”；前者是“本分”，后者则是“失职”。

孰是孰非，需要上司做一个准确的判断。

团体战，是职场中永恒的主题。职场就是一个“人人为我，我为人人”的地方。在这个地方，没有什么事情“必须”由一个人来做，而其他人无须或无权帮忙。每一个人的事，都是大家的事；而大家的事，也是每一个人的事。

搞了这么多年管理工作，最让我无语的一种情况是：总是有人以“分工”为借口，来否定“合作”，却恰恰忘记了“分工合作”是一个完整的名词，“分工”与“合作”是一个管理学概念不可分割的两个组成部分。

这就是典型的线性思维方式，非黑即白，没有中间。无论是做人还是做事，这样的思维方式都会带来无穷祸端，一定要引以为戒。

除了学会自立与团队合作，成为“有用之才”还需要满足一个条件，那就是真正理解顾客，甚至比顾客本人理解得还要深、还要广、还要有力度。

举一个真实的例子。

曾经有这样一个一线销售人员，给我留下深刻的印象。

有一天他对我说：领导，我最近才明白一件事。那就是我发现顾客真的是认真的，他们认真起来真的好可怕……

这位销售人员，一度是部门经理心中最大的痛。人品没什么问题，可业绩无论怎么努力也不见起色。经理甚至一度认为他不适合做销售，动过辞退他的念头。

可是，不知从什么时候开始，奇迹发生了。

没有任何预兆，这位员工的业绩忽然开始快速拉升，一度爬上部门销售冠军的宝座，且基本夯实了部门销售业绩前三的成绩。换言之，他在极短的时间内，将自己的职场角色从“拖油瓶”迅速改造成了“发动机”。

因此，当我试图询问他奇迹发生的理由时，他表现得非常平静，说出的话也朴实至极：……不知何时，我恍然大悟，终于意识到一件事，一件特别重要的事，那就是购买数万元乃至数十万元的高档商品，真的不是一件“寻常事”！顾客真的会紧张，会如临大敌，会表现得特别挑剔、特别琐碎、特别磨叽，甚至特别难缠！可是这一点，作为销售人员的我却长期不理解，甚至从来没想过理解这种事的必要性。归根结底，我是卖商品的，顾客是买商品的，我们的立场不一样，因此所思所想也就不一样。作为卖商品的人，天天和商品打交道，天天和买商品的人打交道，所以觉得“卖商品”这件事很单纯，连带着，就会认为“买商品”这件事也没什么大不了。时间长了，就成了职业病，感觉完全钝化了，完全无法也不愿理解顾客的想法和心情。可是，最近发生的一件事彻底改变了我的想法。前一阵我们家想买房子，借遍了七大姑八大姨的钱。当我和父母拿着好不容易凑够的钱去售楼处时，那种心情几乎已经不能用“忐忑不安”来形容了，简直可以说是“惊心动魄”！心脏都快停止跳动了！我们在售楼处磨叽了一整天，给人家挑了无数的刺儿，即便这样，最后还是没能下决心，又灰溜溜地回家了。把那些售楼小姐气得呀！我都听见她们在一旁嘀咕的声音了，尤其是我们回去的时候，几个售楼小姐在身后低声的咒骂我都听见了！可不知怎么的，我却一点不生气，相反还觉得有些对不起人家！幸亏我爸妈没听见，要不然没准儿会发生什么冲突呢！那个瞬间，我突然悟到一个道理。因为要动的是真金白银，是自己辛辛苦苦拿命换来的血汗钱，所以顾客的心情，比我们销售人员的心情要认真一万倍、紧张一万倍！即便在我们眼里是鸡毛蒜皮的小事，在顾客的眼里都会是天大的事！因此，要想取得好业绩，唯一的办法只能是让自己的心情和顾客同步。顾客紧张一万倍，我们也要紧张一万倍；顾客认真一万倍，我们也要认真一万倍。只有这样，你才能与顾客产生共鸣，才能让顾客放心地与你成交，把他的血汗钱交到你的手里。现在想起来，我觉得挺惭愧。觉得迄今为止的自己，就像一个战士，连枪都不拿，便试图赤手空拳地冲向战场！

他的话，真的一点也不深奥。无非是再一次印证了我们重复过成千上万遍的“换位思考”的道理而已。

这是一个常识中的常识。遗憾的是，这个世界上最简单的是“常识”，最难的也是“常识”。

换位思考，理解顾客。要比顾客还要认真，还要谨慎，还要紧张，还要如坐针毡、大惊小怪、吹毛求疵。

做到这一点，主动权就在你的手里了。顾客就会“指哪儿打哪儿”，完全听从你的“指挥”，完全服从你的意志。

这才是销售高手的境界。

“这个，不好说，您不亲自来一下怎么能弄明白呢？”

这句话，是否熟悉？显然，它的潜台词是：我希望你能来，可如果你不来，我也没什么脾气。撞大运而已。撞上了算我运气，撞不上是我活该！

一开始，确实是想着随机应变来着，可是一到谈判的现场，便立马现原形，成了“撞大运”。当然，既然是撞大运，运气不好是常态。而这个时候，只要把屎盆子扣在顾客脑袋上就行，自己则可以全身而退——“是他不愿意来，估计是个‘买气’不大的客户。搞不定不能怪我呀！”

没错，“阴晴不定”是顾客的常态，“出尔反尔”的顾客也不少。再牛掰的销售高手也不可能做顾客肚子里的蛔虫，提前预知顾客所有的动机与反应。即便是顾客自己也做不到，何况是外人？但是，因为这样便可以原谅自己“不带武器就想上战场”的心理和行为显然是说不通的。归根结底，我们是销售人员，我们的任务是销售商品、满足顾客，所以必须要对顾客的心理活动规律有所了解，要敢于乃至善于挖掘、分析顾客的信息，并从这些信息中提炼出顾客的潜在需求，然后，再付诸行动去附和乃至满足这些需求——这不就是我们日常工作的常态吗？

“好的，明白了。容我再和家人商量商量。”

“放心，一旦定下来了，会给你去电话！”

“有空的时候一定过去！”

……

当顾客这么说的时候，他其实已经在强行按捺自己心中的不满了。这些话的潜台词一目了然，说白了就是“求你了，甭再烦我了好吗？！”

另一方面，销售人员也不是傻瓜，不可能对顾客如此赤裸裸的暗示完全无感，可问题在于，他们即便有感也别无他法，只能硬着头皮顶上去。这就是销售人员与顾客之间天然的矛盾，天生的宿命。

因为顾客的心理和行为存在太多、太大的不确定性，所以只能“随机应变”。这个解释看似合理，其实未必。对顾客而言，销售人员所表现出来的“随机应变”，是一种不理解、不体谅，压根儿不想换位思考、将心比心的表现。往好听里说，这叫作“经验”和“技巧”；往难听里说，这叫作“没把顾客当自己人”。

因此，顾客的反应也很直接。他们用自己的不耐烦，用自己赤裸裸的不满暗示，强有力地回应了这些不愿发自内心地理解自己，没有把自己当“自己人”的人。

我在前面提到的那位销售高手，在一线现场的商务表现中，也会时不时地呈现出一种“随机应变”的状态，看似学会了许多技巧和经验。但是，他所表现的“随机应变”，与其他销售人员不同，因为在顾客面前，他的每一个动作、每一句话、每一个反应，无不透露着深深的诚意，无不体现着认真的态度，而且是比顾客还有过之而无不及的认真。对他来说，所有的技巧和经验不是拿来“搞定买卖”的，而是用来“服务顾客”的。因为他把顾客完全当成了自己人，能够完全站在顾客的立场考虑问题，所以，他身上的技巧和经验就不再是用来“打败”顾客的武器，而成了“帮助”顾客的工具。在顶级销售人员当中，做到这点尤为难得。一般来说，顾客对于那些技巧极其高超、经验极其丰富的销售人员会抱有天然的警惕和抵触心理，担心自己会成为对方高超技巧的“炮灰”。能够让顾客消除这种担心，甚至把对方的高超技巧视为自己可信赖的资源，可见这位高手的境界达到了一种什么样的水平！

这就是销售的最高境界，一个明显的标志就是“化敌为友”。当顾客不再与你对立，而开始与你站在同一个战壕时，生意也便成了水到渠成的事情。为了做到这一点，首先你要采取主动，把自己从顾客的对立面上拉下来，转移到顾客的“同立面”上去。

那么，除了换位思考、将心比心，发自内心地理解顾客之外，还有没有其他要领，可以有效地化解顾客与销售人员之间的对立，在两者之间建立卓有成效的双赢关系呢？

答案是肯定的。

就像我在前面提到的那样，销售人员和顾客之间，不应该存在一种“比赛”或“战争”意识，不应该以“胜负”论英雄。因为这样的“战争”，在商务谈判的世界里，是不可能有真正的胜者存在的。所以，只有真诚地站在顾客面前，让彼此都能敞开胸怀，让彼此的心声能够互相碰撞，彼此激荡，才有可能在买卖双方之间撞出火花，创造“双赢”的局面。当然，既然是谈判，必然会涉及“筹码”与“技巧”之类的概念，这一点毋庸置疑，确实无法避免。但是，“技巧”与“真诚”未必不可兼容，未必不能相得益彰。谁能将其合而为一，谁就会成为销售行业的常胜将军，为自己，也为顾客带来最大化的利益。这才是“双赢”的真谛。否则，任何一方利益受损，最后的结果一定不会是“双输”。

让我们回到商务谈判的现场，看看那里每天都在发生什么，想想自己到底应该怎么做。

一位销售人员坐在一位顾客面前，双方都摆出一副“真诚合作”的样子，让商务谈判在一派暖融融的气氛中顺利开场。然后，双方便逐渐进入“真心话大冒险”游戏的氛围，开始了速度和耐力的对决：谁能更快、更多地勾出对方的心里话，谁就获胜，就能在接下来的谈判中得到主动权。换言之，此时的商务谈判，已经变成一种心理战。参战双方都会竭尽全力，尽量多地使用“虚晃一枪”的招数，希望能成功勾出对方的底牌，而将自己的损失或潜在损失控制在最低限度。

这种心理战，就像是拔河一样。谁能把对方拉到自己的阵营里，谁就胜出。显然，如果销售人员获胜，输家就是顾客。

可以想见的是，在这种情况下，顾客即便“愿赌服输”，掏钱买了你的商品，他的满意度也不会太高。而“顾客满意度”的低下，尤其是长久性的低下，迟早会以另一种形态（销售的失败）反馈到你的业绩中。

因此，还是让我们回到销售的原点，看一看销售的本质是什么。

本来，销售应该是一件皆大欢喜的事情。是销售人员可以与顾客一起，尽情地分享销售成果的事情——他以满意的价格，满意的服务得到了梦寐以求的商品；而你则得到了顾客的赞美，得到了金钱收入，得到了极大的成就感和幸福感。

这是多么美好的一幅图画！可是，如果这种满足，这种幸福的感觉只能由一方独享，不能由双方分享，所有这一切美好，都将瞬间破碎。

所以，如果把商务谈判比作“拔河比赛”，那么，这一“比赛”正确的“打开方式”应该是这样的：销售人员和顾客同属一个阵营，而他们需要齐心协力、共同战胜的对方阵营，则是“商品”。在“拔河比赛”中打败商品，把它拉到自己的阵营，是销售人员和顾客共同的目标。为此，双方必须心往一处想，劲儿往一处使，而不能做相反的事。

只有做到这一点，在商品被拉过中间线，拉到己方阵营的那一瞬间，销售人员和顾客才能共同享受胜利的喜悦，真正明白什么叫作“共赢”。

那么，在一线现场的实操当中，怎么做才能顺利地把顾客拉到自己的阵营里来呢？

简单。多说“YES”，少说“NO”和“BUT”就行。

换言之，在商务谈判中要尽量顺着顾客说，不要逆着顾客说。非“逆”不可的时候，也要先“顺”着顾客走，然后再想办法逐渐将顾客拉到你的轨道上。重点在于，不要让顾客意识到你的意图，要让他在不知不觉中做到这一点。好消息是，从心理学角度讲，一个人一旦被顺从，甚至被吹捧，往往会放松警惕，卸掉盔甲，这就为销售人员“逆转”某些状况打下了坚实的基础，提供了良好的契机。反之，如果你做不到这一点，总是试图一上来便与顾客唱反调，就会愈发强化他们的警惕心理，让他们穿上更沉更厚的盔甲，那个时候，你的处境会更艰难。

两相对比，孰优孰劣，一目了然。

在具体话术方面，“您说得太对了！”“可不是嘛，我怎么没想到呢！”“没错，我也一直是这么想的！”等，都是上佳的选择。这些表述方法，都是在向顾客宣示“自家人”的立场，容易博得顾客的好感和信赖；另一方面，“但是”“可是”“不过”等表“转折”的词汇要尽量少用，更不用说直接否定顾客、反驳顾客乃至攻击顾客的词汇了。类似于“这个您不懂，我跟您说呀……”这样的表达方式，便是典型的“作死”信号，总是把这类话术挂嘴边的销售人员，无论多么“资深”，其本质也依然还是个“新人”，因为他完全没有理解销售的真谛。

还有一种好的话术典范，那就是“复述”顾客说过的话。“您说的是不是这个意思？……”“您刚才的话我是这么理解的……您看对吗？”等，这样的复述，除了可以再一次确认顾客的意图之外，还能够给顾客留下一个“认真倾听”的好印象，一般来说可以确保顾客肯定的回答，有利于得到顾客的好感和信任。这种“互相肯定式”的对话多了，氛围自然会趋向友好、和谐，趋向“同阵营”的状态。

至于说到“但是”“可是”“不过”之类的转折词，我们可以简单地换位思考一下：当你与别人探讨一个重要的问题，非常希望自己的观点能够得到对方的肯定，也确实得到了对方初步肯定的时候，你会怎么想？一般来说，你的心理活动一定是这样的—— 尽管对方初步肯定了自己，可也许对方仅仅是客气一下，内心深处未必是这么想的。所以，对于对方的肯定，你的心里并不踏实，依然有些忐忑、有些警惕，这个时候，你会本能地等待对方的“但是”，甚至会直接要求他说出“但是”后面的话。

为什么事情会变成这样？原因很简单，就是因为对方在肯定你的时候，态度不真诚，语言有所保留，埋下许多伏笔。因此，对于对方的这种“肯定”，你会情不自禁地抱有警惕之心，本能地将注意力置于对方嘴里可能会蹦出的“但是”这两个字上。

所以，任何习惯于将“但是”“可是”“不过”这样的词汇挂在嘴边的人，一定是那种心不诚的人，是那种不愿意乃至不屑于理解顾客诉求的人，他们嘴里的“肯定”，基本上就是虚晃一枪，在他们“肯定”你的时候，其实脑子已经转向了别处，开始琢磨着如何反驳你、否定你了。这就是在商务谈判的对话中常见的“转折词”的真相。

在销售现场中，我们称这种现象为“噬咬症候群”。说得形象一点，就是有这样一些销售人员，他们具有极强的攻击性，总是把自己武装到牙齿，时刻准备着咬顾客一口，让顾客受伤。仿佛不这么做，他们就会手痒，就会浑身不舒服。长此以往，便成为一种本能，一种病态。

得了这种病的销售人员，往往不会倾听，甚至不屑倾听。在顾客发言的时候，他们仅仅是在做“倾听”的样子，其实心里早就开始不耐烦，早就想好了一大堆否定顾客的理由和言辞。

所以，往往顾客刚说完，甚至还没有说完，他们便会迫不及待地表态“我明白您的意思，不过……”“您说得有点道理，可是……”“是，是这个意思。但是……”

对于这种病症的发作，顾客往往很无奈，因此只能做出“且听听他怎么说”的反应；而这样的反应常常会招致销售人员的误解，以为顾客“倾听”的表现是对自己的认可，因此会愈发变本加厉、滔滔不绝，而对已然悄悄降临的危机全无感觉。殊不知，顾客的“听”是被动的“听”，并不意味着顾客接受了你的观点，也不意味着顾客对自己的思路被打断乃至被无视毫不在意。在顾客确认你对他的话完全无感的瞬间，他对你的话也便完全无感了。你说的所有的话，无论多么在理，从这一瞬间开始，便会全部变成废话，没有任何价值。

患上“噬咬症候群”病的销售人员，大体上分为两种类型。

一类是职场菜鸟，一类是职场人精。

前者因为经验不足，知识不够，基本功不扎实，所以总想蒙混过关，生怕栽在顾客手里。因此，当他们被顾客的发言或提问逼到悬崖边上，感到事情不妙的时候，往往会狗急跳墙，甚至会先发制人，反咬顾客一口，以此来掩盖心中的慌张或者夺回谈判中的主动权。这样的销售人员有一个明显特征，就是在商务谈判中他们的思路与顾客的思路之间往往呈现出一种“平行线”的状态，双方各说各话，各走各路，谁也不碍着谁。可想而知，这种谈判即便谈上一万年，也不可能谈出什么彩儿来，更别提结果了。

与前者相反，后者因为经验丰富，知识渊博，基本功扎实，所以总想凭借实力强行“碾压”顾客的智商，试图一举拿下顾客，令其成为自己的手下败将。这样的销售人员也会在商务谈判中表现出强烈的“平行线”特质，极难与顾客形成真正的交点，达成货真价实的共识。

正因如此，我才会坚定地认为这些人不是什么“人精”，无论他们自我感觉多么良好，身上的武功多么高强，他们依然是不折不扣的“菜鸟”。因为从本质上来说，他们与菜鸟没什么两样。

除了“噬咬症候群”，销售现场还存在一些人，患有“一喜一忧症候群”的病。

“一喜一忧症候群”，意思就是说，某些销售人员对于顾客表态的反应过于敏感，过于情绪化，甚至达到神经质的程度。自己的商品或话术受到顾客的肯定乃至褒奖，觉得“有戏”的时候，便会内心狂喜，觉得自己的世界一片光明；与之相反的事情发生，便会内心沮丧，觉得自己的世界一片黑暗。

这种极端的情绪化，会带来许多潜在的机会损失，其副作用不可小觑。

销售现场经常会发生这样的情况：搞不定“临门一脚”。好不容易闯过了“九九八十一难”，就差“最后一哆嗦”了，可有些销售人员就是无法把漫长的商谈结果以“成交”的方式呈现出来。

这种人最让上司头痛。而上司能做的事情，也无非是对其施加压力，一次又一次地发出“务必缩小包围圈，迅速收官”的指令。可问题在于，不是下属不想收官，而是他们不能收官。因为收官需要的不是上司的命令，而是顾客的信息，尤其是那些至为关键的信息。无论费多大劲也无法收官，从本质上来说，一定是因为销售人员还没有搞定顾客的某些重要需求，还没有掌握顾客的某些重要信息，所以，尽管销售人员确实真切地看到了商谈的终点线，却无论如何也无法跨越最后一步。

为什么销售人员会漏掉这些重要的需求和信息?

“一喜一忧症候群”现象的存在，可以给出部分答案。

“一喜”意味着销售人员觉得“有戏”，因此心情愉悦，自信爆棚，脑子里瞬间溢满积极要素，而那些潜在的消极要素则完全被抛弃、被遗忘；与之相反，“一忧”意味着销售人员觉得“没戏”，因此心情沮丧，脑子里一下装满消极因素，而那些潜在的积极要素则完全被放弃、被无视。

另一方面，对顾客而言，无论他的表态多积极，心中也会残留消极因素，会有一些没有解开的疙瘩；反之，无论他的表态多消极，心中也会有不少积极因素，对你的商品依然保留着极大的兴趣。

这就意味着，只要你放弃情绪化的反应，扎好马步，以不变应万变，冷静应对顾客的表态，哪怕是出尔反尔、反复无常的表态，认真地倾听，锲而不舍地挖掘，你就一定能找到积极中的消极因素或者消极中的积极因素，并最终把所有的消极全部变成积极，那么商谈路上最后的“一哆嗦”，对你而言也便不成问题了。

所以，对于那些搞不定“临门一脚”的销售人员而言，正确的做法应该是这样的：“一喜”的时候，要主动检讨顾客还有哪些关键心结没有打开，以及为了打开这些心结，你还需要做些什么；同理，“一忧”的时候，要好好反思顾客为什么会陪你一路谈到现在，因为那一定意味着在他的心中，对你的商品还有许多不舍。搞清这些不舍到底是什么，去进一步强化它们就行。

总是搞不定“临门一脚”，与商品宣传彩页的使用方法也有关系。

在现代商业中，对任何一个店家，任何一种品牌来讲，商品的宣传彩页都是不可或缺的。可是彩页的正确使用方法，却没有几个人知道，甚至没有几个人会把这件事视为一个问题。公司花那么多钱，下这么大血本印刷出来的精美彩页，在一线销售现场往往被我们的销售人员和他们的顾客粗暴地对待，十有八九在依然崭新、依然散发着油墨香味的状态下被扔进了垃圾桶，混同于“一般垃圾”。这实在是太遗憾了，堪称“暴殄天物”。真不知老板们看到这一幕，是怎么做到不为所动，“稳坐钓鱼台”的。如果我是老板，恐怕早就心急如焚，哭红了眼睛。

那么，我们的销售人员以及他们的顾客都是怎么对待宣传彩页的呢？

销售人员：顾客索要，递给顾客，后面的事情不再管，爱咋地咋地，因为那是顾客的自由；顶天儿了，挑几个顾客或自己感兴趣的点讲一讲，剩下的事儿悉听尊便。

顾客：拿到彩页，随便翻翻，顶多看看漂亮的照片和一些有的没的参数，然后就将其扔进垃圾桶；顶天儿了，会就一些自己感兴趣却没弄懂的点问问销售人员，好歹有一个感性认识便浅尝辄止，不再细究。至此，彩页也便完成了自己的使命，随时准备好被扔进垃圾桶。

在这里，必须重点强调一下：商品宣传彩页属于典型的“专业信息载体”，理论上作为非专业人士的顾客无法也不应该独立面对这一载体。对彩页内容的理解，必须在专业人士，也就是销售人员的辅佐乃至指导下完成才有意义。否则，彩页就是无用的垃圾。

有些销售人员可能会觉得很委屈：顾客进店的时候，已经看到了实物商品，而我们也针对实物商品的各种特点以及相关参数对顾客做了详尽的解释和说明。既然如此，何必要把相同的事再重新做一遍呢？这不是多余吗？

没错，这是个好问题。不过，按照这样的思路，彩页本身也是多余的，原本没有存在的必要。可为什么厂家和店家还要多此一举，花这么大力气，下这么大血本制作彩页呢？

理由很简单。在店里，面对商品实物进行说明固然重要，可顾客不是神仙，没有那么强大的理解力和记忆力，不可能把你讲解的重点在第一时间完全消化、理解并且记住。因此，顾客需要有大量重温和“复习”的机会，好让商品的信息更深刻、更完全地被自己吸收。

不仅如此，一般来说，顾客喜欢货比三家，会搜集大量不同店家、不同品牌乃至不同种类、不同型号商品的彩页。他们会把这些彩页拿回家，摊在桌子上一一对比，一一盘算，一一作出判断。这一过程，对于顾客做出最终选择具有极为重大的决定性意义，万万不可小觑。可是，当顾客把你的商品彩页摊开的时候，如果脑子里一片空白，或至少残留了太多空白点，你认为会发生什么?

所以，不用犹豫了，改进你的操作方法吧！下次再遇到顾客向你索要商品宣传彩页的时候，不要轻易地把彩页递到他手里（一旦轻率地递出去，就跟白扔了一样），你要自己来，用自己的手把彩页在顾客面前摊开，然后逐项向顾客做出详细的讲解和说明。在这个过程中，或者这个过程结束之后，再向顾客展示实物。此乃商务谈判的顺序，不可轻易打乱。你要知道，从某种意义上讲，宣传彩页的价值甚至比实物讲解还要高。因为实物讲解是一次性的，具有“阅后即焚”的性质，而顾客真正能带回家的，是宣传彩页。

不要担心顾客会因为急于看商品而对你的彩页讲解不耐烦，归根结底这是一个态度和话术的问题。只要你笑靥如花，态度怡人，话术巧妙，搞定这点事儿应该不在话下。当然，如果顾客执意要先看商品实物，也没必要与顾客硬拗。只不过，你要改变迄今为止的做法，自始至终都要把彩页与实物讲解紧密联结起来，让顾客在回家之后，能对彩页上的所有信息，尤其是那些关键信息留下深刻的印象。

当然，还会有一种情况，那就是顾客彻底拒绝你的彩页说明，甚至完全对彩页不感兴趣。

“没事儿，我就随便看看。你不用给我作说明。”

“没关系，你这儿的彩页我拿过几张，家里还有呢！”

“一会儿我还有别的事儿，顾不上听你讲解，让我一个人待会儿就行。”

……

这个时候，销售人员应该怎么办?

首先，你不能泄气，让顾客一句话顶回来，便灰溜溜地蜷缩到一边去。

接下来，你要采用这样的应对方法，我称之为“程咬金三板斧”。

具体地说，你要这样做：寻找与你的商品有关的三个重要卖点，当遭到顾客或明或暗的拒绝（拒绝销售人员的彩页讲解乃至实物讲解）时，用最短的时间把这三个卖点推介给顾客。

当然，既然是这样，卖点的寻找和选择就会变得异常重要。可以从你的“既有数据库”当中选（意味着你需要具备丰富的待客与商务谈判经验），也可以统一格式，以整个部门的名义，集思广益，总结出几个“官方要点”。

不用担心这些要点（卖点）是否能与顾客的个性化需求合拍。在顾客拒绝你的讲解，与此同时对商品的了解又相对缺乏甚或完全不了解的情况下，用最短的时间、最大的效率勾起对方的兴趣，是你唯一能做，也必须要做的事情。即使你的努力失败，也依然为未来留下了某种可能性。

在具体的话术方面，需要注意以下几个要点：

第一，语言要接地气，要通俗易懂。千万不能搬出一大堆专业术语或专业参数，那样的“要点推介”是毫无意义的。

第二，一定要刺激，要好记。要让顾客能够产生印象并能留住印象。无法形成具体记忆的“要点推介”也是没有意义的。

第三，一定要简短，不能啰唆。否则会激起顾客的反感，让“要点推介”成为鸡肋。

举个例子。

销售人员：欢迎光临！我这里有商品信息宣传彩页，可以给您详细讲解一下！

顾客：一会儿我还有别的事儿，顾不上听你讲解，让我一个人待会儿就行。

销售人员：是吗？那真是太感谢您了，在百忙之中还能光临本店，这是我们的荣幸！那您看这样行吗？我们这款产品有“三宝”，和别的产品不太一样，是我们家品牌的独一份。迄今为止，所有顾客都会对这三样“宝贝”感兴趣。我只占用您两三分钟的时间，简单说一下这三样“宝贝”行吗？

一般情况下，人都会有好奇之心。听说某种商品有三样与众不同的“宝贝”，一定会激起某种程度的“一探究竟”的兴趣。而且，既然只需要“两三分钟”，那么“听听也无妨”。

一旦顾客动了这个心思，你放心，他留给你的时间将远远不止“两三分钟”，后面一定会有“好事”发生。

当然，必须承认，即便是“程咬金三板斧”，也未必能百试百灵。在实践中，依然会有顾客顽固地拒绝你。即便是那样也无妨，至少与完全不努力、不尝试相比，只要你熟练掌握并勇于尝试“三板斧”，得到回报的概率还是要远远大于得不到回报的概率。

还是那句话，拼来拼去，销售这码事最后拼的还是“概率”这两个字。努力，就会有概率，不努力，概率就是零。多尝试、多努力，不断地积累概率，“成交率”这个终极目标，也便离你不远了。

**小结：换位思考，理解顾客。要比顾客还要认真，还要谨慎，还要紧张，还要如坐针毡、大惊小怪、吹毛求疵。**

**做到这一点，主动权就在你的手里了。顾客就会“指哪儿打哪儿”，完全听从你的“指挥”，完全服从你的意志。**

## 第三节　执行力！执行力！——“眼高手低”是个伪命题

执行力只与“感性”有关，与“理性”无关。

这一节，我们来聊聊执行力的问题。

执行力，是商场乃至职场中一个永恒的话题。

其实说白了，商品和商品之间有什么区别？品牌与品牌之间有什么区别？店家与店家之间有什么区别？公司与公司之间有什么区别？“好的”管理运营与“不好的”管理运营之间有什么区别？

相信每一个人心里都清楚答案：没什么区别。如果一定要说有区别，唯一的区别也只能是一个 —— 执行力。

管理学中有一个非常经典的论述：执行得好，三流公司也能拿出一流成果；执行得不好，一流公司也只能拿出三流成果。同理，执行得好，三流产品也能成为一流品牌，卖出一流价钱；执行得不好，一流产品也只能成为三流品牌，卖出三流价钱。

成也执行力，败也执行力。

那么，如何才能在职场中大幅度地提升执行力呢？

让我们从以下几个方面，系统地论述一下这个问题。

其一，珍惜“菜鸟感觉”。

其二，报告，才是执行的句点。

其三，“职业运动员”最懂执行力。

其四，“眼高手低”是个伪命题。

其五，执行力只与“动机”和“方法”有关。

先说第一条。

穿着新买的西装，带着菜鸟的稚嫩，刚走出校门的大学生迈进职场大门已经三个月了。短短的实习期眼看就要结束，这些菜鸟们马上就要各就各位，被人事部门安置到相应的岗位上。

“务必保留学生时代的感觉。”每当我去某家企业培训，向对方做出此类建议的时候，总是会遭到人事部门以及公司管理层强烈的反弹。

“这怎么行呢？也太不负责任了吧？这不是站着说话不腰疼，完全不理解一线现场的实情吗？”

对方的愤怒，我可以理解。是啊，对于现在的职场而言，最需要的就是所谓的“即战力”，最需要的就是真正的“可用之才”。与之相反，人事部门和管理层最头痛甚至最痛恨的就是“学生气”，就是无法自立，无法独当一面。现在的大学生之所以在职场上不吃香，原因就在这里。所以，如果有可能的话，无论是作为职场前辈的管理层，还是作为职场后辈的大学毕业生，都恨不得能尽早洗刷掉职场菜鸟身上的学生气，让他们早一点沾染上职场前辈身上的“江湖气（社会气）”。在这种情况下，居然会有某些“不开眼”的“管理专家”提出“保留学生气”的建议，除了“闭门造车”“站着说话不腰疼”之外，也确实没什么更好的反馈方式了。

不过，我所主张的“学生气”，和对方的理解略微有些不同，准确地说，是一种“菜鸟（新人）感觉”。

千万不要小看这种“菜鸟感觉”。它是一种非常朴素，尚未被职场“江湖气”污染的宝贵品质。

不夸张地说，这些刚步出校门不久的职场菜鸟们的感觉，与造访一线现场的顾客们的感觉，几乎如出一辙。

那么，接下来的问题就是，作为公司管理层，应该如何面对，如何处理这种菜鸟感觉呢？

珍惜它，利用它，让它与顾客之间产生强烈的共鸣，大幅度提高公司的服务品质；还是蔑视它，消灭它，让你手下的菜鸟以最快的速度跳进职场这个大染缸，从而迅速地让他们从顾客的同立面上抽离，站到顾客的对立面上去？

这是个严肃的问题，需要管理层好好地考虑。

照理说，菜鸟们在公司实习期间掌握的东西，都是职场中最平常不过的常识，可现在的问题在于，当菜鸟们结束实习期，带着一脑门子的常识各就各位的时候，他们会惊诧地发现这些常识往往没有用，至少无大用，因为那些备受他们尊敬的职场前辈们常常并不按照常识办事，甚至于可能压根儿就不知道这些常识的存在。换言之，至少对于常识而言，职场菜鸟们会惊讶地发现老前辈们的表现甚至还不如自己。这就麻烦了。会带来两种可能：第一种，职场菜鸟们试图说服前辈们遵守常识，如果做不到，他们也至少会固执地自己坚守常识。问题在于，这段“坚持”的时间到底能有多长。不出意外的话，恐怕几个月甚至几周之后，职场菜鸟们便会放弃自己的坚守，开始与前辈们“同流合污”。一开始，也许会有些许不习惯甚至会有些许犯罪感，可时间一长，也便逐渐释然，不再纠结，甚至于会逐渐在这方面超越前辈，“青出于蓝而胜于蓝”了。这还算好的，遇到这种职场菜鸟基本上是老板和管理层的幸运，还会有第二种情况，那就是菜鸟们的悟性极高，适应力极强，一走进职场，发现情况不对，便能迅速地做出调整，迅速地向老前辈们看齐。以此凸显自己“适应职场”的超高能力，并深以为荣，不以为耻。可笑的是，对这种类型的菜鸟，往往老板和管理层会深感欣慰甚至对其褒奖有加，以为自己得到了梦寐以求的“即战力”！

我们常常会对菜鸟产生“听话”的感觉，这一感觉几乎是管理层能够给予职场菜鸟唯一的褒奖，是他们在菜鸟身上能够发现的唯一可取之处。可殊不知，“听话”是执行力最本质的特征，做不到这一点，任何执行力都会被扭曲甚至被颠覆。

问题在于，沾染上一身江湖气的职场老前辈们也能做到“听话”，甚至比职场菜鸟更“听话”。这又是怎么回事呢？我们姑且搁置其中的积极因素（不可否认，积极因素大量存在，积极的人也大量存在。“一棍子打翻一船人”对职场前辈们未必公平），只挑消极因素来说：沾染上一身江湖气的职场前辈们的“听话”表现，是经过“加工处理”的，这一点，与职场菜鸟有着本质的不同。而这样的“加工处理”到底会在多大程度上体现管理层的意志，能够在多大程度上确保管理层的意志得到高效、完整的贯彻和落实，其实要打上一个大大的问号。不止如此，即便职场前辈们意识到管理层的意志存在着缺陷乃至重大缺陷，抑或即便他们明知管理层的意志无比完美、无比正确，却深刻地了解职场中的哪些特质会让这些意志走形甚至完全得不到落实，他们也未必会将这些重要的信息明确地告知自己的上司，而是选择审时度势、见招拆招，以自己的理解和自己的方式对待这些执行中的问题。

这就会带来“执行力”这一领域中非常经典的“消耗递减”现象。

简单点说，就是“一流决策（政策），二流传达，三流执行”。

职场菜鸟则不同，他们还是一张白纸。因此，他们总是想到什么说什么，让做什么做什么。好就是好，不好就是不好，在执行中极少存在“个人裁量”的动机。当然，这一特质也有“失于僵化”“不够灵活”的缺陷，可总的来说，对管理层而言，其益处也不容忽视，尤其在面对管理问题堆积如山，职场风气积弊严重的情况时，这一特质就显得格外的稀有，格外的宝贵。

因此，每当我接到邀请，介入一些公司的新人培训环节时，对“菜鸟特质”的意义都极为关注。总是不遗余力地建议这些公司的管理层，一定要抓住“菜鸟学步”的宝贵时机，全面挖掘公司管理的积弊，并巧妙地利用菜鸟的到来，借力打力，给那些“老江湖油子”反向洗脑，彻底刷新公司的风气。具体地说，就是多夸奖、多奖励菜鸟的“纯真”，多批判、多惩罚“老鸟”的“污秽”。这样做既能增加菜鸟的信心，让他们更愿意将这份纯真保留下去；也能有力地压制“老鸟”的自负，告诫他们不要试图给后辈洗脑，而要谦虚地接受后辈的洗脑。

当然，即便管理层做了这样的努力，依然会存在“菜鸟变异”的可能。不过这也没关系。“菜鸟年年有，今年到我家。”对企业来说，新人的到来是常态。只要管理层坚持不懈，不急于将菜鸟打造成老江湖，一以贯之地将“菜鸟精神”中的精华部分在公司内部大力推广，假以时日，情况一定会大为改观。

不过，千万不要误解，这样说不意味着菜鸟碰不得，绝对不可以改造。当然不是这样。事实上，“老鸟”身上的许多优秀品质都需要菜鸟尽快继承、充分掌握。

只是说，“江湖气”，尤其是“江湖气”中的一些恶习就算了，这些东西不要也罢。只把菜鸟身上的“初心”留下就好。

那么，菜鸟身上的什么东西需要被尽快改造呢？

职业素养、职业技能、职业经验，工作方法、工作效率……总之很多很多，这里不再一一赘述，只挑一个比较典型的说。那就是“守约、守规矩”。

对于职场新人而言，懂得“守约、守规矩”的道理无比重要也无比迫切。

学生时代，“守约、守规矩”的重要性没有那么大。尤其是大学时代，老师的话可以不听，上课可以迟到，作业可以不写，甚至可以自由地翘课，自由地在课堂上打瞌睡……，但是，一旦你进入公司，情况便会完全不一样了。这是一个“规矩就是一切”的地方。没有规矩，职场也便不成立了。所谓“专业精神”，就体现在这里。

学生时代，你的生活由家长负担，工作（也就是学习）由学校负担，你可以处于一种相对放空、相对自由的状态，没有那么多责任，也没有那么多压力；进入职场以后，一切便不同了，你必须要拿出专业精神，为公司服务，为上司服务，为同事服务，为客户服务。当然，也为你自己服务，以此来养家糊口、安身立命，实现人生的价值。

这就是所谓的“角色意识”。要对角色的变化敏感，要深刻地领会“角色变了，一切都会变”的道理。

做到这一点，菜鸟们才会从一介懵懂的少年学生，变成一个成熟的、有责任心的社会人、职场人。

再说第二条。

请看这样一段对话：

经理：小李（下属），某某事儿到底办得怎么样了？

小李：早办完了，两个星期前就办完了。

经理（一脸的不悦）：办完了你怎么不说一声呢？我这儿还有别的事儿要安排呢！

小李（一脸的委屈）：您也没提这事儿啊！再说了，某某事儿的操作周期是一个月啊，这不还没到一个月呢吗？

……

无论你是上司还是下属，这样的场面你是否熟悉？

不出意外的话，答案一定是肯定的。

没错，这一幕，几乎在所有职场都司空见惯，已经成为了某种“常识”。

对这样的场面，上司与下属，两方面都有话说，而且双方的理由都很充分，似乎在这样的对话中，双方都觉得很委屈，认为对方“不理解”自己。

问题的关键，在于“汇报”。

从管理学角度讲，没有“汇报”，执行力就无从谈起。这也是一个职场常识，只不过，这一常识，往往容易被职场人所忽略、所漠视。对此，上司和下属都负有不可推卸的责任。

常识最难。

对上司来说，“为什么这么重要的事儿你不跟我说一声儿？！这种职场常识还需要我教你？！你自己是干什么吃的？！”是他们对下属的表现感到不满的理由；对下属而言，“为什么你不跟我提这事儿？你不提，我怎么知道你这么重视它？我又不是你肚子里的蛔虫！”是他们对上司的呵斥感到委屈的原因。

“汇报”很难，却无比重要。

上司心中的委屈是这样的：“汇报”的重要性，我说了一万遍。每天的晨会说、夕会说、公司全体会议上也说。可是无论我怎么说，把嘴皮子都说破了，这些让我不省心的下属就是做不到！你能有什么脾气？！归根结底，还是人的素质不行啊！

看见没有？最后还是得归结到“人”（下属）的素质上！在绝大多数一线管理现场，“人的素质”是万灵丹，似乎在上司捉襟见肘的时候，只要把责任推给“人的素质”，一切便万事大吉，与己无关了！

这样的管理思维，也真是没谁了！

管理工作要是这么好干的话，是个人都能立马成为管理大师！

还是让我们回到管理的原点，看一看上述案例中的上司，到底犯了什么错误。

这里有一个巨大的思维陷阱。一般来说，当上司在下属面前强调“汇报”的重要性时，常常都会有意无意地传递一个错误的信息（或至少会做这样的暗示），那就是“汇报”只对“重要的事（工作，以下同）有用”，对“不那么重要的事则用处不大”。也就是说，当一件事达到需要“汇报”的程度时，这件事的重要性一定不一般，是上司心里非常介意的事。

这样的理解大错而特错。

必须强调一点：汇报，在职场中必须成为一种常态，因为它对所有的事都适用。无论这些事是大是小，也无论它们重要与否。

所有职场人士，必须无条件养成这个习惯。

指示（命令）—— 实行—— 汇报。这是一切工作的基本逻辑，也是执行力的基本流程。这个流程的每一个环节全部得到准确无误的落实，才能称得上“执行力”，反之亦然。

对许多职场人士而言，他们最常犯的一个错误是：只重视“实行”环节，下意识地忽略“汇报”环节。以为只要自己忠实地实行了上司的命令，便可以“责任完遂”，算是尽到了自己的职场义务。

这个观念必须要得到彻底的纠正。

从今天开始，要培养这样的意识：任何一项工作，只有当“汇报”完毕的那一刻，才算真正“结束”。

说白了，这也是一种“团队意识”的体现，也是一种“沟通能力”的展示。只有职场中的每一个人都能够让与各自的工作进程有关的所有信息在整个职场内畅通无阻，同事之间的衔接与配合才有了成立的基础，“团队一盘棋”的局面才能够真正实现。

这才是真正意义上的“执行力”。

反之，如果做不到这一点，职场内的执行力便会漏洞百出。大家就会彼此扯后腿，彼此牢骚满腹，怨气冲天。久而久之，不但伤害团队的团结，也会从根本上动摇团队的根基，让团队走向衰败的不归路。

再说第三条。

一般来说，学生时代做过团干部或学生会干部的人，复员军人或退役运动员在就职时往往会受到特别优待，会得到众多企业的热捧。这已经不是什么新闻。可不知你想过没有，这些人为什么会在职场中大受欢迎呢？他们的身上到底有什么特长，有什么独特的魅力？

也许有人会说：这还不简单！这种人在入职前已经是“社会人”了，身上有丰富的社会经验，因此就成了颇受企业欢迎的“即战力”。

诚然，“社会人”这三个字的蕴意不可小觑。但是，“社会人”身上到底有哪些特质，让众多企业如此看重呢？

让我们以“退役运动员”为例，来具体分析一下。

我能想到的要点，有如下几个：

要点一，基本功扎实。

要点二，善于模仿，懂得“有样学样”的重要性。

要点三，深刻理解“团体战”和“补位”的价值。

先说第一个要点。

基本功，是职场人士最重要的素质之一。只要是做过职业运动员的人，都深知“基本功”这三个字意味着什么。赛场如战场，水平不过硬就只能坐冷板凳。无论是篮球还是足球，你的每一次上场机会都是由成千上万个投篮和成千上万次射门决定的。在高手如林的赛场，一切机会的争夺都是赤裸裸的，没有半点矫情的空间；一切机会的把握都凭实力说话，没有半点蒙混的可能。谁的本事大，谁的状态好，谁就是场上的大拿，效果立竿见影，无所遁形。在这种氛围的压迫下，每个人都深深地明白“努力是不能打折扣的”的道理，每个人都会情不自禁地竭尽全力，把自己的潜力压榨到极限。

因此，职业运动的现场体现出来的执行力，是最极致、最纯粹的执行力。经受过如此极致洗礼的人，终生都会受益匪浅。

再说第二个要点。

职业运动员还有一个特点，就是深刻地理解“模仿”的重要性。体育运动不比其他，无论如何，让身体“动起来”是终极目的。能理解、能吃透动作要领固然好，即便一时无法理解、无法吃透动作要领，也要跟着先辈有样学样，至少在动作的形态上要做足、做够。然后，再通过成千上万次的练习与体会，一点一点地理解，一点一点地融会贯通。

换言之，运动员善于“大脑未动，身体先行”。哪怕暂时没有效果也不要紧，哪怕一时效率不高也没关系，只要你“动起来”，一次一次地试错，一次一次地调整，总会有彻底开悟的一天，总会迎来神功附体的一刻。这就是“在模仿中掌握要领，在实践中百炼成钢”的道理。

至于第三个要点，“团体战”和“补位意识”对于执行力的价值，我在前面已经做过比较充分的论述，这里便一带而过了。

接下来，再让我们说说第四条，“眼高手低”是个伪命题。

就像我在前面那个案例中提到的那样，职场中的上司极易把下属在执行力方面的羸弱表现归结为“个人的素质差”。对他们而言，“眼高手低”是他们对下属，尤其是那些职场菜鸟、刚走出校门的学生们最常使用的一句口头禅。

那么，我们到底应该怎么理解“眼高手低”这码事呢？

显然，“眼高”指的是“心气儿高，理想高”；“手低”指的是执行力差，甚至是完全没有执行力。

不过，这样的理解是否正确呢？

未必。从结论上讲，“眼高”是人的本能，是一件再正常不过的事情。我们这个世界几乎不存在“眼不高”的人。理由很简单，追求卓越，追求成就感是人之常情，没有人对尽快进入状态、获得成绩不感兴趣。这是一件好事，作为上司，对下属的这种表现非但不应该批判，反而应该大肆鼓励。

换言之，如果把“眼高”视为一种野心，上司应该对自己的下属充满野心深感欣慰，而不是懊恼不已。

现在问题来了。有野心是好事，野心无法变现则不然。这就意味着野心仅仅停留在下属的口头上或脑子里，而无法变成结结实实的执行力。

那么，如何才能把下属脑子里和口头上的野心变成身体上的行动力呢？

答案在上司身上，而与下属无关。

一言以蔽之，执行力与人无关，只与管理方法有关。

为什么许多在某家公司精神抖擞，执行力超强的人，换了一家公司后就会执行力顿失，一蹶不振，表现得判若两人？！

反之，为什么许多在某家公司蔫了吧唧，毫无执行力的人，换了一家公司后便会立马执行力飙涨，神采奕奕，雷厉风行，如有神助？

无他，管理不同也。

表面上看，好像这些区别要害全在个人，其实不然，个人的表现差别固然存在，但更大的差别不在个人身上，而在管理身上。

管理得好，个人的执行力就强，反之亦然。

这才是事物的真相。所谓“个人素质”的高低，其实反而意义不大，甚至在很大程度上是一个伪命题。

正如我在前面所说，既然成就感以及对成就感的贪得无厌是人类的本性，这个世界上就不可能存在“眼高手低”这回事。因此，所有的眼高手低，原因只有一个：不是他不想，而是他不能。他不懂将“眼高”变现的方法。只要能，没有人会愿意“眼高手低”。换言之，不懂方法，即便想“手不低”也做不到，懂得方法，即便手想“低”也“低”不下去。因为本能的力量是强大的，没有人能够和本能叫板。

打个形象点的比方。这就好像有一个年轻人，站在十字路口发呆，完全不知道该怎么走，该往哪儿去。这个时候，你指着他的后脑勺，厉声指责他“眼高手低”是没有意义的。他也不想这样，但是他没办法。所以，与其指责他“眼高手低”，不如教给他辨明路径的方法，抑或直接给他指出一条明路。放心，只要你这样做了，以年轻人的一腔热血和浑身使不完的能量，他们迸发出的干劲与执行力，绝对能活活震你一个跟头！

这就牵扯到第五条，执行力的本质。

什么是“执行力”？按照我的理解，构成执行力的要素只有两个：一曰“动机”，一曰“方法”。

二者得其一，则执行力可期也；两者皆缺，则执行力不可期也。

为什么这么说？理由很简单。

这涉及一个心理学的问题。有关人的“理性”与“感性”；有关事物的“重要性”与“紧急性”。

“重要”由“理性”决定；“紧急”由“感性”决定。而执行力只与“紧急”与否有关，与“重要”与否无关或关系不大。这就意味着，执行力在很大程度上是被人的“感性”激发出来的，“理性”则很难激发出执行力。

曾经看过一篇文章，系统地论证了“重要”与“紧急”的关系。

大体上的意思是这样的：人这一生所面对的所有事物，基本上可以分为四个区块：

第一，重要而紧急。

第二，重要不紧急。

第三，不重要而紧急。

第四，不重要且不紧急。

一般情况下，这四种事物在人们行为中的优先顺位如何呢？

这篇文章给出的答案是：重要而紧急——不重要而紧急——重要而不紧急——不重要且不紧急。

由此得出结论：人们的所有行为，首先被“紧急性”驱动，其次才由“重要性”驱动。

这篇文章想传递的中心意思是这样的：如果你想获得一个成功的人生，一定要多做“重要但不紧急”的事情。

原因如下：重要而紧急的事情，只会对人的现在产生影响，与未来则毫无关联；不重要而紧急的事情，只会让人沉迷于眼前的各种烦琐小事当中，从而浪费掉大把人生时光。只有“重要而不紧急”的事情，才是对未来的投资，会让你的人生更成功。

为了论证这个观点，这篇文章举了一个例子：

话说有这样两个人。一个是裁缝店老板，女性，一个是寒门学子，男性。此二人是同乡、同村、同学，后来一起离开农村，到城里打拼，彼此的命运却天差地远，令人唏嘘。

事情是这样的。女孩子来到城里，通过从小自母亲及祖母那里学来的女红手艺开了一家裁缝店。由于人品好，手艺高，店里的生意很红火，很快就赚到了钱。按照一般的逻辑，她的人生轨迹应该是这样的：赚到人生的第一桶金之后，迅速将事业的版图扩大，多开几家分店，甚至最后树立一个自己的品牌，建立一个自己的设计和成衣制造王国；然后，嫁人生孩子，组织一个幸福的家庭，达到事业生活双丰收的人生境界，成为一个货真价实、令人艳羡的“成功人士”。可命运弄人，这个女孩后来的人生轨迹却充满坎坷，以致人到中年之时，几乎无法将唯一的裁缝店维持下去，无法为一双儿女支付大学学费。

为什么会这样呢？原来，这个女孩遵从家里老人的意愿以及农村的习俗，很早便结了婚，有了孩子。从此被生活所累，极难专注于店里的生意，更别提开分店、搞品牌了。由于太忙、太累，她也没有什么时间健身且从不去医院体检，即便身体哪里不舒服也只是咬牙忍耐。长此以往，她的健康便亮起了红灯，身染多种重疾，不得不终日奔走于家与医院之间，再也无法支撑繁忙的生意和生活—— 这个女孩，终于在人生最重要的时刻（本应迎来人生巅峰状态的时刻），亦即上有老、下有小的中年时代，迎来了人生最大的危机。

这个案例并不罕见。老实说，几乎我们每个人的身边，都能找到案例中这位女孩的影子，甚至我们自己身上，便不乏与这个女孩相同或相似的经历。可为什么这种“逆转败”的人生故事，在现实世界里如此普遍呢？到底是什么因素，让曾经自信爆棚的我们，把手中的一副好牌活活打烂的呢？

这篇文章给出了答案：原因就在于，我们每个人在日常生活中都过分重视“紧急”的事，而忽略了“重要”的事，尤其是那些“重要不紧急”的事。

比如说，案例中的女孩，在大好的创业时光却早早地结了婚，完成了一件“不重要却紧急”的事情（“不重要”，是从创业的角度讲；“紧急”，是从民俗、传统的角度讲），“提前”搞定了人生大事，令其陷入“家庭事业难两全”的困境，最后哪一个都没搞好；不止如此，平时注意作息时间、多锻炼身体、注意饮食营养、经常去医院体检、身体出问题及时采取措施治疗，等等，这些“重要却不紧急”的事情，那位女孩几乎全部省略，完全没放在心上，终于在人到中年的时候，将自己的整个人生推向了一场严重的危机。

可见，对人生而言，“重要不紧急”的事情才是“最重要也最紧急”的事情，因为这些事情别看“不紧急”，一时半会儿不做也没事儿，可如果你天长日久，常年积累“不做”的后果，其下场将非常悲惨。所谓“人无远虑，必有近忧”就是这个意思。

再说说那位男孩的故事。

他的故事则要简单明快许多。这位男孩通过刻苦努力的学习，先是考上了一所二线城市的二流大学，然后，又通过自己的努力，考上了一所一线城市、一流大学的研究生。由于这个男孩从小便极其重视外语的学习，英语成绩一直十分突出，在研究生毕业后顺利地收到一所西方著名大学的邀请函，出国做了一名访问学者。

回国后，他被一家世界五百强跨国企业看中，成为该公司在大中华区的总负责人，年薪数百万美金。当然，如此“高富帅”，身边肯定不缺美人陪伴。这个男孩在人到中年之时，同时收获了事业和家庭的双丰收，如愿以偿地让自己的人生攀上了最高峰。

显然，这是一个烂俗的故事，本身并没有什么特殊的吸引力。

它试图告诉人们的道理也很简单，依然是多做“重要不紧急”的事，未雨绸缪，尽量提前为自己的人生投资—— 读书如此，学外语如此。都属于那种“一时半会儿不做也没关系，但是长期不做则后果很严重”的事儿。

故事中的男孩懂得这个道理，所以成功；故事中的女孩不懂这个道理，所以失败。大家要以此为鉴，懂得“取舍”的意义—— 这就是文章的中心思想。

坦白地说，这个理论不能算错，可也存在着一个巨大的思维陷阱。

那就是，执行力到底是什么，到底由什么因素决定？

这篇文章本身就给出了答案。显然，大多数人对“重要却不紧急”的事情无感，无法将其化作强大的执行力。

为什么会这样？就是因为执行力只与“紧急”有关，而与“重要”无关。因为前者由人们的感性决定，后者则由人们的理性决定。

你比如说，每一个人都知道减肥很重要，而塑身运动能让人们达到这一目的，可有几个人能真正付诸行动？

你再比如说，每一个人都知道学一门外语很重要，而每天坚持背诵五个英文单词，常年累积下来会让自己的英文水平大为长进，但是有几个人能真正做到？抑或即便一时做到了，又有多少人能够真正长期坚持下去？

显然，在这两个案例中，人们都理解乃至深刻地理解了事物的“重要性”，却无一能拿出切实有效的执行力。

之所以会这样，就是因为让人们理解事物的“重要性”在有关“执行力”的所有要素当中是最不重要的一个，因为即便人们理解乃至深刻地理解了事物的“重要性”，他们也无法切实感受到事物的“紧急性”与“迫切性”，因此无法在行动上将事物体现出来，也就是说，无法拿出真实有效的“执行力”。

遗憾的是，绝大多数职场管理者不懂得这个道理。在执行力方面，他们总是不厌其烦地“教育”员工，日复一日地给员工“洗脑”，试图通过强力碾压员工的“理性”来激发他们的执行力。他们总是天真地以为，只要让员工在道理上明白了一件事情，员工便会自然而然地将其在行动上体现出来。殊不知，知易行难，“知”和“行”自古就是两码事：“知道了”，未必会做到；做到了，也未必意味着“知道”。因此，即便“教育员工”“给员工洗脑”总的来说在管理的现场是有意义的，可至少对于“执行力”这一特定课题来说，这样做的意义却不是很大。理由很简单，你试图给员工灌输的道理，绝大多数都是废话。这些道理根本不用你说，人家心里跟明镜儿似的。可问题是即便如此，他们也不一定做得到。因为人的大脑和身体是分离的，只与大脑死磕毫无意义，如果你想提高下属的执行力，必须死磕他们的身体。而下属的身体往往不受大脑的指挥，只受本能的驱使。

那么，如何做才能最大限度地激发下属的执行本能呢?

只有在两方面下功夫，才能做到这一点。一个是激发“动机”，一个是改进“方法”。只有“动机”和“方法”这两个要素，与“感性”有关，可以增加事物的“紧急性”，让人们立马行动起来。

比如说，许多想减肥的人，动机未必不强烈，却很难付诸行动。之所以会这样，是因为方法不灵光。如果方法门槛过高、见效太慢，一般很难将行动力激发出来。所以，只要有人告诉他们一个好方法，可以又简单、又有效，再配以强大的动机，一般来说极少有人可以抗拒“试一下”的冲动。一试之下，发现真是那么回事儿，那么坚持下去也便不再是一件难事。

再比如说，“掌握一门外语，对人生很重要”的道理每一个人都知道，连小孩子都明白，根本无须他人说教。可是为什么明知重要，却极少有人能够付诸实施呢?

简单，缺两样东西：一曰“动机”，一曰“方法”。

假设三个月之内学会一门外语，可以得到三百万美金重奖或者能够获得一个去美国一流大学免费进修的机会，你看看人们的执行力会如何。我敢保证，他们在这三个月内的外语学习效果，会比十几年学校学习的总效果强上一万倍!

同理，即便没有重奖也没有出国进修的机会，假设某个人发明了一种超级简便、超级有效的外语学习方法，能够让掌握一门外语变成一件易如反掌的事情，你再看看人们的执行力会如何。我敢保证，学习外语之风会瞬间吹遍神州大地的每一个角落。

显然，这两种情况前者与“动机”有关，后者与“方法”有关。搞定二者中的一个，执行力便不在话下；如果有本事两个都搞定，则有可能在执行力方面引发核裂变效应。

执行力，是动机与方法互相促进的结果，两者相加的平均数达到一定的阈值后，执行力就迸发出来了。达不到阈值，懂得再多道理，把这些道理理解得再深刻、再透彻也没用。在这种情况下，即便执行力能被激发出来，往往也是三分钟热度，效果顶多持续三天，热度下去后立马恢复原状、打回原形。这就是为什么职场中的“教育”和“洗脑”运动往往无法带来可持续的、真实可靠的执行力的原因。

因此，只有以下三种情况可以有效地将执行力激发出来：第一，方法和动机的比重差不多。第二，方法的比重较小，但动机的比重极大。第三，动机的比重较小，但方法的比重极大。这三样之外的任何一种情况，都无法让动机和方法的平均阈值冲破一个临界点，也就是诱发执行力的临界点。因此，不可能唤出任何执行力。

顺便说一句，“动机”有“远期”与“近期或即期”之分。其中，“远期动机”一般都是无效动机，只有“近期或即期动机”才是有效动机。这就是为什么“望梅止渴”的招数尽管可以使，但是用多了会适得其反的原因；也是为什么“重要不紧急”的道理绝大多数人都懂，不用你去教育，但懂了也拿不出执行力的原因。可问题在于，执行永远都是“近期或即期”的，它具有典型的累积效应。所谓“不积跬步无以至千里”就是这个道理。

即期不执行，远期的执行也便成了空谈。

为什么在上述案例中，“重要不紧急”没有用，基本上是废话一句？就是因为在这个语境中，“重要”试图唤醒的是“远期动机”而不是“即期动机”。而前者往往无效，后者才真正有效。

因此，任何鼓吹“远期执行力”或“远期动机”重要性的人，不是糊涂人就是骗子，要小心。

拖延症，就是我的这套理论最极致的体现：只有一路拖延，一路硬挺，一直到最后一天，而且是最后一天的晚上，方法和动机的平均阈值才有可能冲破临界点，激发出强大的执行力。换言之，拖延症之所以有效，就是因为人们通过拖延，把“重要”变成了“紧急”，把理性置换成了感性。所以执行力一下子就迸发出来了。

因此，在工作实践中甚至有人会故意用拖延症去唤醒执行力。

当然，此方法为笨方法，不值得大力推广。可是明白道理以后，多在动机和方法上想想，做做文章，会大有裨益的。

比如说，设定期限。三天的事一天做完，一个小时的事一分钟做完。这样一来，“紧急性”就出来了，“重要与否”已然无所谓了。

或者说，在这种语境下，紧急就是重要，重要就是紧急。二者已然合而为一了。

所谓“断其退路，背水一战”，就是这个意思。

这些都是立竿见影地提高下属执行力的小秘诀。

为了提高执行力，必须猛攻下属的身体，而不是与他们的大脑死磕。

为什么性情中人执行力强，急脾气的人执行力高？原因就在这里。那就是对这些人而言，与其相信脑子，不如相信身体，所以往往脑子还没动，身体已经开始动了。

反之，太过理性的人执行力和行动力差，原因也在这里。这些人太相信脑子，不相信身体。所以脑子很发达，身体则完全退化。

另外，一般来说，学问差的人比学问高的人执行力相对较强，原因也大概如此。

针对这一现象，稻盛和夫老先生一语道破天机：和学问高、悲观的（意味着消极）、胆小如鼠的人谋事；和学问差、乐观的（意味着积极）、胆大包天的人做事。

简而言之，就是和理性的人谋事，和感性的人做事。因为前者需要智慧，后者需要执行力。理性与智慧有关，可以让你少走弯路；感性与执行力有关，可以让你一往无前。

这是日本的“经营之圣”集几十年的实践经验，以及无数血与火的教训，总结出来的真知灼见。

古往今来，无数历史事实也雄辩地证明了这个道理。

之所以诸葛亮、吴用是谋士中的极品，张飞、李逵是武士中的极品，原因就在这里。前者学问高、理性、不易冲动；后者学问低、感性、易冲动。因此前者大脑发达、四肢退化、执行力差；后者四肢发达、大脑退化、执行力强；前者适宜用来谋事，后者适宜用来做事；彼此相得益彰，堪称“绝配”。

当然，能将两者合而为一，是终极理想状态。两方面的素质都具备，是复合型人才中的极品。这种人堪当大用，既是将才，也是帅才。古人中的项羽、姜维，今人中的马云、孙正义，都是这样的人。他们的脑子和身体一样发达，理性和感性一样突出，理解与执行一样迅速，所以才能够成就大业，称雄一方，实在是令人艳羡。

还有一点需要特别注意。“阈值管理”是一门大学问，其重要性不可低估。在“执行力平均阈值”的管理实践中，不是说阈值越高越好，执行力越强越好；恰恰相反，阈值越低越好，执行力“不多不少”就好：阈值低，门槛就低，就更容易执行，也更容易持续。一定要灵活掌握动机与方法的强度与分寸。动机过强，方法过好，你就死定了。因为下一步就没法走了。阈值要一点点来，比临界值高一点就行，高太多就是反作用。这就好像给小孩子买玩具，你一下子给他买最贵、最高档的玩具，以为满足了他的终极愿望，以后他就不会再缠着你要玩具了，你可以试试，看看结果会如何。

管理是过日子。是柴米油盐，是绣花，是细水长流；不是砍柴，不是打仗，不需要大刀阔斧、摧枯拉朽。这是我在管理工作中一贯的坚守，堪称我的“管理座右铭”。当然，这样说并不意味着在工作实践中大刀阔斧或摧枯拉朽不可以有，而是说这样的情况是一种变态，不是一种常态。这些招数偶尔用用没问题，试图把它变成常态就有问题。

换言之，变态可以用，而且有大用，但不可常用。常态才是真正要大用，要常用的东西。

所谓执行力很枯燥，很无趣，可能说的就是这个意思。

于平凡处见不平凡，也许才是管理的真谛。

遗憾的是，大多数人不懂这个道理。在实操中，他们总是试图把变态变常态，所以总是“终点又回到起点，到现在才发觉”，然后便只剩喟叹“人心不古”“下属素质低”的份儿了。最后就是破罐破摔，彻底放弃。让阈值从一百，迅速降到零。然后某一天，他们会再一次被某篇文章或某个人所蛊惑，再一次兴起把变态变常态的冲动，然后再失望、再放弃……如此周而复始，没有穷尽也！为什么大多数人一辈子都会碌碌无为，根本原因就在这里。就是因为他们的人生太过折腾，太过跌宕起伏，几乎没有什么扎实的积累，所以永远不可能冲破终点，修成正果。人生如此，管理亦如此。耐得住寂寞有多重要，由此可见一斑。

**小结：和理性的人谋事，和感性的人做事。因为前者需要智慧，后者需要执行力。理性与智慧有关，可以让你少走弯路；感性与执行力有关，可以让你一往无前。**

第八章

# 领导力构建之法

打拳不练功，到老一场空。

关于基本功的重要性，迄今为止，我们已经强调过许多遍。职场中的所谓“职业经理人素质”，说白了，指的就是基本功；所谓“职业经理人”，说白了就是“基本功过硬的人”。

那么，职场中的基本功，都有哪些类型，它们各自的特征是什么，价值又体现在哪里呢？

这个问题，仁者见仁智者见智，很难一概而论。

不过，甭管大家有多少分歧，起码以下三点，应该能得到大多数人的共鸣。

第一，基本功的练就需要耐心，需要积累；需要耐得住寂寞，顶得住枯燥无味。

人生很长，人的职场生涯也很长。因此，即便枯燥无味，你也值得在职场人生的最初阶段，付出巨大的努力去练好基本功。这就跟高三的备考生一样，苦，也就是这一年，挺过了这一年，也便柳暗花明、春暖花开了。

归根结底，人这一辈子，不能总在“混日子”的状态中度过，总得有那么一段时间，要动真格的，和某件事、某些困难死磕，而且必须战而胜之，绝不容许有任何失败的可能。

我称之为“牛刀杀鸡”理论。亦即在不容有失、没有退路的时候，要拿出十二万分的干劲，勇敢地去和命运叫板。哪怕你投入的资源和努力，事后被证明是“过剩的”“多余的”，也在所不惜。在某些特殊关口，就是要把事情往“过”里做，往“多”里做，你才能紧紧扼住命运的咽喉，将一切主动权掌握在自己的手里。

基本功，就是这样的一件事。

第二，抓基本功，越早越好、越快越好。

动作越早越快，练就基本功的成本就越低，效果就越好、越扎实，越不容易遗忘。反之，一旦动作滞后，弥补“基本功不足”的工作代价极大、成本极高、效果极差。

遗憾的是，职场中的管理者往往不懂得这个道理，总是把许多基本功不过关的人过早地投入到实战中。这些“夹生饭”员工一旦投入实战，基本上除了“混日子”之外，不会有第二条出路。然后就是一团糟，糟到一定程度会引起管理者的重视，管理层会尝试采取措施，扭转局面。可为时已晚，他们会沮丧地发现，一旦尝到“混日子”的甜头，员工的既有价值观将极难被改变，甚至完全无法改变。于是就是大把的投入，大把的浪费；然后再投入，再浪费，如此周而复始，没有穷尽。

这就是典型的恶性循环。作为管理层，必须从一开始便痛下决心，杜绝这一循环的源头。

第三，掌握基本功，既要有毅力和决心，也要懂方法和技巧。

尽管管理层可能会有异议，不过至少对于大多数员工而言，基本功是一件典型的“重要而不紧急”的事情。

我在前面提到过，“重要却不紧急”的事情是极难转化为执行力的。这种事儿，光靠说教和洗脑搞不定。因此，如果你希望员工在基本功方面体现出强大的执行力，只能在“动机”和“方法”上面做文章。

“高三备考生”的案例可资借鉴。

为什么平日里对学习如此“不感冒”的高中生，一到高三就像变了一个人似的，开始玩儿命地学习了呢？

就是因为“高考”这件事儿实在是太特殊了。而且这种特殊性天下公认，不由得你不当真，不努力。

在“高考”近乎神话般的光环面前，任何说教与洗脑都是多余的，都显得那么软弱无力。这就是“动机”的力量。

因此，只要能让“掌握基本功”这码事也能走上神坛，拥有“高考”般的神话光环，不愁你的员工拿不出结结实实的执行力。

做到这一点，首先需要管理层，尤其是高阶管理层端正自身对基本功重要性的认识，然后以最大的政治决心，做出强有力的决策。

总之，这件事与高层的态度密切相关，高层的意志越鲜明、越坚定，成功落实的把握就越大，反之亦然。

具体的做法可以灵活多样。

比如说，严格新入职员工在实习期的“出徒制度”，坚决杜绝“夹生饭”员工正式流入职场的现象发生。任何一个新员工，只要无法通过实习期间的所有考核，坚决不许上岗，必须回炉再造；如果连续两次在考核中落第，则坚决辞退，绝不手软；再比如说，把实习期考核的成绩分为几个档次，根据新员工的考核表现，划分出正式入职后的不同待遇，等等，都可以考虑。

坦白说，这些方法本身没有什么稀奇，许多人都知道，许多公司都在实施。问题在于，如果你的公司存在着大量基本功不过关的员工是一个毋庸置疑的事实的话，那就证明在这项工作上，你做得还很不够，还有很大的提升空间，很多待补的漏洞。

所谓“千里之堤溃于蚁穴”，在源头把好关，是杜绝后患的唯一有效方法，一定要引起管理层的高度重视。

掌握上述三个要点，搞定基本功也便不在话下了。

当然，基本功分很多种，与基本功有关的技能也分很多种。除了产品技能、销售技能、流程应用技能（可以称之为“业务技能”或“硬技能”）之外，还有管理方面的技能（可以称之为“软技能”）。

掌握前者是员工的义务，驾驭后者是管理者的职责。

常言道：兵怂怂一个，将怂怂一窝 。显然，在职场当中，员工“硬技能”的掌握与发挥有赖于管理者在“软技能”方面的功力；而管理者在“软技能”方面的造诣则取决于他们对“领导力”这个概念的理解与实践。

这一章，就让我们从“领导力”的角度切入，围绕“管理技能”这项基本功做一点有意义的探讨。

## 第一节　好员工未必当得了好上司：学习“老牛拉破车”

顾客的价值和利益在于物“超”所值，而不是物“有”所值。一字之差，千里之谬。

问你一个问题：你怎么看待好上司的标准？

答：不克扣粮饷、善解人意、查言纳谏、平易近人、赏罚分明、言而有信……总之，太多了，一晚上都说不完。

好吧，那我们就长话短说，把焦点集中在好上司的一个方面：好老师、好教练。

我一向认为，上司的任务无非有两个：一曰“管理”，一曰“教育”。

反之，对上司而言最不重要的工作，就是“业务”。

遗憾的是，许多管理者不明白这个道理，他们的日程表总是容易被各种各样的业务乃至各种各样业务中的琐事所填满，根本无暇顾及管理，更不用说教育了。

这样做的结果很严重。不抓管理和教育，员工就无法成才，更无法高效地工作。而大量低效工作的后果，是让公司中充满更多的管理问题，从而让上司不得不面对更多的业务，更多的琐事……这就是一个典型的恶性循环。

许多公司之所以管理问题堆积如山，积重难返，几乎全部都与这一恶性循环有关。

因此，作为上司，无论如何要抓好管理和教育。这样做才能达到“纲举目张”“治标治本”的效果，才能一劳永逸地解决管理问题，提高员工的工作效率以及业务成绩。

那么，在服务业的现场如何做才能成为一名好上司，好教员呢？

让我们看看下面这幅场景：

为了现场观察、指导下属的业务，上司坐在了下属的身旁，共同面对顾客。

尽可能不打扰下属的发挥，让他独自处理与客户之间的商谈过程，只有在万不得已的时候，自己才有出手相助的必要。至于说到“指导”，等商谈完毕之后再做也不迟—— 上司的心里这样想。

遗憾的是，事与愿违。尽管一心想当个配角，可是商谈开始之后，在不知不觉中上司自己却慢慢变成了主角，把坐在一旁的下属晾在了一边。整个商谈的过程都是上司与顾客聊得火热，而下属只能无所事事地坐在旁边发呆或者偶尔站起身为顾客和自己的上司倒倒茶、点点烟，整个儿一个“打杂的”感觉。

问题在于，这样的商谈结束之后，上司真的能够给下属提供好的、靠谱的“业务指导”吗？

恐怕未必。更大的可能是这样的：明明自己过足了瘾，在下属和顾客面前结结实实地风光了一把，商谈结束后，上司却有可能瞬间变脸，严厉斥责下属“不够主动”“不够积极”“还是缺乏锻炼”！

这可真是冤枉死下属了—— 明明是你丫臭显摆，剥夺我的话语权，怎么现在反倒猪八戒倒打一耙，埋怨起我不够主动了呢？！

对于下属这样的想法，作为上司可谓心里门儿清。毕竟他们阅人无数，身经百战，下属的一个隐晦的表情都甭想逃过他们锐利的眼睛。可即便如此，上司依然有话说：你是干吗吃的？吃素的吗？！你就不能中途再把话语权抢过去？！知道吗小子，我说的“不够积极”，就是指这种勇于夺回话语权的气魄和能力！没有这种能力说明你自己有问题，有问题就要认，就要改，难道说错你了吗？！

确实没说错。如果下属有这个能力，一开始也不可能被别人抢去话语权。问题在于，为什么下属在自己的商务谈判中却没有能力把握话语权呢？

归根结底，原因还得从上司身上找。

也许是大家心有灵犀，也许是某种传统使然，作为一个“不成文的规定”，职场中的晋升路径具有一个鲜明的特点，那就是“以业绩论英雄”。在“提拔领导”这件事儿上，谁的业绩好，谁上；反之亦然。尽管这一逻辑从表面上看好像挑不出什么毛病，而且貌似也能服众，让大家都没话说，可问题在于，好球员未必能当好教练，业绩好的员工，也未必能当好领导，能够在领导的岗位上量产更多的好员工。

事实上，正因为业绩好，所以这样的员工一旦走上领导的岗位，反而更容易钻牛角尖乃至撞南墙。

说得具体点儿，就是这种领导往往无法准确把握下属“做不到”的理由——在他们心里，那些难倒下属的业务方面的沟沟坎坎都完全不是个事儿，实在是太过平常，太过小菜一碟了，因此，他们会本能地认为下属的水平也应该与他们相仿，至少不会相差太多。

换言之，他们遗忘了一条珍贵的古训：难者不会，会者不难。

就拿上述案例来说，之所以那个下属搞不定话语权，在自己的商务谈判中自始至终被上司的风头劲压，始终没有表现的机会，有如下几个原因。

第一，倾听姿态的不同。

人都有这样一种心理，那就是在自己说话的时候，谁听得最认真，脸儿就会抛给谁。显然，说话的人脸冲着谁，这段对话也便只能发生在他们二人之间了。其他人只有当看客的份儿。

那么，如何做才叫“听得认真”呢？

一声不吭，直勾勾地盯着说话者绝对称不上“认真倾听”，闹不好还会吓到人家，让人家心里直发怵。最佳的倾听姿态一定是这样的：不停地点头附和对方的发言，并不断地辅以迎合的意见，在对方发言的整个过程中频繁地施展类似于“哦，是吗？”“是啊？！”“真是太棒了！”“原来是这么回事！”之类的小话术，让对方备受鼓舞，谈兴愈发浓厚。

只要你能做到这一点，对方就一定会把自己的脸儿抛给你，你就一定能脱颖而出，掌握绝对的话语权。

可以想象，那位被剥夺话语权的下属，在倾听姿态方面一定存在着不少问题；与之相比，阅人无数、久经沙场的上司在这方面一定是个“老油条”，许多技巧不用过大脑都能自然而然地散发出来，话语权自然会跑到他的手里。

显然，对那位上司来说，与其埋怨下属的无能，不如在这方面及时给出具有针对性的建议，一定会收到不错的效果。

第二，事前准备的差异。

作为一名业务老手，在来到商务谈判的现场之前，上司一定会做好最充分的准备，一定会提前确认整个流程中的关键细节，提前了解尽可能多的客户信息，提前预估顾客在商谈过程中可能会做出的种种不同反应。甚至于，说句不夸张的话，他们连商谈中的某些关键话术，都会提前在脑海中演练几遍，直到胸有成竹为止。而且重点在于，对上司而言这些事情未必会刻意去做，很大程度上已经成为某种本能。

下属则不然。由于经验不够丰富，大多数下属在面对商谈时都会持有“走一步看一步”“临阵抱佛脚”的心理。

也难怪他们会这么想—— 既然前路是未知数，那就只有走走看。大不了“逢山开路，遇水搭桥”罢了。

不错，任何商务谈判都存在着诸多未知数，想完全做到“有备而来”是不可能的；不过，这句话反过来理解也成立，任何商务谈判，如果你完全“无备而来”，那几乎只能是死路一条。要想成功，就只能指望奇迹的发生了。

因此，无论如何，当你面对一个商务谈判，尤其是重要的商务谈判时，一定要做足最充分的事前准备，哪怕“矫枉过正”“牛刀杀鸡”也在所不惜。还是那句话，归根结底，商场是一个讲“概率”、拼“概率”的地方。谁能把概率提高百分之一，并能长期做到这一点，谁就是最后的赢家。这是一条金科玉律，不仅对商场有用，对所有职场都有用。

当年的上司之所以能取得那么牛掰的业绩，就是因为他做到了这一条；反之，今天的下属之所以业绩不振，连话语权都搞不定，也是因为做不到这一条。因此，在这方面给下属提出一些有建设性的意见，也要比一味地斥责下属强得多。

第三，谈判资源的落差。

这一点最重要。与此同时，也正是因为这一点，下属的立场才愈发显得无辜。

为什么顾客喜欢和上司起腻，不屑与下属对话呢？

地球人都知道答案：上司的手里，掌握着下属无可比拟的谈判资源。

简单地说，在给予顾客优惠的成交条件这一方面，上司的权利要远大于下属。

既然如此，和下属起腻岂不纯粹是浪费时间，白费功夫吗？那还不如从一开始便死磕上司，一下子拿到最优惠的价格、最棒的条件，大幅度地提高谈判的效率！

诚然，这种心理很正常，这样的情况在所有服务行业的现场也很常见，不过，好好思考一下，也会发现其中的矛盾与“不正常”。

为什么一线销售现场会存在“不同的人掌握不同的交易资源”的情况？难道这不是一种极其扭曲、极其变态的现象吗？

按照这样的逻辑，显然销售现场只应该存在“掌握最佳谈判资源”的人，不应该存在“掌握不佳谈判资源”的人。显然，前者指的是上司，后者指的是下属。这就意味着，如果销售现场存在着“谈判资源”方面的差异，那么所有的下属都应该消失，所有的商务谈判都应该由上司来完成。否则，就是某种“欺诈”和“背信”行为，对顾客是极大的失礼，极大的冒犯。

因此，解决这个问题，还是得“治标治本”，彻底消灭上司与下属之间在“谈判资源”方面的差异。

也许有人会持有不同意见。他们会认为：在谈判资源方面制造差异，是为了给公司业务的推行创造一个缓冲空间，让上司和下属都有一个转圜的余地。换言之，这种情况是为了应付“万一”，不是应对“一万”，实乃人之常情，没有必要过分较真。

对此，我有截然相反的观感。可以理解服务行业在一线销售现场制定“谈判资源差异化”的规则或潜规则是为了“预防偶发状况”的初衷，可问题在于，这样的规则或潜规则一旦成型，所有的“偶发”都会变成“必发”；所有的“万一”，都会变成“一万”。顾客不傻，既然知道了有“捷径”，为什么要去绕远？既然能占便宜，为什么要吃亏？这从逻辑上讲不通。更何况，既然服务行业标榜“顾客就是上帝”的价值观，顾客就有理由强势，有理由让你把上司“请”出来，而你还不能拒绝，因为你没有拒绝的理由。

所以说，斩草必须除根，不可以有一丝一毫的侥幸心理。根除不净，必留后患。

对此，可能服务行业的店家会有不同的想法。他们会认为：既然顾客不傻，人家一定会这样想：“其他店家的上司都能掌握比普通员工更优厚的谈判条件，为什么你们这里做不到？这不是明摆着忽悠我们吗？”

解决这个问题，只需区区两招既可：

第一招：充分授权。

把你的每一位基层员工全部变成“上司”。

当然，这是从谈判条件来说。只要你把手中的权力和资源全部转移给自己的下属就行。要让顾客明白，和你的下属谈判他们吃不了亏，因为你的下属和别家的上司拥有一样的权力。

第二招：养成习惯。

既让下属养成习惯，也让顾客养成习惯。让顾客彻底接受“你们的店与别人的店存在着本质上的不同”这一事实，并通过长期的实践，让这种不同彻底固定下来。问题便可迎刃而解。

切记，习惯一旦养成，切不可轻易破例，做一些违反习惯的事情。只要习惯之网被撕开一个新的口子，缝补作业将无比艰难，代价极大且效果微乎其微。

总之，一定要搞清楚一个事实：只有下属，只有基层员工才是公司与顾客之间唯一的接点。在这方面，上司没有权利越俎代庖。他们与顾客之间理论上不应该产生任何关系，即便有这样做的必要，也必须通过下属实现。

这也是一条职场中的铁律，必须无条件遵守。

只要彻底堵住上司在资源方面的优越性，再加上极富建设性、极有针对性的业务指导，相信所有的下属都能克服重重障碍，在不断的业务实践中提高自己的综合能力，获得越来越好的业绩。

最后，还有一点要强调一下。就是我在前面提到过的“出风头”心理。

这又是一个职场中常见的矛盾现象：一方面，每一个上司都希望下属能够不辱使命、完成任务；可另一方面，许多上司又不希望下属的表现过于出色，以至于抢了自己的风头。至少在潜意识里，他们会这么想。

从本质上来说，这也是一种比较典型的“炫技心理”的体现。

既然每一个上司都身经百战、技艺过人，那么“出风头”“树权威”的心理也便可以理解。不过，俗话说“时位移人”，既然身份发生了变化，作为上司的使命和心态也要发生变化。简而言之，上司的权威不是这么树的，风头也不是这么出的。显然，对于一个上司来说，最好的风头是自己的部下牛掰，而不是自己牛掰；是自己的部下露脸，而不是自己露脸。这就好像作为父母，真正的风光是子女出色，而不是自己出色一样。通过子女的糟糕表现来凸显自己作为父母的能力和权威是荒谬的。遗憾的是，许多上司压根儿不懂这个道理，他们每天在做的就是这样的事。就是让自己越来越出色，让下属越来越废物，并从这种鲜明的对比当中寻找莫名其妙的优越感和成就感。当然，公平地说，“让下属越来越废物”肯定不会是上司的本意，但是无可否认，在他们的内心深处一定埋藏着某种根深蒂固的潜意识，亦即“不容许下属的风头盖过自己”。

可见，教育下属必须从改造上司开始做起。自己顽固不化，一味地指责下属不思进取是荒谬的。

从“领导力”的角度来说，好上司的职责在于“允执厥中”，带领整个团队追求一种“表里协调”的结果。具体地说，就是要追求“数值”与“体质”的平衡，“业绩”与“管理”的平衡。

常言道“磨刀不误砍柴工”。毫无疑问，从管理学的角度来讲，“柴”亦即“数值”“业绩”无比重要，堪称“终极目标”，但是，如果你没有一把好刀，你便无法又快又好地砍柴，正如一家企业不抓管理，便无法改变体质，因而也无法取得可持续的良好业绩一样。

这是一个无比浅显的道理。

显然，“表”与“里”“数值”与“体质”“业绩”与“管理”是相辅相成，不可偏废的。两者共同构成一个“团队”的脊梁。从“领导力”的角度来说，一个

“好上司”的终极使命，就是“打造团队”，两手都要抓，两手都要硬。让一个团队表里如一，全面发展，既有好看的数据，又有健康的体质。

遗憾的是，在我们的职场当中这种和谐的场面极为罕见，团队以及“打造团队”的意识极为稀缺，各自为战、盲目行动的现象极为平常。

在日常工作中，我们的管理者更多的时候表现得好像一个“救火队员”，整天忙得跟无头苍蝇一样，可是团队内部依然火情四起，情况没有丝毫好转。这就好比一群小孩子踢足球，大家各踢各的，谁和谁都不搭界，鲜少有传接配合的场面发生。场上除了守门员（亦即“救火队员”）一个人明确地知道自己的位置之外，没有人知道自己的角色是什么，应该怎么踢，更谈不上所谓的战略战术，反正就是往大门的方向踢就行，谁踢进去算谁的。因此也不可能存在真正意义上的胜负结果，即便存在，这种结果也只能归于个人，而不属于整个团队。

所谓“一匹狼”的工作作风，说的就是这种状态。当职场中“群狼横行”的时候，“团队”与“打造团队”也便成了一句空谈。

打造团队，先从改变意识入手。只有放出眼光，拿出勇气，积极发现每一个团队成员的长处，然后赋予他们具体的角色，告诉他们相应的职能，并通过一再的教育、反复的练习让他们能够不断地强化自己的角色意识，提高自己的职能水平，从而淋漓尽致地发挥出自己的特长。只有这样做，一个好团队才有可能被最终打造出来。

当然，在打造团队的过程中需要改变的不仅仅是上司们的意识，下属们的意识也需要改变。可问题在于，下属的意识往往受制于上司的意识，上面不改，下面的改变也无从谈起。

举一个比较典型的例子。

“小富即满”“无过便是功”，这样的心理状态和行为特征在职场中颇为常见，令许多管理者极其头痛。一般来说，这又是一个上司们以“素质问题”为借口，把责任推给下属，为自己开脱的好场合。只不过，这样的推脱换来的仅仅是片刻的麻醉，对问题的解决毫无助益，甚至会进一步加剧问题的恶化。

还是让我们回到商业的原点，探究一下事物的本质。

商业是什么？

是通过为客户提供价值，为自己谋利的行为。俗称“双赢”。换言之，如果出现了“双输”（理论上，“单赢”的事情是不太可能发生的，这不符合商业逻辑。即便能发生，也是意外，是偶然，不可能有持续性）的局面，那一定是商业的逻辑在根本上出了问题。而这个问题十有八九源自顾客的利益没有得到满足，顾客的价值没有得到确保。这一点，相信没有人会提出质疑。

那么，顾客的价值和利益到底体现在哪里呢？

一句话，物超所值。

没错，是物“超”所值，而不是物“有”所值。这个“超”字，是一切商业价值与商业理念的精髓所在。

任何商业上的成功，尤其是巨大的成功，其奥秘全部在一个“超”字上。谁能做到这一点，谁就能把自己的竞争对手逼向绝境，在竞争中战而胜之。

这个道理，站在顾客（消费者）的立场上也很好理解。

无论你要购买的是产品还是服务，唯一驱动你做出具体行为的只有一个字“值”。这个“值”是什么意思？是“不多不少，刚刚好”吗？不是。一定是比“不多不少”更多一点，比“刚刚好”更好一点。区别只在于程度的不同而已，只不过谁在程度方面走得更远，做得更多，谁胜出。

就这么简单。这就是商业的本质，也是竞争的本质，甚至是进化论的本质。

因此，商业的世界是一个既现实又残酷的世界，容不得你有半点幻想，必须面对现实，做出决策；拿出行动，追求结果。

对于服务行业的现场而言，这就需要每一个员工不断地追求卓越，不可以“小富即满”，否则，这个“物超所值”也便无从谈起。

既然是这样，为什么“小富即满”现象会在职场中如此流行呢？

肯定不会是上司们没尽力。相信他们已经把嘴皮子说破，把心操碎了，可无论他们如何呕心沥血、鞠躬尽瘁，“不争气”的下属们就是不买账，就是不理解，就是不能体现在行动上。难怪上司们会破罐破摔，天天喟叹“人的素质不济”了。

不过，对于这件事，下属们也有话说。

他们的理由也很充分：不是我们想“小富即满”，问题在于上司们把“富”的标准定太严、拴太死，让我们动弹不得，根本就没有回旋的余地，也压根儿不敢轻易回旋；又或者，上司们对于“富”的定义太过随机、太过凌乱，让我们丈二和尚摸不着头脑，以致不敢轻易追求，只能选择明哲保身。

这又是怎么一回事呢?

还是让我们回到一线现场，去看看那里到底发生了什么。

假设你做了一件事，并且把这个事儿办得很漂亮，可是当你因为这件事被上司叫到办公室去的时候，十有八九不是接受表扬，而是蒙受批评。

上司的理由是这样的：谁叫你擅自行动?！这么重要的事儿为什么不汇报一下?！

好吧，知道了。吸取教训，改正错误。下一次，当你又面对一件事情的时候，你如实向上司汇报，并耐心等待他的批准。

可是一个礼拜过去了，上司那里一点动静都没有。你感到很蹊跷，正准备再一次去跟上司确认一下，碰巧上司那里来了一通电话，把你叫到他的办公室。然后，你又一次悲剧了，再次领略了什么叫“暴跳如雷”：他厉声斥责你做事拖沓，给公司造成严重的损失，并宣布要严厉制裁你。

你感到很委屈，反问上司：我给您汇报过了呀！是您一直没有答复啊！不是您说的吗?没有指示不要轻举妄动?

听了你的辩解，上司非但没有平息怒火，反而更加怒发冲冠：不错，这话是我说的。可我也有自己的工作，每天要处理的事情堆积如山，忙得焦头烂额，怎么可能事无巨细，每一件事情都想得那么周到?！再说了，你又不是死人，没有我的命令你就不会干活了吗?！那还要你干什么?雇个机器人都比你强！

相信这个时候，你会觉得世道无比艰难，真是想死的心都有。什么叫“进也不是退也不是”，什么叫“里外不是人”，对于这两句话的意思，你再一次大彻大悟，尽管是“多么痛的领悟”。

……

这样的上司，你是否在职场中遇见过?

不出意料的话，答案一定是肯定的。事实上，遇见这样的上司，是职场中的“常态”；遇不到这样的上司，也许才是真正的“变态”。

可见问题有多么严重。

显然，为顾客提供“物超所值”的产品或服务，需要下属具有一定的灵活性，拥有较大的授权，较宽松的腾挪空间和发挥余地。可是，在这样的上司领导下，你怎么可能会有主观能动性，又怎么可能灵活地闪转腾挪呢？

所以说，要想让下属有超然的动作，上司也必须有超然的意识和行为。做不到这一点，就不要埋怨下属的职业态度太僵硬，因为与下属相比，上司们的表现更为顽固不化。

“超然”的管理，需要上司们对自己的下属在犯错方面灵活一些，宽容一些。不能过于严厉，过于苛刻。你不能指望一只受到惊吓、呆立不动的鸭子拿出老鹰的雄风和灵活性，这完全不现实。要知道，任何自尊心受到严重伤害的人，任何自信心遭到严重挫折的人，都不可能与“主观能动性”这个词有一丝一毫的瓜葛。这样的人，只能变成“机器人”“木头人”。对于管理者所有的严厉与苛刻只能一味地承受，一味地麻木，最终变得完全无感……

某些上司可能不服气。他们会这样说：你说的道理我们都懂，我们也承认给予下属犯错空间的重要性，在实际工作中也没少包容他们的错误。总之，情况没你说得那么严苛，那么严重！

那么，事实是这样吗？

恐怕未必。

不错，“犯点小错误没关系，只要不犯大错就行。”是许多管理者爱用的口头禅。可话是这么说，现实生活中他们又是怎么做的呢？更大的可能恐怕是这样的：甭管是大错还是小错，只要是错误，上司就会一通乱批。有时甚至小错大批，大错不批。换言之，错误是大是小，抑或错误本身是否存在，标准全系于上司一人；批与不批，大批或小批，当然也全是上司一个人说了算。可问题在于，对于所有这些事物的判断标准，上司自己心里可能都没有一个准谱儿，“是不是”“做不做”，完全看心情，甚至于看上司“有没有发现”：发现了，就认倒霉，听天由命；没发现，就当没发生。是老天赏脸，上辈子积的德。

由此，下属可以选择的行为方式也就很明确了：第一，不犯错，就是万全之策。而为了不犯错，只能尽量不做“多余的事”，只做上司知道的事、交代过的事。没有上司的交代，最好还是按兵不动，省得节外生枝。第二，犯了错，要尽量隐瞒上司；实在瞒不住，就要尽量大事化小，小事化了。如果连这个也做不到，就干脆撒谎或推卸责任，争取成本最小化甚至全身而退的结果。

这就是“小富即满”“无过便是功”的真相。

所以说，在日常管理工作中，上司的言行无比重要，万万不可过于随性，过于敷衍、过于凌乱。理由很简单，与纸面上的“规矩”相比，上司的实际言行往往代表着真实的工作标准，甚至是最高标准。无论你是否情愿，也不得不承认一个严酷的职场现实，那就是大多数下属在日常工作中完全是靠揣摩上司的心情，观察上司的脸色行事的，基本上不太在意纸面上的那些规矩。这就意味着，如果上司反复无常、言而无信，下属心中的标准体系便会瞬间崩塌，完全乱了分寸。又或者，如果上司的言行过于严厉与苛刻，下属就会束手束脚，寸步难行。

因此，即便“上司也是人，也有脾气，也有七情六欲”是一件可以理解的事情，但是，只要你当了上司，就必须懂得谨言慎行、自我控制、率先垂范的重要性。没有办法，这都是责任。既然你想做上司，就必须这样做。

在现代商业社会，“数字化”“标准化”管理已然蔚为风潮。理论上说，这是一种进步的风潮，应给予肯定的评价，不过，万事总有分寸，过犹不及则会适得其反。

总之，聪明的上司在日常管理当中一定会这样做，亦即原则性与灵活性并重。体现在具体操作上，就是一方面要尊重制度、严格纪律，另一方面要尽量给予下属较大的裁量权，并对他们的错误适度容忍。这不是人格分裂、自相矛盾，这是一种高超的管理技术，甚至是管理艺术。

举一个海底捞的例子。

说起海底捞，大家的一致评价是：这是一家卖“服务”的餐饮公司。海底捞最大的亮点是员工，至于菜品本身，反倒没有什么特别突出的地方。

这是一个很经典，也很有意思的商业现象。显然，海底捞的核心资产是它的管理方式以及它的员工，只要有了这两条，即便不干火锅行业，“海底捞”这样的企业也能在任何行业中鹤立鸡群，战无不胜。

现在问题来了。为什么海底捞的员工这么牛？他们到底有什么秘诀？

碰巧，前两天在网上看到一篇文章，题目叫《海底捞的服务员是一种怎样的

存在？》

文章下面的网友留言十分有趣，许多细节既生动又精彩，也许能给大家带来一些有益的启示。

由于总留言数有数千条，这里只随便摘抄几条让大家简单感觉一下。

网友 A：我有一次一个人吃海底捞，结果服务员走过来给我涮菜、递水、聊天。从人生、理想、抱负聊到明星结婚生子。我本来打算吃 40 分钟，结果 90 分钟才走人。走之前那个服务员还开玩笑地跟我说欢迎我下次光临，“记得下次来的时候还要点我哦！”听罢我虎躯一震……（注：此留言点赞数 4056）

网友 B：哈哈哈哈哈，我上次披着头发去吃火锅，结果店员给我拿了两根皮筋，调侃我说：我帮你扎双马尾辫吧，我扎得可好了！哈哈哈哈哈。（注：此留言点赞数 3135）

网友 C：上次去，朋友亲戚来了。点菜的时候跟我们讲了一句她肚子痛，结果吃着的时候，那小哥（服务员）送了一锅姜汁可乐来，并告诉我们说这是后厨特地煮的。从此刷新了我对海底捞服务员的看法。（注：此留言点赞数 2626）

网友 D：过生日竟然给我表演变脸！！召集全楼的小孩（服务员）来给我唱生日歌！！冻豆腐插仨蜡烛，说是送我的蛋糕！真是不要太贴心哦！（注：此留言点赞数 2182）

网友 E：讲真的要不是因为没钱，冲着海底捞那服务态度我真的天天去！因为上次我的脚受伤了，服务员还送了我一双拖鞋！（注：此留言点赞数 2326）

网友 F：有次下大雨从海底捞门口路过，门口大哥（海底捞保安）非要撑着伞给我送到小区门口，临别还送我两块眼镜布让我擦镜片上的水……我只是路过啊（注：此留言点赞数 1199）

……

怎么样？看了之后有什么感觉？

相信多数人的回答应该是这四个字：不可思议（或者是“令人发指”——一个准网络流行语）。

这就对了。这四个字一语道破了玄机，那就是海底捞的员工为顾客做了许多“多余”的事，而且这些事还是顾客在其他地方不容易或不可能碰到的。换言之，这些事已然超出了顾客的常识范畴，让他们有些“受宠若惊”甚至“惊诧莫名”。

海底捞的超强竞争力，就体现在这里。

可见，如果把商场中的规矩和标准定为100分的话，员工只做到100分是不够的，只有所有的员工一个不落地全部做到120分甚至150分，你才能在残酷的商业竞争中脱颖而出。显然，做到前者，仅仅是“物有所值”，只有做到后者，才称得上“物超所值”。一字之差，千里之别。

那么，如何才能做到“物超所值”呢？简单，赋予你的员工“裁量权”。

再举一个海底捞的例子。

跟你说一件更加不可思议、更加“令人发指”的事。海底捞的一线员工有一项特权，那就是可以替顾客免单！

是的，你没有听错。如果你是海底捞的食客，在海底捞的现场对菜品质量或服务素质产生了较大的不满，那么即便是一个最基层的服务员也可以当场拍板，为你免单！

从管理学和经营学的理论上讲，这样的制度可谓“违反常识”，实在是有些过头了。明摆着呢，作为一家经营火锅店的公司，公司上上下下所有同人的努力，所有资源的付出，都要靠最终摆在顾客面前的这一桌火锅收获结果。如果这个环节出了问题，就等于地基塌陷，多漂亮的大楼都会毁于一旦。而海底捞居然有勇气走出这一步！

事实胜于雄辩。这套管理方法就是取得了巨大的成功，而且这一结果举世皆知，已有公论。

可见，给予下属裁量权，既是一步险棋，也是一记妙招。一旦基层员工有了较大的回旋余地，他们也就有了为顾客创造“超值服务”的物质基础。而得到超值服务的顾客，必然会给予这家企业相应的回报。这就是我在前面提到过的“商业世界没有单赢，只有双赢”的理论。

可以想象，运用这项裁量权有风险。会有犯错的可能，会给公司带来某些不必要的潜在成本。可是权衡利弊之下，海底捞的管理者还是义无反顾地做了，而且总的来说做得很成功。

当然，海底捞的老板不是傻瓜，在赋予员工极大裁量权的同时，一定为其编好了一张万无一失的安全网。这方面的话题不是此文的重点，这里便一带而过了。

必须承认，海底捞的员工之所以如此神奇，企业的表现之所以如此神勇，是许多因素综合作用的结果，不能全部归功于一个“裁量权”，可如此程度的裁量权的存在在这家公司崛起的过程中确实居功至伟，这一点也没有人能够否认。

看了这个案例，你也许会觉得海底捞的制度出奇地松弛，出奇地随意，如果你这样想，那你就错了，海底捞的制度之规范、之严格，是业内公认的。关键在于，它的管理者很聪明，懂得“张弛之道”，知道如何做才能在“宽”与“严”之间自由游走，让所有管理制度和手段互相影响、互为因果，最大化地发挥效果。

这就是高超的管理艺术，这就是“原则性与灵活性并重”理念的生动体现。只要你能具备这样的意识，掌握这样的艺术，“打造一个成功的团队”便不再是遥不可及的梦想。

最后，让我们为“上司与员工”的话题做一个总结。

好员工与好上司，这是任何一个企业，任何一个团队所梦寐以求的绝佳组合。

问题是，如何才能得到这样一个组合？

表面上看，从“好员工”当中选拔上司，似乎是获得“好上司”的一条捷径。但是这条捷径在实践当中却往往会碰壁，让许多公司和团队碰得头破血流。

理想很丰满，现实很骨感。残酷的现实是：好员工未必当得了好上司。把这句话反过来说也成立：好上司未必就是当初的好员工。

也许当初深受上司喜爱的好员工，提拔上来后却当不了好上司；反之，某些当初令上司无比头痛的“愣头青”“捣蛋鬼”“万年拖油瓶”，可能恰恰会是未来一呼百应、攻城拔寨、战无不胜的好上司。

这就好像当初学习成绩好的学生，成人后却未必能成为一名出色的教师，而出色的教师，当年却未必会是一名“三好学生”一样，人的素质多种多样、可能性多种多样、可塑性多种多样，许多事情是无法完全做到事前预见，只能靠事后的事实去证明。

但是，时不我待。为企业寻找好的接班人，培养好的员工和好的上司，永远是一个迫在眉睫的话题，完全靠“事后”佐证太被动了，必须要有“事前”的预见，才能掌握企业发展的主动权。

这可怎么办呢?

还是那句话，“老牛拉破车”，要多想、多试、多调整。

作为一个称职的上司，培养好下属、好员工，必须要尽最大的努力克制个人的喜好，抛弃先入为主的观念，“不拘一格降人才”。

这就需要他们充分具备好教师、好教练的特质。要尽可能地多发现、多重视每一位下属的长处，不要过多地纠结于下属的短处；要尽可能地激励每一位下属发挥他们的长处，然后通过寻找、任用互补型人才弥补他们的短处。只要你坚定不移、持之以恒地这样做，理论上你的每一位下属都有成为好员工乃至好上司的潜质。

管理和教育，归根结底还是要和人性打交道。而人性既复杂也简单：当一个人意识到只有自己的短处会被所有人尤其是自己的上司拿着放大镜来看的时候，天使也会变成魔鬼；反之，当身边的所有人，尤其是上司都拿着放大镜看自己的长处的时候，魔鬼也会变天使。

环境造人、时位移人。人是会变的，关键看你能否以及如何营造变化的环境，能否以及如何推动变化的方向，能否以及如何确保变化的质量。深刻地理解这一点，公司里的每一个人便都有了成为“千里马”的希望；公司里的每一个上司也都有了成为“伯乐”的可能。

**小结：从“领导力”的角度来说，一个“好上司”的终极使命，就是“打造团队”，两手都要抓，两手都要硬。让一个团队表里如一，全面发展，既有好看的数据，又有健康的体质。**

## 第二节 善用领导力，引爆团队执行力

如果你把注意力放在“事”上，“领导力”不容易；如果你把注意力放到“人”上，领导力很容易。

做管理者不容易，当领导不容易。

尽管每个人都知道“张弛有度”“收放自如”是领导艺术的体现，需要领导者具有分寸感。可是，说来容易做来难，在管理实践中分寸的拿捏谈何容易！

恐怕更大的可能是这样的：一抓就死、一放就乱。然后，乱了再抓、抓了再死、死了再放、放了再乱……反反复复、无穷无尽—— 这就是典型的恶性循环；这才是一线管理现场的常态。

管理学当中经典的“鞭打快牛”现象就是一例。

越是优秀的员工，越要以更高的标准要求他们、压迫他们，与此同时，还要不断地摊薄他们单位付出的收益，因此，为了减少自身的压力，优秀员工只能被迫选择留一手，一方面能够为自己减压，另一方面能够确保“付出与收益之比”不至于被过分摊薄，哪怕收益总量有所下降也在所不惜。

时至今日，这样的案例（“鞭打快牛”导致故意偷懒）在职场中已经俯拾皆是，几乎成为一种新常态、新常识。

另一方面，管理者也有苦衷：明摆着你的能力提高了，能够比以前做得更好，我怎么能继续用从前的标准要求你呢？这样做不但对企业不公平，对你自己也不公平呀！毕竟人往高处走，水往低处流，不断鞭策自己更加进步，是人之常情，对你自己也有好处啊！这样做有什么问题吗？

没问题，但不容易做到。

关键在于，人的动机是什么。如果你拿钱去衡量，它真的有极限，真的存在“小富即满”的可能；可是如果除了钱之外，你还能给人的动机里加一些别的东西，情况就会有所不同。

马云曾经说过：如果你的员工不想干了或故意偷懒不好好干，原因只能有两个

—— 一个是钱没给够，一个是干得不爽。

可见，弥补“钱”的局限性，只能从“爽”字上做文章。

海底捞的员工为什么那么拼命？只说几个小细节就能令你动容。

细节一：海底捞每个月不仅给员工发工资，还会给员工远在大山里的父母发工资。以此感谢员工的父母为企业做出的贡献（提供给企业这么好的员工）。

细节二：海底捞的员工宿舍，都是市区内正儿八经的小区，正儿八经的公寓楼。是公司花重金租下来的。哪怕在北上广深这些一线大都市也是这样。

细节三：海底捞的员工宿舍居然配有“宿舍长”一职（注意：不是“楼长”，而是“宿舍长”。区别在于前者一栋楼只有一个，后者每个宿舍都有一个。），全盘照顾员工的日常生活。洗衣做饭、收拾屋子，所有这些琐事都不用员工操心，宿舍长甚至还会给员工打洗脚水、陪员工聊天、帮员工抓药……

想想看，在这样的环境下工作，“爽”的问题是否能够得到圆满的解决？

解决了“爽”字，其实“钱”字也便好说了。只要在“钱”方面别差得太多，干“爽”了的员工一定会为老板鞠躬尽瘁，死而后已。

还以海底捞为例。他们的员工有两个特点：

特点一：主动加班，不愿休息。

海底捞的员工几乎个个都是“工作狂”，个个都是“拼命三郎”或“拼命三娘”，“加班”这两个字严格意义上讲对他们而言是无意义的。因为他们中的多数人生活中几乎只有“工作”二字。对他们而言，工作就是生活，生活就是工作。两者没有区别。至少没必要刻意区分。

特点二：几乎个个身上都有不同程度的职业病。

有些员工的职业病甚至达到相当严重的程度，恐怕一辈子都治不好。

必须澄清一点，对于上述两条我一条也不赞成。不认为是好事（甚至连海底捞的老板本人也这样认为，以至于在公司中引入了“强制休息”和“强制体检”的制度，只不过员工实在太疯狂，太“令人发指”，想拦也拦不住，防不胜防）。我只是想表明，如果一家企业能够在“爽”字上下功夫，把这一点做到极致，到底能产生多么可怕的能量。

总之，“一抓就死，一放就乱”现象源于人性的复杂，因此，问题的解决也只能从人性中去寻找答案和方法。而解决人性问题，情商与手腕缺一不可。两者兼备，则“良性循环”可期也；两者缺其一，则“恶性循环”不可断也。对此，一定要做到心中有数。

但是，职场中的管理者依然有话说。他们也许会这样反驳：你说的这些道理我都懂，用不着你来说教！你以为我没在情商和手腕方面下功夫吗？！你真当我是傻子啊？可问题是无论我怎么努力，效果总是“三分钟热度”，根本固定不下来，根本无法持续，你让我怎么办？所以说“一抓就死，一放就乱”也是“没有办法的办法”，不是我想这么做，而是只能这么做。毕竟“抓抓放放”比一条道走到黑，“完全不抓”或“完全不放”效果好一些。所以你明知是个恶性循环，也只能硬着头皮往上冲！懂吗？！

这些管理者的心声，我完全理解。曾几何时的我，又何尝不是这样？！

所以，问题又一次回到了它的原点：常识最难。

为什么在职场当中，许多管理工作即便能够见到效果，这些效果也极难沉淀下来？为什么在一线管理现场，那么多好的政策和制度往往只能昙花一现，无法成为企业的基因呢？

归根结底，问题还是出在“执行”上面。如果与管理有关的政策或制度执行得不彻底、不细致、不全面，就像一次性筷子用过就扔的话，多好的政策、多强大的执行也不可能真正沉淀下来并长期持续下去。

所以，归根结底，执行力的“瞬间强大”意义不大，我们需要的是执行力的“长期强大”。

现在问题来了。人的能量和激情是有限的，试图让人长期处于高度兴奋、高度昂扬的状态不现实，因此，为了获得永久性的执行力，聪明的管理者必须要高度关注“阈值管理”的课题。

我在前面的文字中也曾经提到过，所谓“阈值”，就是指“临界点”。当事物突破一定的临界点时，就会彻底爆发出来。

显然，强大的执行力一定意味着对某个或某些“临界点”的突破。这既是最高要求，也是最低要求，是管理者在日常管理实践中矢志不渝、倾尽全力追求的永恒目标。可现在的问题在于，“阈值”这个东西，并不是越高越好；恰恰相反，它越低越好。阈值越低，突破阈值的门槛就越低，做到这一点的管理成本也越低，因此更容易做到，做到之后也更容易持续。

明白了这个道理，“一抓就死，一放就乱”或者政策效果“三分钟热度”的现象为什么会在职场中一再发生，也便不难理解了。简而言之，问题出在“发力过猛”或“发力不均”上面。

许多管理者都会犯“矫枉过正”的毛病，为了纠正某个管理痼疾，他们往往会往死里发力，恨不得使出吃奶的劲儿，以求“毕其功于一役”的效果。

诚然，适度的矫枉过正没有问题。尤其是对于那些积重难返的职场痼疾来说，矫枉过正甚至是唯一可行的办法。不过，凡事总有分寸，矫枉过正也不例外。超过了一定的度，就会有反效果。

事物遵循了这样一个逻辑：

管理痼疾意味着什么？意味着至少在这一点上，员工做得不好，激发他们潜在能力的阈值极低，因而相对而言比较好突破，员工也比较容易爆发；可是，如果你发力过猛，让员工一下子突破得太多，爆发得太剧烈，就会极大地拉升员工下一次爆发的阈值，换言之，下一回，员工就不那么容易爆发了，无论你使多大的劲儿也没用。因此，当你再一次试图发力时，员工的反应就会淡很多、弱很多，甚至完全没有反应。沮丧的你只好彻底放弃，而放弃之后，员工的阈值会再一次自然降低，为你下一次的发力，以及发力之后“必然会见效”的结果打下基础……这个过程周而复始，构成了职场中种种管理问题以及管理现象最根本的成因。

既然问题源自阈值，解决问题也只能在阈值上做文章。

这里面有三个要领：

第一，准确把握员工的阈值信息。

说白了，就是要弄清楚对于员工而言，一个政策如果见效的话，需要跨越的最低标准是什么。这个东西没有捷径，只能“摸着石头过河”，从长期的实践中不断试错，不断总结，不断提炼。

第二，在阈值允许的范围内，一定要把事情做到极致。

只要知道了最低标准，无论如何要把这一标准做到极致，绝不可有半点侥幸心理，否则你的所有付出都将打水漂儿。理由很简单，无论你做到的是 1 还是 99，只要爆点是 100，你的所有努力都将毫无意义，因为在这种情况下 99 和 1 没有区别。

第三，尽量把阈值控制在最低水平。

总之，如果一件事情，只要你给十块钱就会有人干，而且会干得很好，你只需给他这十块钱就行，最多不要超过十二块。因为“十块”就是他的阈值，这个阈值必须达到极致的满足，才会激发出强大的执行力；可与此同时，这一阈值不可超越过多，否则后果不堪设想。比如说，如果你一下子给他一百块，那么他的阈值将会被人为地拉升到一百块，这个时候，如果你还想出相同的价钱，就不可能买到同等质量的执行力了。

当然，阈值管理不仅仅是一个“钱”的事情，还可以延展到管理工作中的方方面面，可甭管涉及哪些方面、哪些要素，基本的逻辑是不变的。掌握这一逻辑，对管理者大有裨益。

除了对阈值管理的忽视，“一抓就死，一放就乱”现象之所以会在职场中反复发生还与细节管理的缺失有关。

我曾经不止一次地到那些号称“正在狠抓管理工作，却怎么抓也不见效”的公司观摩调研，一路走来，真是看遍了企业管理中的种种风景。

让我们看看这些管理者在日常工作中都是怎么“狠抓”管理工作的。我们可以看到，在这些企业，会议室里堆满杂物，仿佛成了仓库；员工的办公桌凌乱不堪，各种文件和书籍随意堆放；业务部门墙上贴着的各类公文，已经开始泛黄，甚至沾上一层薄薄的蜘蛛网；楼梯拐角处，各类纸箱子堆积如山，几乎挡住了人们的去路；公司大门口，居然能看见一堆建筑垃圾，而且连续几个星期都无人处理……

如果这些场面是“狠抓”管理工作的成果的话，那我真的十分好奇这些管理者到底是怎么“抓”的。

当然，那些管理者肯定会为自己辩解：我说的“狠抓”，指的是抓正事儿，不是那些犄角旮旯里的琐事！

诚如此言。在管理者眼中，许多细节问题都是“琐事”，不是“正事”，因此不会进入他们的法眼，更不会摆上他们的工作日程。不过，正所谓“管理无小事”，“魔鬼藏在细节里”，搞不好这些琐事，那些“正事”也便无从谈起。

很难想象一个连自己的办公桌都收拾不好的员工，能够认真执行公司的规章制度；同理，很难想象一个连公司门口的建筑垃圾都无法清理的团队，能够让任何一个好政策的效果长期持续下去。

“一抓就死，一放就乱”的源头就在这里：因为管理者抓的是“标”，不是“本”，所以当然不可能让任何好的东西沉淀下来，更别提延续下去了。

所以说，要想从根本上扭转局面，只有一个办法：拯救细节。

首先，要从拯救公司制度开始做起。

我们知道，所有规章制度都是有价值的，它们的出台与落实，都是为了达成某个或某些管理目标。因此，如果让这些制度仅仅躺在文件夹里自生自灭或者贴在墙上造福蜘蛛是没有意义的，必须把它们从文件夹里请出来，从墙上拽下来，给它们创造一个不辱使命、重焕生机的机会。

具体地说，任何一项制度一旦被制定出来，绝不能立刻把它塞进文件夹并束之高阁，管理者需要做的事情，是在文件出台的那一刻便立即组织公司全体员工学习、考试，不合格者不得上岗；有必要时，甚至可以在公司内部举办公开的“诵读会”，来加强员工对制度的理解和吸收。否则，了解制度、掌握制度就只有在某个特定时刻才会有实现的可能，那就是在员工违反制度的时候。而这种方式的代价是巨大的：一来公司的制度很多，如果每一项制度的了解与掌握都只能靠违反它来实现，无论是时间成本还是效益成本都实在是太大了；二来普及起来太困难。一个员工违反了制度，得到乃至吸取教训的只有他一个人，其他员工无法受惠。因此，要想让每一个员工都掌握制度，理论上就需要每一个员工都违反它，这样的前景简直不可想象。不止如此，更可怕的事情在于，更多的员工即便表面上没有违反制度，但由于他们对制度不了解、不熟悉，甚至一无所知，所以没准儿什么时候便会做出违反制度的事。这就意味着你的公司里埋着无数颗定时炸弹，不定什么时候就会莫名其妙地爆炸一颗，给公司带来难以估量的潜在损失。

因此，如果你认为制度有意义，对企业的健康发展至关重要；如果你对自己呕心沥血制定制度的过程抱有某种神圣感和使命感，那么，请你无论如何不要让它仅仅停留在纸面上，而要把它深深地刻在员工的脑海里，体现在员工的行动上。

现在问题来了。即便通过管理者的努力，“将制度镌刻在员工的脑海里”这一条能够实现，可是如何做才能将其“体现在员工的行动上”呢？

这是一个好问题，需要我们的管理者仔细思考、认真研究。

俗话说“知易行难”。我个人认为，这句话还可以说得再夸张一点：“知”与“行”往往不搭界，是不折不扣的两码事。

因此，仅仅靠“动脑”是不够的，为了让所有的制度真真切切地以“行为”的方式体现出来，必须要从员工的外部施加影响力，让他们学会“动手”。而且不只是学会“动手”，还要让这种行为“养成习惯”。

为了做到这一点，大体上的程序应该是这样的：

第一，教。而且是手把手地教。即便员工没有透彻地理解和掌握也没关系。总之要不惜一切代价，让员工“做起来”“动起来”。不理解，就手把手地教，哪怕把员工看成不懂事的小孩子。

第二，练。这时需要放手，绝对的放手。让他们自行操练，自己领悟，无论犯多少错误，摔多少跟头也没关系。犯的错误越多，摔的跟头越狠，他们的神经末梢就会越发达，就越能够将动作要领刻在皮肤上，印在 DNA 里。

必须强调的一点是，在这个过程中，作为一个管理者和教育者绝不能过分担心员工犯错的成本。这个成本是必须要付出的，不肯付出成本，将来你的成本会更大、更离谱。所谓“长痛不如短痛”，就是这个道理。

第三，重复。教育的精髓在于重复。重复地说，重复地练。时间长了，“习惯”也就有了。长期这样做，白痴也会变天才。

不要有侥幸心理，也不要有“走捷径”的想法。无数次的重复，也就是我常说的“老牛拉破车”的方法，往往才是最理想的捷径。前提是，这件事情一定要尽早做、尽快做。要在新员工入司的第一天开始做，新制度出炉的那一刻开始做。而且既然做了，就要横下一条心，把事情往绝里做，往彻底里做，不达目的决不罢休。否则，任何的拖延与马虎都将让你付出十倍百倍的代价，都会让你悔不当初。

只要你持之以恒地按照上述三个步骤打造你的团队，那么真正的、可持续的质变迟早会到来。

总之，只有积累，而且是有意识地积累，尽量在日常工作中多做加法、少做减法，才是一个让企业“螺旋式上升”的方法；反之，忽视积累，在日常工作中减法做得多，加法做得少，只能让企业“螺旋式下降”。无论付出多大的努力，也总是“终点回到起点，到现在才发觉”。

许多企业之所以在管理和业绩方面反反复复、徒劳无功，其根本原因就在这里。

还是那句话：归根结底，细节压倒一切。拯救细节、积累细节，既是一切管理工作的起点，也是一切管理工作的终点。

那么，掌握了“细节拯救”的操作方法之后，我们又应该如何检测这项工作的具体成效呢?

可以采用如下两种方法:

方法一:运用“厕所指数”。

告诉大家一个小窍门:如果你想知道一家公司到底管理得好不好,有没有前途,能不能长久,只要看这家公司的一个地方就行,那就是厕所。

如果厕所的干净程度,让你觉得在那里睡一觉也会很惬意抑或在那里吃一碗泡面也不觉得恶心,那这家公司的现状和前景肯定错不了;反之,如果厕所的干净程度让你能够忍耐的时间不超过两分钟,那这家公司基本上已经可以“PASS”掉了,因为它不会有什么前途。

这就是我所谓的“厕所指数”。用这一指标判断企业的经营管理状况,成功率就算没有百分之百,至少也会有百分之八十。

理由很简单:如果一家企业连厕所这样的细节都能关注到,且能够做到完美无缺,其他方面的细节管理基本上也不会有什么大问题;反之亦然。

这就是“窥一斑而知全豹”的道理。

不错,确实有许多企业虽然厕所卫生一塌糊涂,可至少表面上看似乎经营得还不错,可是,仅从厕所这一个细节,你就能大体判断出这些企业的现状和未来:它们在管理方面一定存在着不少隐患,而且这些隐患都不小,且都没有得到及时的纠正和解决,因此一定会迎来问题积重难返,集中爆发的那一天。

正所谓“别看今天闹得欢,小心他日拉清单”。这样的企业一定不长久,必然会倒霉。或早或晚而已。

方法二:定期或不定期“对表”。

正如我在前面所说,习惯的养成,必须要从第一天开始发力,任何拖延都将带来无法挽回的潜在损失。那么,如何才能知道已然成型的习惯是不是真正瓷实,真正做到了万无一失呢?

通过“定期或不定期对表”的方式予以检测,是一个好方法。

具体地说,就是通过定期以及不定期的方式,对职场中一切管理细节的落实情况进行“地毯式”检测。无论是着装、礼仪、5S,还是接待流程、话术要领、产品知识……员工到底做得怎么样,掌握没掌握,有没有把所有这些细节变成一种自觉、一种常识,作为管理者必须要不断地检测,不断地发现问题、解决问题。

这里面有两个要点：

要点一：仅仅“做到”是不够的，必须要成为自觉，形成习惯。

如果没有做到这一点，管理者需要再次回到“培养习惯”的起点，一切从头来过。

要点二：不能够用制定制度去解决制度执行的问题。

不是通过实际行动，而是通过制定一个新制度去解决旧制度中存在的问题，尤其是执行方面的问题，然后再搁置这个新制度—— 这是一种典型的纸上谈兵的做法，是管理中的大忌。遗憾的是，这种情况在一线管理现场屡见不鲜，很少引起管理者的注意。这就麻烦了。这样做无异于“狗熊掰棒子”，制定多少制度也解决不了问题，唯一增加的只能是制度本身。

因此，一个制度一旦被制定出来，除非存在着非常严重的漏洞，不要轻易地做升级换代的尝试，也不要进行过大、过于频繁的调整。所有制度执行方面的问题，尽量用“行动”去解决，而且是“即刻解决，即刻翻篇”，千万不要落入“用制度改善制度”“纸面上解决问题”的陷阱，否则后患无穷。

当然，既然要检测，就需要有一个清晰而靠谱的标准体系。至于什么样的标准才算“靠谱”，可以参考我在前面提到的“阈值”理论。

总之，任何好的管理方法，都需要人性的配合。忽略人性，只求方法，你将一事无成。所以说，“领导力”这码事也难也容易：如果你把注意力放在“事”上，“领导力”不容易；可如果你把注意力放到“人”上，“领导力”则很容易。这需要你分清主次，精准发力。所谓“纲举目张”“借力打力”，就是这个意思。

**小结：“阈值”这个东西，并不是越高越好；恰恰相反，它越低越好。阈值越低，突破阈值的门槛就越低，做到这一点的管理成本也越低，因此更容易做到，做到之后也更容易持续。**

# 后记 ※ 躲进小楼成一统

“躲进小楼成一统，管他春夏与秋冬。”

这是鲁迅先生的一句名言。

这句话，对今天的我们而言，也具有极为重大的现实意义。

我们知道，现今时代，是一个信息大爆炸的时代。生于这个时代，到底是幸运还是不幸呢？

对于这个问题，每个人都有各自不同的答案。

在我个人看来，“不幸”才是唯一的正解。

之所以这么说，自有我的理由。

我认为，“信息大爆炸”其实是一个伪命题：表面上看，它好像代表了“极多”；但事实上，它能够带来的恰恰是“极少”。换言之，表面上它好像“给予”了我们很多东西，可事实上，它恰恰从我们身上“剥夺”了许多东西。

打一个形象的比方：饭桌上摆放的食物越来越多，而你能吃到嘴里的食物却越来越少。这就是“信息大爆炸”带给我们的假象。

如果“知识”或者说“有效知识”是一个可以被量化的指标，那么显然，在“信息大爆炸”的今天，人们肚子里的“有效知识”与信息相对贫瘠的几十年前相比不是更多了，而是更少了。

还不只如此。更可怕的是，由于“有效知识”的数量与“信息爆炸”的程度成反比，信息越爆炸，有效知识就越少。而现今世界，信息爆炸的程度是以核裂变的方式呈现出来的，这就意味着，如果信息再这么“爆炸”下去，也许不久的将来，人类中的绝大多数，将会重新变回文盲。

这绝不是什么危言耸听，而是人类所面对的，现在进行时的重大危机。

为什么会这样？

简单。有效知识的获取，只能来源于两个字：积累。

积累、消化、沉淀，是“信息”变为“知识”，尤其是“有效知识”的唯一途径。否则，无论信息的数量多么庞大，信息的种类多么丰富，没有积累与沉淀，所有的信息也只能是“左耳朵进右耳朵出”，从水面漂过却留不下半点涟漪。

高度发达的互联网的存在，则进一步恶化了这一问题。

互联网在信息传播方面具有两个鲜明特点，一曰“便利性”，一曰“碎片化”。而这两个特点，对于“信息”向“知识”的转换有百害而无一利。也就是说，它们极端不利于知识的积累。

因为太方便，人们失去了耐性，也学不会珍惜。简而言之，看过就忘，不会记忆；也没有必要记忆，大不了想用的时候再看一遍就行了，方便得很。

因为太过碎片化，完全不成体系，即便人们看过了，记住了，也很难把他们看过的东西，记住的东西串联起来，以便做到活学活用。既然完全没有前后逻辑，也完全不见因果关系，那些被看过、被记住的东西，最终也只能被遗忘或沦为垃圾。

显然，这些都是没有“积累”，也不能“积累”惹的祸。

所以我们可以看到，现如今的年轻人一周之内接触到的信息量，也许会比他们的父辈一辈子接触的信息量都要大，而这些年轻人的见识与素质，却可能还不如他们父辈的十分之一；现如今网络“红人”和“名人”层出不穷，但真正的“伟人”和“大家”却再也难觅踪影；现如今看似生活无比便利，人们面对问题的承受力和解决问题的能力却急剧下降，一点点小挫折就会让人焦头烂额，疲于奔命……

总之，社会的进步和人类的进步常常是相悖的——社会越进步，人类便越退步；人脑和电脑的发展往往是相反的——电脑里装的东西越多，人脑里装的东西就越少。

知道这些有什么用？

当然有大用处。

如果你是一个职场中人，你肯定被这种观念洗过脑：现如今是信息爆炸、知识爆炸的时代，不进则退，没有第二种可能。因此，你没有时间“积累”，必须学会瞬间判断的能力，在浩如烟海的信息中迅速找到最适合自己的信息，并将其效用发挥到极致。否则，你便会被迅速淘汰，再也没有东山再起的机会。

相信每一个职场中人都对这一逻辑深信不疑。被洗脑的后果也是极为严重的：我们的生活过得极端压抑，几乎令人窒息。每天都要拼命奔跑，好像身后有一只老虎追着自己，稍微跑慢一点就会命丧虎口。这还不算最要命的，真正痛苦的事情是，在我们拼命奔跑的时候，身上还背负着一座看不见的大山，无比沉重，压得我们喘不过气。

其实，在大多数时候，我们并不知道为什么而跑，也不知道这种漫无目的的奔跑到底有没有用，有什么用。反正就是得跑，不跑不行，不跑就感到活不下去。

但是，当我们偶尔停下来，开动脑筋仔细思考的时候，我们便会发现这一逻辑的致命漏洞：显然，“信息爆炸”和“知识爆炸”是两个概念，两码事。前者确实爆炸了，而后者别说爆炸，连炮捻子都没点着。

许多人之所以混淆这两个概念，大肆炒作这两个概念，不是脑袋有问题，便是想从中渔利。

总之，我们不能犯傻，更不应盲信。一定要保持头脑清醒。

那么，如何做才能在这个“信息爆炸”的社会里如鱼得水，应付裕如呢？

简单。只有反其道而行之，才能修成正果。

具体地说，正因为便利化和碎片化是知识的杀手，那么，只有杀死便利化和碎片化，你才能得到真正的知识。

所谓“躲进小楼成一统，管他春夏与秋冬”，只有“闭关”才是现代职场人的最佳选择。

当然，闭关修行，不仅仅指“脱岗学习”，“在岗”也可以。只要你愿意，有决心、懂方法，任何工作和生活状态下都可以做到“闭关”。

“闭关”的意思，不是指你的肉身与世隔绝，而是指你的精神与世隔绝。要做到在学习与积累知识的时候，绝对入静，绝对忘我，绝对专一。

为了做到这一点，你必须大胆地屏蔽信息，当然，是现在进行时的信息。无论它们有用还是无用，一律屏蔽。你要沉下心来，向书本寻求知识，向前辈请教知识，从自己的实践和经验当中提炼知识。

也许有人会说：这样做是不是太冒险了？现今世界瞬息万变，眨一下眼睛的工夫你就可能错过无数东西，甚至有可能彻底落后于时代。在这种情况下你还搞什么“闭关”，搞什么“修心养性”，你就不怕当你重新“出关”的时候已经完全跟不上社会的发展，被时代无情地抛弃吗？

诚如此言。如果你选择“闭关”，你肯定会错过许多东西，甚至也会有“跟不上时代”的可能；但是，如果你放弃“闭关”，选择在信息的洪流中漫无目的地行走，你被时代大潮卷走乃至抛弃的可能性只会更大，不会更小。

两害相权取其轻。只有前者，才是唯一的出路。

“闭关”的要害，在于能够锻炼一种能力，一种把碎片化的“信息”快速转化为成体系的“知识”的能力。

这里面的关键词，就是“积累”。是否有积累，积累是否深厚，对于信息的挑选、加工与吸收能力而言，有着极为重大的现实意义。同样的信息爆炸，之所以在有些人那里几乎等同于知识的爆炸，而在另一些人那里充其量是爆炸了一堆垃圾，其根本原因也在这里。这就意味着，对真正的智者而言，海量的信息是有意义的，甚至碎片化的信息也有意义。因为他们有深厚的积累，能够慧眼识珠，懂得如何挑选、如何加工真正有价值的信息，并将它们变成真正的知识营养予以吸收；反之，对于那些毫无积累，只知道随波逐流的人而言，做到这一点却难于上青天。之所以有些人在信息爆炸的时代也能够表现得从容不迫、收放自如，而另外一些人面对同样的时代大潮时却往往会显得茫然无措、进退失据，其要害就在这里。显然，前者是极少数，后者是大多数。前者是智者，后者则为平庸之辈。

所以，从结论上讲，“闭关”恰恰是为了锻炼人们与“爆炸”的海量信息打交道的本领，恰恰是为了让信息爆炸能够对于更多的人而言成为一件真正“有意义”的事。换言之，暂时的回避，恰恰是为了更好地应对；暂时的退却，恰恰是为了更好地进攻。

事实上，时代大潮永远是智者创造并引领的，而所有的智者没有一个不是经过长期“闭关”，修炼、积累了无数知识和一身本领的社会精英。

如果当初他们也选择随波逐流，因为害怕错过点什么而拒绝“闭关”，恐怕现在也早已被时代抛弃。

所以，不要担心“躲进小楼”后会错失美丽的风景，事实上，更大的概率是，当你从“小楼”走出来时，你看到的风景会更多、更美。

对于管理者而言，充分参透这一点也具有极为现实的指导意义。

我们常说，一个好的管理者，是有智慧，有见识的。同样的问题，别人处理起来很吃力，他们处理起来却显得很轻松；别人只能想出一个办法，他们却可能想出十个办法；别人十天才能解决，他们却可能一天便能解决；别人解决起来拖泥带水，留下一堆后遗症，他们解决起来却干净利索，不留任何后患……

为什么同样的管理工作，不同的人做起来效果和效率却截然不同？

无他，“积累”不同而已。

如果别人的积累是你的十倍，那么他的工作效率也必然会远胜于你。

这个东西光靠“取经”是得不到的，因为它是一种灵感，甚至是一道灵光，不可名状，更不可复制，而这种灵感乃至灵光的迸发只能源于深厚的积累。

所谓“厚积薄发”，就是这个意思。

因此，如果你也想达到这个境界，除了“积累”，别无他法。

贵在“积累”。

量变产生质变，积累多了，人就升华了。人如此，团队和企业亦如此。

“细节”的积累，可以造就完美的企业和团队；“知识”的积累，可以造就卓越的管理者与领导者。

从现在开始，去寻找你的“小楼”吧！当你找到它的时候，你本人以及你的团队和企业，必将实现真正意义上的“一统”。